W0015388

dtv

Persischsprachige Namen von bekannten Persönlichkeiten
wurden nach der deutschen Aussprache transkribiert.
Sonstige Begriffe halten sich näher an der international
üblichen Umschrift. Auf eine durchgehende
wissenschaftlich korrekte Transkription wurde
aus Gründen der Lesbarkeit verzichtet.

Inhalt

Ausführliche Informationen über
unsere Autoren und Bücher
www.dtv.de

Dieses Buch ist auch als eBook erhältlich.
www.dtv.de/dtvdigital

Satz: Fotosatz Amann, Memmingen
Gesetzt aus der Esta
Druck und Bindung: CPI – Ebner & Spiegel, Ulm
Gedruckt auf säurefreiem, chlorfrei gebleichtem Papier
Printed in Germany · ISBN 978-3-423-28124-9

Charlotte Wiedemann

DER NEUE IRAN

Eine Gesellschaft tritt aus dem Schatten

Mit farbigem Bildteil

dtv

Vorwort: Selbstbild, Fremdbild

Von meiner ersten Reise durch Iran, rund dreizehn Jahre ist das nun her, blieb mir eine Begegnung besonders in Erinnerung. Ich saß in einer großen Familienrunde, Ärzte, Ingenieure, obere Mittelschicht. Das Gespräch begann mit einem Auftrag: »Bitte schreiben Sie Folgendes«, sagte eine Kinderärztin resolut: »Die Iraner sind beleidigt über das Bild, das im Westen von unserem Land gezeichnet wird. Alles, was hier schlecht ist, wird bei Ihnen aufgebauscht, und was gut ist, erwähnen Sie nicht.«

Alle um den Tisch stimmten ein, verteidigten den Iran, kritisierten den Westen. Erst als ich dies auf gebührend vielen Seiten meines Blocks notiert hatte, nahm das Gespräch abrupt eine andere Wendung. Nun wurde auf das politische System geschimpft, in allen erdenklichen Tonlagen, und der schlimmste Vorwurf lautete: Die Mullah-Regierung ist die zweite Invasion der Araber.

Es gibt in Iran ganz andere politische Milieus, andere Meinungen, andere soziale Schichten. Doch viele Iraner teilen den Grundton, den ich von dieser Begegnung an einem Nachmittag in Isfahan mitnahm: Achtet uns!

Nationalstolz, ein waches Gefühl von Kränkung und eine Prise Hochmut: Diese Mischung habe ich immer wieder angetroffen.

Selbstbild, Fremdbild – wie die Iraner sich selber sehen und wie sie aus dem Westen betrachtet werden, das ist der Ausgangspunkt dieses Buches. Es ist ein Buch über ein oftmals missverstandenes Land: unverstanden in seinem Selbstbewusstsein wie auch in seinen Ängsten. Eine Nation von achtzig Millionen Menschen, auf

Distanz und Autonomie ebenso bedacht wie auf Respekt und Anerkennung.

Ihren ausgeprägten Nationalstolz schöpfen Iraner vor allem aus der Ära vor der Ankunft des Islam. Das Persische Reich war das erste Großreich der Antike, daraus speist sich noch heute ein »imperiales Syndrom«, wie der iranische Philosoph Ramin Jahanbegloo sagt. Jedes Kind wächst in die kollektive Erinnerung an eine großartige Vergangenheit hinein und trägt sie weiter, in einer Gegenwart, die von Sorgen und Zweifeln geprägt ist.

Wir in Europa haben wiederum lange gebraucht, um unser Bild vom frühen Persien (das man auch den alten Iran nennen kann) von den Vorurteilen zu befreien, die aus griechischen und biblischen Quellen kamen und unseren Bildungskanon bestimmten. 333, bei Issos Keilerei, hieß es in der Schule, Griechen gegen Perser, und die Griechen waren unsere Leute. Heute wissen wir mehr darüber, welche kulturellen Leistungen das weite trockene Land zwischen Kaspischem Meer und Persischem Golf bereits im Altertum hervorgebracht hat, darunter die künstliche Bewässerung. Trotzdem fehlt uns das Gespür für die historische Geografie, für die gestaltende Rolle der iranischen Reiche in einem großen Teil der östlichen Welt.

Über viele Jahrhunderte war Iran weitaus größer als der heutige Staat, in dessen Fläche Deutschland immerhin noch viereinhalb Mal hineinpasst. Unter Iran verstanden die Menschen in der Antike auch Regionen, die nun längst zu anderen Staaten gehören, zu Afghanistan, Pakistan, Turkmenistan, Usbekistan, Tadschikistan und Kirgistan. In deren Namen klingt etwas Gemeinsames wieder, die Endung -stan bedeutet im Persischen Heimat, Land, Ort. Iran wurde zum Durchzugsgebiet von Völkern, zum Schmelztiegel von Zivilisationen. Und es ist heute ein Vielvölkerstaat, in dem zehn Sprachen oder mehr gesprochen werden.

Nur für jeden Zweiten ist Persisch die Muttersprache.

Das Fremde abwehren oder es verherrlichen, das sind oft zwei

Seiten einer Medaille. Im 20. Jahrhundert wurde bei uns »Persien« zur Chiffre für Juwelen, Schönheit, Pracht, Verschwendung. Die Kaiserinnen Soraya und Farah Diba füllten die Seiten der Illustrierten; Glitzerbilder, die Herberes kaschierten: die westliche Kollaboration mit der Diktatur in Teheran.

Dann kam die Revolution. Iran schien zu einer Silhouette der Düsternis zu erstarren: unverständlich, unzugänglich, dämonisch.

Wer seitdem bei uns »persisch« sagt, oft mit einem schwärmerischen Unterton, will sich von diesem politischen Iran absetzen, in eine Welt von Rosenwasser, Safran, Teppichmustern; eine konsumierbare Exotik, die uns unsere Ruhe nicht raubt. Das mag vormodern klingen, ist es aber nicht. Dass gerade wir Deutsche so am Begriff »Perser« hängen, hat mit völkischen Ideologien zu tun, die in der ersten Hälfte des 20. Jahrhunderts NS-Deutschland und Iran verbanden. Die Vorstellung, wir gehörten einer gemeinsamen arischen Rasse an, ist bei vielen Iranern noch in diesen Tagen anzutreffen. Sie leiten daraus eine Spezialbeziehung zu den Deutschen ab, die heute nicht anders als damals mancher Geschäftsbeziehung zugutekommt.

Mein Bild von Iran beruht vor allem auf meinen eigenen Erfahrungen. Es ist also der Natur nach subjektiv, auch wenn ich mich um etwas bemühe, was im Fall Iran selten eingefordert wird: Ausgewogenheit. Seit meinem ersten Besuch im Jahre 2004 habe ich das Land unter drei verschiedenen Präsidenten erlebt – wobei das Wort »unter« nicht ganz richtig ist, denn in Iran haben die Präsidenten nie die ganze Macht, manchmal kaum die halbe. Das galt auf je eigene Weise für Mohammad Khatami, einen gescheiterten Reformer, für Mahmud Ahmadinedschad, den Populisten in der beigefarbenen Windjacke, und in jüngster Zeit für den moderaten Hassan Rohani, der die Blockade im langjährigen Streit um Irans Nuklearprogramm überwinden konnte, weil er selbst aus dem Sicherheitsapparat, aus der Mitte des Systems kam.

Ich habe in diesen Jahren das Auf und Ab iranischer Emotionen mitverfolgt, bleierne Depression, Hoffnung, Ernüchterung, erneute Hoffnung.

Meine erste Beschäftigung mit Iran liegt indes viel länger zurück: Als Studentin ging ich auf Demonstrationen gegen das Schah-Regime und bekam dafür von der Frankfurter Polizei den Kopf blutig geschlagen – so eng war die Freundschaft zwischen der alten Bundesrepublik und dem kaiserlichen Iran. Als ich mit verbundenem Kopf zu Hause lag, zog eine Prozession iranischer Kommilitonen an meinem Sofa vorbei, mit aufgeschnittenen Orangen und kleinen Geschenken. Ich war eine Art Märtyrerin und erlebte zum ersten Mal, wie Iraner das Leiden verehren, wenn es dem Kampf gegen Unrecht geschuldet ist.

Ein Jahrzehnt später begegneten mir die Opfer des neuen Regimes, in einem Deutschkurs, den ich für Asylbewerber gab. Es war Mitte der 1980er-Jahre, die schlimmste Phase der Islamischen Republik. Ich erinnere mich an die Melancholie im Klassenraum. Meine Schüler waren Akademiker mittleren Alters, bebrillte, bedächtige Menschen, die sich zu alt fühlten, um an einem verkratzten Schultisch ein neues Leben beginnen zu müssen. In der Pause brachten mir manche Männer aufgeschnittene Orangen.

Westliche Ausländer berichten oft überschwänglich von der Zuvorkommenheit, mit der sie in Iran behandelt wurden. Sie übersehen leicht, wie sich manchmal Iraner untereinander verhalten, wenn sie sich in der Anonymität des Alltags begegnen. Ein Teheraner Taxifahrer, der mich für eine Iranerin hielt, weil ich in der Nähe der Universität in seinen Wagen stieg, blaffte mich rüde an – und zerfloss im nächsten Moment vor Freundlichkeit, als er merkte, dass ich eine Ausländerin war, noch dazu eine Deutsche ...

Das Selbstwertgefühl der Iraner weist viele Brüche auf; ihnen wird in diesem Buch immer wieder nachgegangen, denn sie scheinen mir ein Schlüssel zum Verständnis des Landes zu sein. So gern Iraner auf ihre großartige Geschichte verweisen, so gibt es doch immer wieder Momente, in denen sie sich vor Fremden, besonders

Westlern, erstaunlich kleinmachen. Sich zugleich überlegen und unterlegen zu fühlen, ist ein typisch iranischer Komplex. Das Wort, das die Iraner dafür benutzen, *Oghdeh*, stammt aus dem Arabischen – eine Ironie der Sprachgeschichte: Denn den Arabern, von denen sie einst erobert wurden, fühlen sich viele Iraner ganz besonders überlegen.

Die Geringschätzung von Arabern begegnete mir sogar in der Pilgerstadt Maschhad, die von ihren schiitisch-arabischen Gästen profitiert. Zu meinen, religiöse Kategorien seien entscheidender als alle anderen, ist in diesem wie in so vielen anderen Fällen falsch. An der Rezeption meines Hotels, in dessen Lobby sich die Gäste aus dem Irak und aus Bahrein drängten, ergab sich folgender Dialog.

Rezeptionist: »Wie schön, dass mal eine Ausländerin da ist!«

»Aber Ihr Hotel ist doch voller Ausländer.«

»Das sind doch nur Araber! Die interessieren sich nicht für iranische Kultur.«

»Warum ist das so?«

»Weil sie selbst keine Kultur haben.«

Wenn westliche Besucher besonders zuvorkommend behandelt werden, hat dies noch einen anderen Grund: Viele Iraner wünschen sich sehnlich, die Isolation zu überwinden und wieder als geachtetes Mitglied der Gemeinschaft der Nationen zu gelten. Da es der Westen war, der die Islamische Republik unter Bann gestellt hat, galt jeder westliche Tourist früher als möglicher Vorbote eines Tauwetters. Heute, da Besucher in größerer Zahl kommen, fungieren sie als Kronzeugen einer neuen Zeit.

In Kermanschah, wo sich in den Grotten von Taq-e Bostan berühmte Reliefs aus dem vierten Jahrhundert befinden, halten Iraner ihre Kinder, sogar Babys, fürs Foto erst hoch vor die Reliefs, damit sie eins werden mit den Herrschern und Göttern von damals. Alsdann werden die Kinder fürs Bild links und rechts neben den Touristen postiert, als ergäbe das die Reliefs der Gegenwart.

In derselben Parkanlage sah ich Soldaten in Camouflage-Uniformen, die sich in Blumenbeete hockten, damit ihre Kameraden sie so fotografierten. Blumen und Männlichkeit sind in Iran kein Widerspruch. Ein berühmtes historisches Foto zeigt Sattar Khan, einen Freiheitshelden des frühen 20. Jahrhunderts, mit einer Blüte in der Hand.

Iran fasziniert mich, weil es sich schnellen Deutungen immer entzieht. Dass der Staat die Arbeit ausländischer Journalisten stark einengt, macht die Sache nicht leichter. Die Erschwernisse stets zu benennen, wäre ermüdend; der Leser möge sie mitdenken, zwischen den Zeilen. Vieles konnte ich nur als Privatperson erleben und beobachten; zum Schutz der Betroffenen musste ich manchmal eine Kontur verwischen, die ich lieber klar gezeichnet hätte.

Doch auch jenseits solcher Hürden ist die Islamische Republik für jeden, der sie verstehen will, eine Herausforderung. »Keine andere Gesellschaft der Welt ist so komplex wie unsere.« Das hat Ezatollah Sahabi gesagt, ein prominenter national-religiöser Dissident, ein Häftling zweier Regime; er verstarb vor einigen Jahren. Sahabis Feststellung klang fast stolz; Iraner vermögen sogar darauf stolz zu sein, wie kompliziert sie sind.

Komplex sind die Machtstrukturen und Entscheidungsprozesse, der ständige Konflikt zwischen den theokratischen und den republikanischen Elementen des Systems. Dann die Rolle der Religion, die sich im politischen und im privaten Raum sehr unterscheidet; dazu kommen die Besonderheiten des schiitischen Islam, der bei uns zu Unrecht für fanatisch gehalten wird. Das System hält sich wie ein Perpetuum mobile in einem geheimnisvollen Gleichgewicht der Kräfte; diese Konstruktion gewinnt, wie ich im Kapitel über die Lebenskunst beschreibe, eine gewisse Stabilität unter anderem daraus, dass Vorschriften und Sittenregeln massenhaft verletzt werden.

So hat in einem verwickelten und langsamen Prozess der neue Iran sein Gesicht gewonnen: Er ist pragmatischer, weiblicher, nationaler und weniger religiös als der Iran der ersten Revolutionsjahre. Die Ansicht, ein neuer Iran würde erst durch die Öffnung des Landes für westliche Unternehmen entstehen, verrät nicht nur Unkenntnis, sondern ist auch verächtlich gegenüber den Menschen in Iran. Es war die stille Macht ihrer alltäglichen Ansprüche, vor allem denen der Frauen, die entscheidend zum Wandel beigetragen haben.

Die Iranerinnen werden von mir deshalb nicht in ein gesondertes Kapitel gesperrt. Sie sind Teil des gesamten Panoramas der Gesellschaft.

Westliche Prognosen über die Entwicklung der Islamischen Republik haben sich so oft als falsch erwiesen, dass die Iraner daraus eine Gesetzmäßigkeit abgeleitet haben: »Nur eines weiß man sicher: Was ihr alle vorhersagt, wird garantiert nicht passieren.« Quelle vieler Fehldeutungen ist unser Hang zum binären Denken: Gut oder Böse; für uns, gegen uns; westlich-säkular gegen religiös-fanatisch. Alles, was uns vertraut und schön erscheint, wird als pro-westlich definiert: ob Lippenstift, verrutschtes Kopftuch oder Menschenrecht.

Tatsächlich hat die Frage, wie westlich sie sein wollen und wie sie sich zu einer westlich definierten Moderne verhalten, die Iraner seit mehr als einem Jahrhundert immer wieder umgetrieben. Die Frage begleitet deshalb auch dieses Buch.

Europas Literatur liegt übersetzt in Teheraner Buchhandlungen; Intellektuelle sind mit Kant, Habermas und Hannah Arendt vertraut. Doch die meisten würden die Annahme, sie seien verwestlicht, von sich weisen. Sie bestehen vielmehr darauf, dass sie mit ihrer kulturellen Offenheit die besten Traditionen Irans verkörpern. »Wir befinden uns in der Mitte zwischen Ost und West«, meint Bahman Ghobadi, ein angesehener iranischer Regisseur.

Künstler aus Iran, zumal Frauen, erfahren im Westen oft eine besondere Empathie. Jede Malerin, jede Fotografin erscheint als zerbrechliche Ausnahmefigur, deren Werk allein schon deshalb leuchtet, weil es aus einem vermeintlichen Reich der Finsternis kommt.

Verklärung ist die kleine Schwester der Dämonisierung. Die schöpferische Gestaltungskraft von Iranern wird in der Türkei, in Russland oder in China ebenfalls gewürdigt, doch im Westen haben Ehrungen im Fall Iran oft eine politische Färbung – viel mehr als bei Künstlern aus anderen Ländern, in denen gleichfalls Menschenrechte chronisch verletzt werden.

Die Sonderstellung resultiert aus westlicher Geopolitik, aber sie hat auch mit der iranischen Diaspora zu tun. Fünf Millionen Menschen mit iranischen Wurzeln leben im Ausland (einhundertzwanzigtausend in Deutschland), und viele sind der alten Heimat noch nach Jahrzehnten des Exils in Liebe wie in Hass eng verbunden. Vergleichsweise gut gebildet und oftmals wohlhabender als Migranten anderer Communities haben die Auslandsiraner Fernsehsender und Onlinemedien geschaffen, die nach Iran hineinwirken; sie sind in den »Iranian Studies« westlicher Universitäten präsent, in Thinktanks und politischen Parteien. Manche von ihnen haben allerdings das Land seit Kindertagen nicht gesehen und sind mit der heutigen Lebenswirklichkeit wenig vertraut. Ein Teil der Diaspora hat dazu beigetragen, ein veraltetes Iranbild zu konservieren, gezeichnet von Bitterkeit und enttäuschter Liebe.

Der US-iranische Iranistik-Professor Hamid Dabashi, der seine alte Heimat seit Jahren mit Büchern bombardiert, geht in seinem jüngsten Titel ›Iran Without Borders‹ so weit, die Landesgrenzen Irans als fiktiv zu bezeichnen, denn die iranische Nation existiere längst ebenso jenseits der physischen Grenzen und habe von Iranern im Ausland stets entscheidende intellektuelle Impulse bezogen. Ein »Gefühlsuniversum von Heimat«, wie Dabashi es nennt, haben Iraner in der Tat, und die Islamische Republik trägt dazu bei, indem sie niemanden aus der Staatsbürgerschaft entlässt. Der Revolutionsführer gratuliert zum Neujahrsfest den Iranern in aller Welt.

Es war bewegend zu sehen, wie sich außerhalb Irans Dissidenten, Exhäftlinge und Folteropfer für das Abkommen im Nuklearstreit einsetzten, als es durch den Widerstand der US-Republikaner und der israelischen Regierung bedroht war. Die Teheraner Staatsmedien berichteten nicht über den Patriotismus der verlorenen Söhne und Töchter, aber die meisten Iraner wussten durch die sozialen Medien Bescheid.

Die Führung der Islamischen Republik ist von der Vorstellung besessen, der Westen bediene sich fünfter Kolonnen, um das Land zu infiltrieren. Inwieweit es sich dabei um bloße Paranoia handelt oder auch um eine Folge geschichtlicher Erfahrungen, versuche ich anhand der nationalen Traumata zu beantworten. Iran wird bei uns immer wieder als aggressiv porträtiert, doch die historische Prägung des Landes ist eine ganz andere. Iran musste jahrhundertelang den Konkurrenzkampf imperialer Mächte auf seinem Territorium erdulden und schließlich einen westlich orchestrierten Staatsstreich, den kein Iraner vergessen kann.

Diese Erfahrungen haben ein berechtigtes Misstrauen hervorgebracht, auch bei Menschen, die von staatlicher Politik denkbar weit entfernt sind. Mahmud Doulatabadi, der große alte Mann der iranischen Literatur, schreibt über die Ära nach dem Ende der Sanktionen: »Welche Beziehung möchte der Westen mit Iran? Möchte er unsere Ressourcen ausschöpfen, danach ein ausgedörrtes Land zurücklassen, das von unseren wütenden, Steine werfenden Enkeln und Urenkeln bewohnt wird?«

In einer Zeit, da andere Staaten des Nahen und Mittleren Ostens von Zerfall bedroht sind, wirkt Iran vergleichsweise stabil und erfolgreich. Die USA haben ihr Ziel, in Teheran einen »regime change« zu erzwingen, vorerst zurückgestellt. Wird nun, mit fast vierzig Jahren Verspätung, Irans Recht auf einen eigenen politischen Weg anerkannt?

Gewiss: Der Weg, den die Islamische Republik 1979 einschlug, hat die Mehrzahl der Iraner einen entsetzlich hohen Preis gekostet.

Die blutigen Exzesse gegen die Gegner im Inneren wären vermeidbar gewesen; Isolation, Kriegsdrohung und Sanktionsdruck durch den Westen vermutlich nicht. Heute aber verkörpert Iran einen politisch unabhängigen Vielvölkerstaat mit starkem Nationalbewusstsein – das ist rar in einer Welt, deren Kennzeichen gegenwärtig die ethnische und religiöse Parzellierung ist.

Es ist also an der Zeit, dass wir »unsere Augen waschen«, wie es in einer persischen Wendung heißt, und versuchen, dieses Land zu verstehen:

* Vergegenwärtigen wir uns, wie groß Iran ist! Seine geografische Ausdehnung, seine ethnische Vielfalt und seine komplexe Geschichte machen dieses Land eher zu einem Kontinent. Unsere rein politische Sicht, fixiert auf Teheran, hat Iran künstlich verkleinert.
* Die Islamische Republik ist nicht archaisch. Vom hohen Bildungsgrad der Frauen über die aktive Zivilgesellschaft bis zur medizinischen Spitzenforschung: Iran ist ein modernes, technikbegeistertes und dynamisches Land.
* Entsorgen wir endlich die Floskel vom Gottesstaat! Materialismus greift um sich; die Kluft zwischen Arm und Reich ist oftmals tiefer als zwischen Religiösen und Säkularen. Und über die Frage, wie islamisch der Iran der Zukunft sein soll, gehen die Ansichten selbst innerhalb einer Familie häufig weit auseinander.

Die Inspektion dieser uns weithin unbekannten Gesellschaft muss mit einem Rückblick auf die tiefste Zäsur jüngerer iranischer Geschichte beginnen, auf 1978/79. Sie muss beginnen mit einer Frage, die in vielen Familien nur ein befangenes Schweigen der Älteren auslöst: Warum habt ihr diese Revolution gemacht? Wie wart ihr damals, und was wolltet ihr?

Ich suchte nach der Revolution in den Erinnerungen der Beteiligten und hörte von Glück und von Schmerz.

Erinnerungen an 1978/79.
Über Glück, Schmerz und Schweigen

Ahmad Moqadassi blickte durch das Schaufenster seiner Apotheke hinaus auf den Märtyrerplatz. Er schwieg einen Moment, dann sagte er, ohne mich anzusehen: »Angst bedeutete damals nichts.« Ein Satz, der pompös klänge, würde man ihn nicht zwischen Regalen mit Aspirin und Kinderpuder hören.

Moqadassi war Anfang sechzig, als ich ihn traf; sein Haar war weiß, die Lesebrille baumelte an einer Schnur.

Dort draußen vor seiner Apotheke war die iranische Monarchie zugrunde gegangen, an einem Septembermorgen des Jahres 1978. An den Tagen zuvor hatten sich Millionen Menschen durch die Straßen Teherans geschoben, friedlich, fast heiter. Sie verlangten politische Freiheiten, steckten Blumen auf die Gewehrläufe der Soldaten, und die Soldaten lächelten.

An diesem Morgen jedoch wurde alles anders. Der Schah hatte Kriegsrecht verhängt; die Leute, die zur Kundgebung auf den Platz vor der Apotheke kamen, wussten es nicht – oder es war ihnen gleichgültig. Die Soldaten rückten aus den Nebenstraßen an. Wenig später lagen zweihundert Tote auf dem Platz.

Dieser 8. September 1978 wurde später Teherans »Schwarzer Freitag« genannt. Es war ein Tag, wie es ihn in allen großen Erhebungen gibt, der Tag eines symbolträchtigen Verbrechens, mit dem sich das herrschende Regime so offensichtlich ins Unrecht setzt, dass es sich davon nicht mehr erholen kann. In den Gerüchten, von Mund zu Mund, von Flugblatt zu Flugblatt, stieg die Zahl der Toten später immer weiter an, am Ende auf mehr als zehntausend. Vier Monate später floh der Schah aus dem Land.

Moqadassi, der Apotheker, war an jenem blutigen Freitagmorgen durch sein Stadtviertel gefahren, um Schwerverletzte zu versorgen. Zur Tarnung saßen Frau und Kinder mit im Wagen. Moqadassi hatte begonnen, gegen den Schah zu kämpfen, als er sechzehn war. »Bitte denken Sie nicht, wir Iraner würden die Gewalt lieben«, fügte er unvermittelt hinzu. »Ich habe meinen Kindern nie eine Ohrfeige gegeben.«

Draußen vor der Apotheke ist das Gedenken an die Toten der Revolution längst in Abgaswolken verweht. Der berühmte Platz ist heute eine Straßenkreuzung; Teherans Stadtplaner haben den historischen Ort zerschnitten und damit auch die Erinnerung an eine Zeit, als die Revolution noch nicht allein den Religiösen gehörte, sondern den vielen, dem Volk, den Apothekern, den Studenten, den Namenlosen.

Wenn Moqadassi aus dem Fenster sah, spürte er den Verlust stets aufs Neue, wie einen Schmerz, der in all den Jahren nicht vergangen war. »Es ist unfair, was sie dem Platz angetan haben.« Wir wussten beide, dass hier von viel mehr als einem Platz die Rede war.

Der Sieg der Revolution, sagte Moqadassi, waren die schönsten Tage seines Lebens. »Um das verstehen zu können, muss man die Schah-Zeit erlebt haben. Fast jeder, den ich auf der Straße treffe, ist jung und hat keine Erinnerung. Es ist schwer, die Revolution zu verteidigen, obwohl wir doch nichts Unrechtes getan haben.«

Der Apotheker schwieg einen Moment. Dann sagte er: »Man fühlt sich manchmal sehr allein.«

Moqadassi war der Erste, bei dem ich etwas von der Einsamkeit der alten Revolutionäre begriff. Es mag seltsam klingen, dass Menschen mit ihrer Erinnerung an ein Ereignis alleine sind, dessen Lobpreisung doch Staatsdoktrin ist. Aber das ist es gerade. Iraner wie Moqadassi fühlen sich gleichsam doppelt enteignet. Weil die

Revolution bald einen Verlauf nahm, den nur die wenigsten gewollt hatten. Und weil jene Tage, die sie insgeheim noch immer mit Stolz erfüllen, ihnen in den Augen ihrer Kinder oft nur einen stummen Vorwurf eintragen.

Von den Rissen, die sich durch die iranische Gesellschaft ziehen, ist jener zwischen den Generationen der schmerzlichste. Die Bevölkerung hat sich seit 1979 mehr als verdoppelt. Jeder Zweite ist unter dreißig, und in dieser großen jungen Bevölkerung finden viele unbegreiflich, wofür sich ihre Eltern begeisterten. Die allermeisten Iraner und Iranerinnen, die heute über fünfzig sind, haben als junge Männer und Frauen die Revolution unterstützt, waren zumindest Sympathisanten. Warum das so war, darüber wissen ihre Kinder erstaunlich wenig. In den Familien haben viele Ältere den Jüngeren nichts von ihrer Erfahrung erzählt, aus Scham darüber, was aus der Revolution geworden ist, oder aus Angst, nur auf Unverständnis zu stoßen.

Im Schulunterricht werden Namen und Daten auswendig gelernt, dann rasch vergessen. Von der Vergangenheit bleibt ein Holzschnitt, ohne Farbe, ohne Leben: Der Schah wurde gestürzt, weil alle den Islam wollten. Übersättigt mit Parolen, erdrückt vom staatlichen Märtyrerkult vermögen viele Jüngere nicht zu erkennen, dass ihre Eltern, Tanten, Onkel für einige Tage ihres Lebens kleine Helden waren.

Auf alten Fotos, in vergilbtem Schwarzweiß, ist noch zu sehen, wie breit die Opposition gegen den Schah tatsächlich war, bevor sich auf alles der übermächtige Schatten von Ayatollah Khomeini legte. Junge Männer in dandyhaften taillierten Jacketts, manche mit langen Haaren. Junge Frauen ohne Kopftuch, das Haar modisch toupiert.

Der Grad aktiver Beteiligung unter den damals siebenunddreißig Millionen Iranern macht die iranische Revolution zu einer der großen Erhebungen der Weltgeschichte. Und sie führte tatsächlich zu einem profunden Wechsel von System, Macht und Eliten – ganz anders als später die Stürze von Diktatoren während des sogenannten arabischen Frühlings. Ihnen folgten Restauration, Staatszerfall oder allenfalls bescheidene Reformen. Solche Ereignisse Revolutionen zu nennen, ist nur eine Marotte des Zeitgeistes. Die iranische Revolution hingegen verdient diese Bezeichnung; sie spielt aus historischer Sicht in einer Liga mit der Französischen und der Russischen Revolution. Im Vergleich mit diesen beiden war der Umsturz in Iran populärer und weniger blutig.

Doch der Nachwelt blieb von diesem großen Freiheitskampf ein irriges, ein ungerechtes Bild. Das gilt für den Westen, und es gilt ebenso für die offizielle iranische Sicht: Auf beiden Seiten wird die Revolution in der Rückschau auf eine religiöse Bewegung reduziert – und die religiösen Motive auf wenige Phrasen. So kommen sich zwei Propagandabilder erstaunlich nahe, auch wenn ihnen ganz unterschiedliche Motive zugrunde liegen.

Im Westen begann 1979, nach einem flüchtigen Moment der Faszination, die Islamophobie neuerer Zeit. Die Figur Khomeinis schien dafür wie geschaffen; »Ayatollah« wurde zum Synonym für einen gefährlichen Spinner. Viele westliche Medien reduzieren die Revolution bis heute auf die suggestive Macht Khomeinis: Als seien Millionen Iraner nur ein fanatisiertes Gefolge gewesen. Damals hat sich in der Berichterstattung eine Sicht auf Muslime etabliert, die bis heute wirksam ist: Sie werden primär als eine bloße Masse betrachtet, selten als handelnde, denkende Subjekte.

Historikern und Sozialwissenschaftlern fällt es bis heute schwer zu erklären, was 1978/79 in Iran geschah. Binnen weniger Monate stürzte eine überwiegend unbewaffnete Bewegung ein Regime, das sich auf eine der bestausgestatteten Armeen der Welt stützte und auf den Rückhalt der USA. Es war »The Unthinkable Revolution«, so formulierte es der amerikanische Soziologe Charles Kurzman.

Gewiss, auf dem Land darbten die Iraner. Eine verfehlte Agrarreform hatte vielen die Existenz geraubt; verarmte Bauern flohen in die wachsenden Slums der großen Städte. Eine kleine Oberschicht lebte derweil mit Dior, Juwelen und Champagner wie in einem Bilderbuch westlicher Dekadenz. Entscheidender war jedoch etwas anderes: Der Schah war in den Augen des Volkes zugleich Despot und Marionette – brutal nach innen, willfährig nach außen. Dies stellte den Monarchen in eine Reihe mit früheren Herrscherfiguren, und es stellt die Revolution von 1979 in den Kontext früherer Kämpfe für Emanzipation.

Iran hat im Nahen und Mittleren Osten im 20. Jahrhundert die Rolle »eines unruhigen, aber fortschrittlichen Landes« gespielt, so hat es der Schriftsteller Amir Hassan Cheheltan einmal formuliert. Vor 1979 gab es bereits zwei Versuche, *asadi*, Freiheit, zu erlangen, und beide wurden durch ausländische Mächte oder zumindest mit deren Hilfe erstickt. 1906 erkämpften die Iraner als Erste in der Region ein Parlament. Diese Konstitutionelle Revolution, ein Jahre währendes Ringen, wurde schließlich mit russischer Hilfe zusammengeschossen.

1953 folgte dann der Sturz des beliebten Premierministers Mohammed Mossadegh durch einen Staatsstreich, den Amerika mit britischer Hilfe orchestrierte. Warum? Weil Mossadegh das iranische Erdöl verstaatlicht hatte und damit westliche Interessen flagrant verletzte. Der promovierte Jurist hatte seine Ausbildung in Frankreich und der Schweiz absolviert; er war in Ländern der Dritten Welt ein Vorbild für nationale Emanzipation, lange bevor der Name Khomeini zu dunklem Ruhm gelangte. Bei uns ist der Ägypter Gamal Abdel Nasser bekannter, weil er den Suezkanal nationalisierte. Doch Mossadegh war dabei Nassers Vorbild.

Die Demütigungen nach diesem ersten und zweiten Anlauf zu nationaler Selbstbestimmung hatten Weltbild und Selbstverständnis vieler Iraner geprägt, gerade unter den Gebildeten, und sie bereiteten den Boden für den neuen, dritten Anlauf. Wieder ging es, unter veränderten Zeitumständen, um Bürgerrechte und um Unabhängigkeit von ausländischer Einmischung.

Kein Zufall also, dass im Februar 1978 die Stadt Tabriz im Nordwesten Irans zur ersten Bühne des Volksaufstands wurde. Hier war bereits zu Beginn des Jahrhunderts besonders leidenschaftlich für die Verfassungsrevolution gekämpft worden. Aserbaidschan, wie diese Region heißt, war stets ein Tor zu Europa und zum Kaukasus und brachte in der Geschichte Irans wichtige Erneuerer hervor, Denker, Dichter, Pädagogen. Nun wurde Tabriz zum zweiten Mal Hochburg einer Revolution: Generalstreik im Basar, Banken gingen in Flammen auf, fünfzigtausend Menschen harrten zwei Tage lang auf den Straßen aus.

Ab diesem Februar 1978 währte die heiße Phase des Volksaufstands noch ein ganzes Jahr, mit erstaunlichen Kampfformen, etwa wenn die Beschäftigten von Kraftwerken für mehrere Stunden täglich den Strom abschalteten. Im Januar 1979 floh schließlich der Schah mit seiner Familie; zwei Wochen später, am 1. Februar, kehrte Khomeini aus dem französischen Exil zurück, in einer gecharterten Boeing 747, begleitet von hundertfünfzig ausländischen Journalisten. Die Menschenmassen, die Khomeini empfingen, wurden auf bis zu vier Millionen geschätzt. Noch war die Machtfrage nicht entschieden; auf einem Luftwaffenstützpunkt beschossen sich Schah-treue und aufständische Einheiten. Erst als sich die Streitkräfte für neutral erklärten, am 11. Februar 1979, hatte die Revolution gesiegt.

Als ich mich auf die Suche machte, um aus Erinnerungen von Beteiligten ein nichtoffizielles Bild der Geschehnisse zu rekonstruieren, interessierte mich vor allem die Zeit vor diesem Sieg. Weil viele Iraner die Phase vor der Rückkehr Khomeinis als einen Frühling der Freiheit erlebt haben, als eine Zeit der Selbstermächtigung, während derer sie Dinge taten, die sie nie wieder in ihrem Leben tun würden.

Kaum jemand stand damals abseits. Viele Iraner benutzten im Gespräch mit mir die Formulierung, sie seien »mitgerissen« worden. »Ich ging demonstrieren, weil alle gingen. Ich streikte, weil alle streikten.« Selbst Desertion aus der Armee wurde ein Massenphänomen. Und damit die Deserteure mit ihrem militärisch gestutzten Haar besser untertauchen konnten, rasierten sich zivile junge Iraner solidarisch den Schädel.

Mohammed Hassan Inalu stand damals als Wachsoldat vor dem Schah-Palast; er war zwanzig, seine Uniform sah amerikanisch aus, und auch in seinem Schlafsack stand: Made in US. Es waren die Tage zitternder Erwartung, die kaiserliche Familie war bereits geflohen, aber die Monarchie noch nicht gestürzt. Eines Morgens flogen die Tore zum Palastgelände auf, und Inalu erlebte voller Glück seine Entwaffnung.

»Eine riesige Menge stürmte herein, unter ihnen waren bewaffnete Revolutionäre. Sie griffen mich und die anderen Soldaten und sperrten uns in einen Raum. Ich sah noch, dass manche begannen, Antiquitäten wegzuschleppen. Nach zwei Stunden kamen ein paar ganz normale, unbewaffnete Leute; sie ließen uns frei. Wir mussten unsere Uniformen ausziehen, sie gaben uns Zivilkleider und sagten: ›Haut ab!‹ Ich war froh, denn ich wollte mit dem Volk sein. Ich hätte gerne mein Gewehr mitgenommen und es der Revolution gegeben, aber das durfte ich nicht.«

Inalu, der zum Zeitpunkt unserer Begegnung als Fahrer arbeitete, erzählte mit einer Frische, als sei alles gestern gewesen. »Es war ein einzigartiger Tag in meinem Leben. Ich werde ihn nie vergessen.«

Das Gefühl, von einer Massenbewegung getragen worden zu sein, hat im Rückblick sogar eine physische Dimension. Eine Hausmeisterin berichtete mir vom Fußmarsch der Millionen bei der Rückkehr Khomeinis: »Manche wurden ohnmächtig, und sie wurden auf Händen weitergetragen.« Womöglich sind Jugenderinnerungen immer von Nostalgie geprägt. Doch war dies im Fall der Hausmeisterin jene Sorte von Nostalgie, die Menschen empfinden, die nicht auf der Gewinnerseite der Geschichte stehen. Sie arbeitete im selben Kabuff wie damals.

Roya Hakakian, eine iranische Jüdin, erlebte die Revolution als Teenager und emigrierte später mit ihren Eltern in die USA. Politische Beschönigung lag ihr also fern, als sie in ihrem Buch ›Bitterer Frühling‹ schrieb, dies sei »eine ehrenvolle Revolution« gewesen. »Was verstand ich von Revolution? Nichts, was sich in Worte fassen ließ. Aber ich wusste, jetzt war sie da. Sie lag in der Luft. Ich atmete sie. (...) Selbst Betrunkene hörten auf, über ihr Elend zu schimpfen. Nachbarn legten ihre Streitigkeiten bei. (...) In den Kanälen schwamm das, was von der Tapferkeit der Bewohner Teherans zeugte: Flugblätter, blutige Socken, zerrissene Ärmel.«

Musik befeuerte das Aufbegehren. Besonders populär war das Lied »Iran, ey saray-e omid« (Iran, Land der Hoffnung) von Mohammad Reza Shajarian, Irans bedeutendstem klassischen Sänger. Es handelt, wie er sagte, »von der Wiederauferstehung der Menschen, von ihrem Streben nach Demokratie«. Noch lange nach der Revolution wurde das Lied im Radio gespielt. Später verbot Shajarian dem staatlichen Rundfunk die Verwendung: »Ich habe dieses Lied nicht für euch gesungen, es war für eine andere Zeit gedacht.«

Die Phase des Umsturzes, bevor sich die Islamische Republik als Machtsystem endgültig etablierte, hatte sogar ihre eigene Nationalhymne. Das patriotische Lied »Ey Iran« war während des Zweiten Weltkriegs gedichtet worden, als Teile Irans von britischen und sowjetischen Truppen besetzt waren, um die Nachschublinie der Alliierten im Kampf gegen die deutsche Wehrmacht zu sichern. Der Text schwelgt in Metaphern über die Schönheit Irans und den Reichtum seiner Geschichte (»Oh, die Kunst entsprang deiner Hand«). Gott wird nur beiläufig in der dritten Strophe erwähnt.

Besuche bei den Revolutionären von einst

Wie würde sich die Erinnerung in einem so einschlägig geprägten Ort wie Khomein darstellen, dem Geburtsort Khomeinis?

Ich verließ Teheran in südwestlicher Richtung. Die Route führte an einer Salzwüste entlang und dann in ein karges braunes Bergland hinein. Geistliche bekamen früher ihrer Herkunft zufolge einen Beinamen; so war es auch bei Khomeini, der eigentlich Ruhollah Musavi hieß. Das Städtchen, dessen berühmtester Sohn schon seit 1946 zum Sturz der Monarchie aufrief, wurde dafür während der Schah-Zeit mit Vernachlässigung bestraft. Auch heute wirkte Khomein keineswegs privilegiert.

Um einen Zeitzeugen zu finden, sprach ich mit Hilfe meiner Dolmetscherin aufs Geratewohl einen Mann an, der gerade mit dem Ausbau seines Hauses beschäftigt war. Bereitwillig legte er seine Schaufel beiseite und begann zu erzählen.

Er hatte die Schule noch nicht beendet, damals. Khomein war ein Zentrum für die Verbreitung verbotener Bücher und Kassetten; in diesem klandestinen Netzwerk war er zuerst aktiv. »Irgendwann haben wir begonnen, Molotowcocktails zu basteln, wir haben sie auf Banken und Polizeiposten geworfen. Schütteln, schmeißen, so ging das.« Der Mann lachte kurz auf.

»Es gab viele umliegende Dörfer, dort haben wir uns dann versteckt. Und wenn jemand eine Rede gehalten hatte, wurde er sofort von der Menge umringt, damit er verschwinden konnte.« Einige hatten Waffen und brachten anderen das Schießen bei. »Mit unserer Clique haben wir später Stück für Stück die Stadt besetzt, wir haben Straßenkontrollen eingerichtet und sind Streife gegangen. Es war eine großartige Zeit.«

Der Mann war nun Ausbilder für Krankenschwestern. »Manchmal erzähle ich meinen Schülerinnen etwas und sage ihnen: ›Ihr müsst das wertschätzen!‹ – Meine Kinder? Sie hören mir zu, aber irgendwie ist das alles für sie nicht fassbar.«

Erst nachdem wir uns verabschiedet hatten, fiel mir auf: Selbst hier, in Khomein, hatte mein Gesprächspartner die Religion nicht erwähnt bei der Erinnerung an dieses andere Leben, damals.

Und wie war es mit den Frauen?

Angesichts ihrer Benachteiligung in der Islamischen Republik mag die Vorstellung naheliegen, ihnen sei der Systemwechsel aufgezwungen worden. Tatsächlich haben jedoch viele Iranerinnen für die Revolution gekämpft, manche früher und couragierter als ihre Männer oder Brüder. Die Gründe dafür sind in den Jahrzehnten davor zu finden.

Im frühen 20. Jahrhundert, zur Zeit der Verfassungsrevolution, hatte eine winzige Minderheit gebildeter Iranerinnen begonnen, sich in politische Angelegenheiten einzumischen; erste Frauenorganisationen entstanden. Wäre ihnen die Zeit für eine allmähliche Verbreitung ihrer Ideen geblieben, hätte die spätere Geschichte Irans anders aussehen können. Doch bald schon wurde die Masse der Iranerinnen, zum allergrößten Teil Analphabetinnen, mit einer Politik der gewaltsamen Modernisierung konfrontiert, die fatale Folgen haben sollte.

Reza Khan, ein Kavallerieoffizier, hatte sich zum autokratischen Machthaber aufgeschwungen; 1925 begründete er aus dem Handgelenk eine neue Königsdynastie, die er altpersisch »Pahlavi« taufte, um ihr einen Anschein von Tradition zu verleihen. Damit begann, was wir »die Schah-Zeit« im engeren Sinne nennen, die turbulenten letzten fünfzig Jahre der Monarchie. Reza Schah zwang dem Land einen Galopp in den Fortschritt auf, so wie er ihn verstand. Dazu gehörte wie für Kemal Atatürk im Nachbarland Türkei das Verbot traditioneller Kleidung. 1935 wurde den Iranerinnen von einem Tag auf den anderen untersagt, in der Öffentlichkeit den Tschador zu tragen, jenes große, meist schwarze Tuch (wörtlich »Zelt«), das nur Gesicht und Hände sehen lässt.

Auf traditionell eingestellte Iranerinnen wirkte das Schleierverbot, als zwänge man sie, nackt auf die Straße zu gehen. Die weiblichen Angehörigen religiöser Familien verließen das Haus nun oft gar nicht mehr. Es wurden sogar Busfahrer bestraft, die es gewagt hatten, eine Frau im Tschador einsteigen zu lassen. Viele Eltern behielten ihre Töchter nun lieber zu Hause als sie zur Schule gehen zu lassen.

In späteren Jahren wurde das Tschadorverbot wieder aufgehoben, doch seine Folgen gruben sich tief in Irans politische Kultur. Religiöse Iranerinnen waren nun überzeugt, dass ihnen das westliche Frauenbild, aufgezwungen im Namen des Fortschritts, den Respekt versagte. Sie fühlten sich stigmatisiert als rückwärtsgewandt und unzivilisiert.

Nach einer Empfehlung von Khomeini, sich am Kampf zu beteiligen, empfanden sich 1978 vor allem die religiösen Frauen der ärmeren Schichten zum ersten Mal als gleichwertige Bürgerinnen. Sie wurden für den Sturz der Monarchie gebraucht, und zumindest für eine kurze Zeit konnten sie selbst bestimmen, was sie unter Gerechtigkeit und Freiheit verstehen wollten – und unter Weiblichkeit. Eben nicht jene von der Schah-Familie propagierte Kombination von perfekter Schönheit und politischer Abstinenz. Modern gesprochen: Wer sich am Umsturz beteiligte, wehrte sich dagegen, auf ein Sexualobjekt reduziert zu werden.

Es gab damals sogar einige säkulare Iranerinnen, die sich aus Solidarität auf Demonstrationen einen Tschador überwarfen, obwohl sie gewöhnlich nicht einmal ein kleines Kopftuch trugen. Der Tschador war wie das Fanal eines gemeinsamen Protests. Noch ahnte keine der Demonstrantinnen, dass bald nach der Revolution eine erneute Kleidervorschrift, diesmal der Bedeckungszwang, den weiblichen Körper wiederum einem männlich bestimmten politischen Programm unterwerfen würde.

Wie selbstverständlich der Platz war, den moderne Frauen in der Opposition gegen den Schah einnahmen, wird auf bedrückende Weise in einem früheren Gefängnis des Savak-Geheimdienstes sichtbar. In dem Gebäude, das nun als Museum fungiert, ist eine ganze Wand mit den Porträtbildern von Frauen bedeckt, die in diesem Foltergefängnis zu Tode kamen. Frauen mit modischen Frisuren, das Haar unbedeckt.

Das Gefängnis war nach deutschen Plänen gebaut worden; 1971 wurde es zum Untersuchungsgefängnis der berüchtigten Savak-Einheit gegen die politische Opposition. Die Folterer waren von der CIA geschult worden. In den Räumen des Schreckens hingen Fotos vom Schah und seiner Gattin Farah Diba; die Schöne mit glitzernder Krone und schmeichelnder Pelzstola – das Illustriertenbild. Die Fenster des Gefängnisses waren schwarz gestrichen und schalldicht.

Shirin Ebadi war damals die erste Richterin in der Geschichte des Landes. Sie hätte, könnte man meinen, dem Schah-Regime dankbar sein können. Doch so war es nicht; Ebadi kämpfte für seinen Sturz.

Als ich die Juristin kennenlernte, hatte sie kurz zuvor, im Jahr 2003, den Friedensnobelpreis bekommen für ihre Verteidigung der Menschenrechte in der Islamischen Republik. Die Kanzlei der Anwältin befand sich im Erdgeschoss eines gesichtslosen Teheraner Klinkerbaus. Ebadi erhielt Morddrohungen, und den Polizisten, die das Haus bewachten, vertraute sie wenig. Im Flur hing als Kalligrafie ein bekannter Vers des Dichters Saadi: »Du, der dich das Leiden anderer nicht kümmert, bist unwürdig, dass man dich einen Menschen nennt.« Koran-Ausgaben standen neben rechtlichen Werken.

Ebadi, klein von Gestalt, saß auf einem erhöhten Stuhl hinter einem gewaltigen Schreibtisch; ich versank davor in einem durchgesessenen Besucherfauteuil und saß wie zu ihren Füßen. Die Anwältin wirkte blass und erschöpft; der Nobelpreis zehrte an ihren Kräften, exponierte sie noch mehr. Einige Zeit später würde sie ins Exil nach Großbritannien gehen.

In ihrer Autobiografie ›Mein Iran‹ erzählt Ebadi am Beispiel ihrer Familie minutiös vom anschwellenden Groll der Mittelschicht in den Jahrzehnten vor der Revolution. Ihr Vater verlor 1953 seinen Ministerposten, als der Premier Mossadegh gestürzt und seine Politik der Nationalisierung gestoppt wurde. Schon als Jurastudentin ging sie in den 1960er-Jahren regelmäßig auf Demonstrationen. 1971, sie war nun Richterin, verfolgte sie angewidert, wie der Schah für eine Zweitausendfünfhundert-Jahr-Feier des Reiches aus Paris Wein und Speisen für fünfundzwanzigtausend Gäste einfliegen ließ, während in Teheran Landflüchtige hungerten. Beim Aufstand 1978 kletterte Ebadi dann wie Millionen andere Teheraner jeden Abend um 21 Uhr auf das Dach ihres Hauses, um als Protest gegen die Ausgangssperre eine halbe Stunde lang »Allahu akbar!« zu brüllen.

»Es schien mir – einer gebildeten, berufstätigen Frau – kein Widerspruch zu sein, eine Opposition zu unterstützen, die ihren Kampf gegen Missstände im Gewande der Religion führte. Der Glaube spielte im Leben der Mittelschicht eine zentrale Rolle.« Sie beteiligte sich am Sturm auf das Büro des Schah-treuen Justizministers und erlebte den Sieg der Revolution als ihren eigenen. Die Freude währte nur kurz: Bald entzogen ihr die Mitrevolutionäre das Richteramt, weil sie eine Frau war.

Ich fragte Ebadi, warum der Widerstand gegen Unterdrückung in der Schah-Zeit so viel heftiger war als später. »Gegen eine irdische Herrschaft nehmen die Menschen anscheinend viel leichter den Kampf auf als gegen eine Unterdrückung, die sich der Religion ihrer Vorfahren als Legitimation bedient.«

*

Der 4. November 1979 war ein kalter, bewölkter Tag. Die hundertfünfzig Studenten, die sich um 10 Uhr in der Nähe der amerikanischen Botschaft versammelten, gaben sich unauffällig. Einige Frauen verbargen Bolzenschneider unter dem Tschador. Dann ging alles ganz schnell: In wenigen Minuten überwältigten die unbewaffneten Studenten die Marines am Tor der US-Botschaft, besetzten das Gelände, nahmen alle sechsundsechzig Diplomaten als Geiseln. Ihre Forderung: Amerika sollte den Schah, der sich in einer New Yorker Klinik aufhielt, an die iranische Justiz ausliefern. Die USA weigerten sich und erlebten eine Demütigung von historischem Ausmaß: Ihre Diplomaten blieben vierhundertvierundvierzig Tage in Gefangenschaft.

Die Fotos der Geiseln entfalteten 1979 eine Wirkung, die heutzutage, angesichts eines ungleich schwächeren Amerika, kaum mehr vorstellbar ist. Ein weltweites islamisches Wiedererwachen hatte bereits vorher begonnen, doch nun widersetzte sich eine islamisch inspirierte Volksbewegung derart dreist der mächtigsten Nation der Welt.

Für westliche Beobachter waren die Geiselnehmer ein fanatisches Sturmkommando von Khomeini, Studenten allenfalls in Anführungszeichen. Wenige verstanden, was die Iraner befürchteten: Dass die USA ihnen erneut nicht erlauben würden, einen eigenen Weg zu gehen. Und der Schah war zwar gestürzt, verweigerte aber einen Rücktritt.

Massoumeh Ebtekar war Studentin im zweiten Semester, sie stieß nachträglich als Dolmetscherin zu den Besetzern der Botschaft. Die Neunzehnjährige sprach fließend Englisch, sie hatte mit den Eltern eine Weile in Massachusetts gelebt. Ebtekars schmales Gesicht mit den leicht umschatteten Augen wurde für die Welt das Gesicht der Geiselnehmer. Sie nannte sich »Mary«. Viele Jahre später schrieb sie ein Buch über die Besetzung, ›Takeover in Tehran‹; es korrigiert den Eindruck, die Studenten seien nur fanatisierte Handlanger Khomeinis gewesen. »Wir waren eine gut informierte Generation«, erzählte mir Ebtekar. »Wir wussten, was los war in der Welt.« Für sie selbst galt das gewiss: Sie hatte in Teheran eine internationale Schule besucht, schrieb Arbeiten über Sartre und Camus.

Als ich Ebtekar aufsuchte, war sie längst eine viel beschäftigte

Karrierefrau der Islamischen Republik geworden: Professorin der Immunologie, zweifache Vizestaatspräsidentin, Leiterin der staatlichen Umweltpolitik. Wie andere ehemalige Botschaftsbesetzer war Ebtekar zu einer prominenten Figur im Lager der Reformer geworden. War dies der Grund, warum sich die Messingklinke ihrer Bürotür nicht von außen hinunterdrücken ließ? Auch der Aufzug hielt nicht in ihrer Etage – Sicherheitsmaßnahmen. Ebtekars Gesicht war immer noch schmal, die Augen umschattet. Im reifen Alter strahlte sie nun eine damenhafte Milde aus, dahinter verbarg sich Festigkeit, vielleicht sogar Härte. Sie sprach distanziert und überaus kontrolliert.

Über einem hellen Seidentuch trug sie den schwarzen Tschador, wie es der Staat von Politikerinnen erwartet. Ich fragte sie nicht, ob dies auch ihrer persönlichen Vorliebe entsprach. Ich habe mir abgewöhnt, Iranerinnen nach ihrem Kleidungsstil zu fragen, solange ich sie nicht gut kenne. Meistens verschlechtert diese Frage, wenn man sie zu früh stellt, die Atmosphäre des Gesprächs, weil sie entweder eine Diskussion über westliche Vorurteile heraufbeschwört oder aber als zudringlich, als zu privat, empfunden wird. Massoumeh Ebtekar öffnete sich während unseres Gesprächs nur allmählich.

Den entscheidenden Impuls fand sie, wie viele junge Iraner der Revolutionsgeneration, bei einem an der Sorbonne promovierten Soziologen: Ali Schariati.

Der schillernde Utopist, westlich in seiner Erscheinung und in der Methodik seines Denkens, war immens populär; ohne ihn wäre das Geschehen 1978/79 kaum zu verstehen. Seine Botschaft, die ganze Schulklassen für den Islam gewann, lautete sinngemäß: Weg mit dem Muff unter den schiitischen Talaren! Schluss mit religiöser Unterwürfigkeit. Erlösung nicht durch rituelle Selbstgeißelung, sondern durch Kampf, Kritik, Aufklärung. Schariati propagierte eine »Religion des Protests«, einen »lebensbejahenden, kraftvollen und gerechten« Islam als Alternative zu westlicher Dekadenz.

Heute klingt das vertrauter als damals. Schariati war ein Vorläufer, er nahm auf, was in der Luft lag: das Bedürfnis nach einem identitätsstiftenden Islam, der aufbegehrt sowohl gegen einheimische Despoten wie gegen den Westen. Schariati erlebte die iranische Revolution selbst nicht; er starb bereits 1977. Die Botschaftsbesetzer waren indes überzeugt, in seinem Sinne zu handeln.

Neun Stunden sägten sie an jedem erbeuteten Tresor, riefen »Allahu Akbar«, wenn er endlich die Akten preisgab. Monate puzzelten sie an der Rekonstruktion zerschredderter CIA-Dokumente. Die Funde wurden zu Dynamit: Fast alle prominenten bürgerlichen Schah-Gegner hatten irgendwann Kontakt zu den Amerikanern gehabt; nun wurden sie als Spione denunziert, waren politisch diskreditiert, viele wurden verhaftet. Bis zu jenem schicksalsträchtigen 4. November 1979 waren noch alle disparaten Kräfte, die am Sturz der Monarchie beteiligt waren, auf Irans Bühne gegenwärtig. Auch wenn das Ursprungsmotiv der Botschaftsbesetzung ein anderes war: Sie trug entscheidend dazu bei, all jene auszuschalten, die ein anderes Konzept von Gesellschaft hatten als Khomeini.

Massoumeh Ebtekar bedauerte aus ihrer jetzigen Warte, dass durch die Besetzung eine so lang anhaltende Eiszeit mit den USA entstanden war. Sie mochte Amerika, wie so viele Iraner, und hätte gern viel früher eine Wiederannäherung gesehen. Aber wie nahezu alle, die heute prominente Reformer sind, tat sich diese kluge Frau schwer, ihre Vergangenheit zu reflektieren. Stattdessen nahm sie Zuflucht zu einer gewagten These: Die Botschaftsbesetzer seien eine frühe Form von »civil society« gewesen, die spätere Reformbewegung deren »natürliche« Folge. »Natural«, das sagte Ebtekar oft in ihren glatten, druckreif formulierten Sätzen. In einem Zimmer, dessen Türklinke sich von außen nicht bewegen ließ.

Im Norden Teherans führt eine kurvige Straße am berüchtigten Evin-Gefängnis vorbei. Fast nichts davon ist zu sehen, nur ein paar

Wachtürme. Das Gefängnis wurde in den braunen Berghang hineingebaut, nie erblicken die Häftlinge Tageslicht. Der Taxifahrer, der mich fuhr, gab Gas, er hatte Angst aufzufallen. Auch Evin erlebte einen kleinen Frühling der Freiheit, als im Februar 1979, beim Sieg der Revolution, die Häftlinge herausstürmten, irre Freude in den graubleichen Gesichtern. Manche politischen Gefangenen hatten hastig ihre Akten in der Registratur gesucht, hielten sie nun triumphierend hoch für eine jubelnde Menge.

Emaddedin Baghi war damals siebzehn, ein überzeugter Jungrevolutionär; er strolchte über das Gefängnisgelände, blickte in die Zellen, wo seine Idole eingesessen hatten, und dachte: Was wird aus Evin werden, vielleicht ein Park? So waren die Träume damals. Später saß Baghi selbst in diesem Gefängnis, mehrmals sogar. Als Historiker und Journalist hatte er sich durch furchtlose Veröffentlichungen hervorgetan, vor allem über die sogenannten »Kettenmorde«: Ihnen fielen in den 1990er-Jahren mehr als achtzig Schriftsteller und säkulare Intellektuelle zum Opfer. Evin – der Name wurde zum Symbol für die Kontinuität politischer Repression.

Als ich Baghi traf, zwischen zwei Gefängnisstrafen, war er gerade Chefredakteur eines Blattes, das – kaum gegründet – schon wieder vor der Schließung stand. Durch die Redaktionsräume der Zeitung ›Djumhuriat‹ (Republik) wehte eine bedrückte Fröhlichkeit; als träfen sich gute Freunde am Bett eines Kranken. Seit vier Wochen durfte die Zeitung nicht mehr erscheinen, eigentlich war sie tot, doch Baghi hoffte in seinem unverwüstlichen Optimismus, sie läge nur im Koma, Rückkehr ins Leben nicht ausgeschlossen. Dabei war ›Djumhuriat‹ überhaupt nur zwei Wochen lang erschienen, dreizehn kostbare Ausgaben, aufbewahrt in einem blauen Ringhefter.

Baghi, ein bedächtiger Mann mit ergrauendem Bart, war unter mehreren Dutzend Jüngeren der ruhige Pol. Sie waren heute zusammengekommen, um einander zu sagen, dass ihre Gehälter nicht weiterbezahlt werden konnten. An leeren weißen Tischen mit leeren Aktenablagen wurden Erinnerungsfotos gemacht. Viele der Journalisten waren schon von Zeitung zu Zeitung gewandert, im Takt von Publikationsverboten. Baghi war diesbezüglich in jeder Hinsicht ein Veteran: Von seinen zahlreichen Büchern war jedes dritte verboten.

Wenig war übrig geblieben von den Träumen des jungen Mannes, der einst über das Evin-Gelände strolchte. Doch Baghi hielt daran fest, dass die Revolution gerechtfertigt war. Es gelte ihre Ziele, »Freiheit und Gerechtigkeit«, gegen deren Korrumpierung zu verteidigen, sagte er.

Seine älteste Tochter, sie war dreiundzwanzig, saß bei unserem Gespräch dabei. Als ich sie fragte, ob sie den Vater für seine Unterstützung der Revolution kritisieren würde, schauten sich die beiden einen Moment verlegen an. Baghi errötete. Ja, das war Thema in der Familie, wie in so vielen anderen.

Als ich meine Besuche bei den einstigen Revolutionären begann, hatte ich vage gehofft, dass aus der Art des Erinnerns, aus der Art des Sprechens und des Schweigens auch ein Bild der Gegenwart entstehen könnte. Nun geschah dies in einem Maße, das mich selbst zuweilen überrollte. Mir begegneten nicht nur erschütterte Hoffnung und die Last des Unausgesprochenen. Mir begegnete auch die schiere Gewalt von Herrschaft, die am erbittertsten jene zu treffen schien, die ebendiese Herrschaft mit Enthusiasmus hervorgebracht hatten.

Said Hajjarian lächelte schief; das blieb mir am meisten in Erinnerung. Vielleicht weil dieser Mann, seit einem Mordanschlag schwer behindert, sein schiefes Lächeln so verstörend heiter kommentierte: »Es muss mich noch mal einer von der anderen Seite anschießen, damit ich wieder gerade lächeln kann.«

Als er mir das sagte, schien er die finsterste Phase seines Lebens hinter sich zu haben; Hajjarian wusste nicht, was noch kommen würde.

Seine Biografie ist so dramatisch wie kaum eine andere in der Islamischen Republik. 1978 hatte er gerade sein Maschinenbaustudium beendet und diente als Offizier. Als einer der Ersten folgte er Khomeinis Aufruf zur Desertion, entwendete vorher noch militärische Unterlagen. Die Armee jagte ihn. Den Fünfundzwanzigjährigen trieb vor allem die Empörung über Irans Klassenunterschiede an. »Ich bin in einem Teheraner Arbeiterviertel aufgewachsen, ich kannte Armut.« War er religiös? Hajjarian antwortete mit einem Vergleich: »Wir hingen einer Befreiungstheologie an, ähnlich wie damals Christen in Lateinamerika.«

Ein Foto seiner Frau hatte ich im ehemaligen Foltergefängnis der Savak gesehen, eine Medizinstudentin mit fein geschwungenen Augenbrauen.

In der chaotischen Zeit nach dem Sieg der Revolution gründete Hajjarian ein sogenanntes Sicherheitskomitee, befasste sich mit der Abwehr ausländischer Spionage und baute den Geheimdienst des neuen Staates auf. Jahre später enthüllte er die Verbrechen dieses Geheimdiensts, darunter die Morde an Schriftstellern und Intellektuellen, und wurde nun selbst zum Ziel: Die Kugel, die seinen Cerebralnerv traf, kam aus der Tiefe des Staatsapparats.

Es geschah an einem Märztag im Jahr 2000, mitten im Zentrum Teherans. Seit drei Jahren war der Reformpräsident Mohammad Khatami im Amt, Hajjarian war sein engster Berater. In Iran herrschte Aufbruchsstimmung. Hajjarian kam zu einer Sitzung des Teheraner Stadtrats, lief die zwei Stufen hoch zum Eingang aus schwarzem Glas. Die Paradiesstraße, gesäumt von öffentlichen Gebäuden, war gut bewacht an dieser Stelle. Doch die Soldaten rührten sich nicht, als die Täter auf einem schweren Motorrad herandröhnten und Hajjarian in den Kopf schossen.

Der Mordanschlag zeigte, wie wenig die Reformer an der Macht waren. Sie waren im Amt, aber die Macht war dort geblieben, wo die Kugel herkam.

Zwei Wochen lag der Angeschossene im Koma; rund um die

Uhr harrten junge Reformanhänger vor dem Krankenhaus aus. Als Hajjarian aufwachte, war er vollständig gelähmt, konnte nicht sprechen, anfangs nur die Augen bewegen. Als ich ihn Jahre später traf, war sein mühevolles Sprechen ein großer Sieg der Rehabilitation. Hajjarian dehnte die Vokale, verfing sich manchmal stotternd in der Mitte eines Satzes, doch er sprach mit Freude, mit der intellektuellen Freude am Reden und Denken. Als junger Mann, erzählte er mir, als seine Freunde Mao und Lenin lasen, manche auch Heidegger und Hegel, habe er lieber Karl Popper studiert.

Als Hajjarian nach der Revolution das Konzept für einen neuen Geheimdienst schrieb, wollte er die Fehler der Schah-Zeit vermeiden, er stellte sich einen Geheimdienst unter demokratischer Kontrolle vor. Warum diese Idee so entsetzlich gescheitert ist, reflektierte Hajjarian mir gegenüber nicht. Und es schien mir vermessen, darauf zu bestehen, angesichts des Preises, den er für seinen Lebensweg bezahlt hatte.

Für viele Jüngere blieb Hajjarian eine Projektionsfläche der Hoffnung: Ein Mensch, der gelähmt war, nicht gebrochen. Und dann geschah, womit niemand gerechnet hatte. Es war im Sommer 2009, als der Staat mit aller Härte gegen die sogenannte »Grüne Bewegung« vorging, die sich gegen eine vermutete Wahlfälschung erhoben hatte. Hajjarian, der Gebrechliche, wurde verhaftet. Bei der Nachricht stockte manchem der Atem; sich an diesem Mann erneut zu vergreifen, hatte etwas Feiges.

Im Schauprozess, der nun folgte, saß ganz überwiegend nicht die Generation der Jungen auf der Anklagebank, die politischer Überdruss und Freiheitssehnsucht auf die Straßen getrieben hatte. Sondern die Bindeglieder zwischen ihnen und dem System: Grauhaarige, die wie Hajjarian zum Rückgrat der Islamischen Republik gehört hatten.

Die Angeklagten wurden von der Außenwelt isoliert. Einmal gelang es einigen Ehefrauen, den Häftlingen etwas zuzurufen, als sie aus dem Gebäude des Revolutionsgerichts zu den Gefängnisfahrzeugen geführt wurden. Die Frauen riefen den Namen ihres Mannes, sie riefen: »Liebling, du bist ein Held. Viele stehen hinter euch.«

Nach zwei Monaten Haft wurde Hajjarian in den Gerichtssaal getragen. Sein hellgrauer Häftlingsanzug, einem Pyjama ähnlich, wirkte frisch gebügelt. In einer orangefarbenen Plastikmappe, als müsse es vor Befleckung geschützt werden, lag ein absurdes Geständnis. Das sechsseitige Dokument der Selbsterniedrigung wurde von einem Mitangeklagten verlesen, einem Vertrauten, der sonst auf politischen Sitzungen Hajjarians Sprachrohr war.

Hajjarian widerrief sein reformerisches Denken der vergangenen anderthalb Jahrzehnte. Er entschuldigte sich beim Volk und bei den Studenten für seine politischen Theorien, für seine Empfehlungen westlicher Literatur, für die Anwendung von Max Weber auf die Analyse der iranischen Herrschaftsstrukturen.

Abends zeigte das Staatsfernsehen Ausschnitte des nichtöffentlichen Prozesses. Ältere Iraner kannten das Phänomen erzwungener Fernsehgeständnisse aus den frühen Jahren der Revolution. Manche historischen Beispiele wurden jetzt, wie zum Trost, bei YouTube eingestellt. Das Reformermilieu versuchte, auf die menschlichen Katastrophen im Gerichtssaal mit einem heilenden Echo zu antworten, mit einer Atmosphäre von Solidarität, wenigstens im Netz. Als Hajjarian und sein Vertrauter im Prozess sogar den Austritt aus ihrer Partei erklärten, schrieb ein bekannter Blogger: »Euer Austritt wird nicht anerkannt. Eure leeren Stühle warten auf euch.«

Hajjarian wurde wenig später gegen eine hohe Kaution freigelassen. Gelähmt und gebrochen, so dachte ich. Doch das erzwungene Geständnis, die öffentliche Selbstdemontage bedeuteten keineswegs sein politisches Ende. Nach einigen Jahren Schonzeit trat Hajjarian wieder öffentlich auf, nur gelegentlich zwar, aber wenn er es tut, sind alle Plätze im Hörsaal schon Stunden vorher belegt, und manchmal stimmen die wartenden Studenten dann vorsichtig Protestlieder an. Hajjarian bleibt ein wichtiger Mann auf Irans Bühne.

*

Hinter der Revolution hatte als entscheidende Triebfeder weder eine Partei gestanden noch eine Klasse. Sondern etwas eigentlich Modernes: Netzwerke. Die bestverzweigten Netzwerke hatten die Moscheen und die Bazarhändler, während Arbeiter, Frauen, Künstler und Apotheker oft kaum mehr als ihren Betrieb, ihre Schule, ihren Stadtteil überblickten. Zugleich religiös, wohlhabend und einflussreich, beherrschten viele *bazaris* mit Tausenden von Firmen einen Großteil des Handels, und ihre Gilden ragten ins ganze Land. Nach der Revolution wuchsen daraus neue informelle Machtstrukturen, jeder Kontrolle entzogen, mehr mafiös als religiös.

Asadollah Badamchian war ein Mann aus diesem kalten Herzen des Regimes. Er empfing mich mit täuschender Harmlosigkeit; ein alter Herr mit hoch sitzendem Hosenbund, wie der Opa von nebenan. Wir trafen uns im iranischen Parlament, wo er Abgeordneter war. Als junger Teppichhändler schloss sich Badamchian früh dem Untergrundkampf gegen die Monarchie an, später wurde er von Gefängnis zu Gefängnis geschleppt und gefoltert. Damals, Anfang der 1960er-Jahre, entstand eine bewaffnete Gruppe mit dem Allerweltsnamen »Vereinigte Islamische Koalition«, den Iranern unter der Kurzform *Mo'talefe* bekannt. Badamchian war von Anfang an dabei. Heute ist Mo'talefe ein Synonym für Macht in Iran, eine Macht, die oft so schwer greifbar, so konturenlos erscheint wie der gemütliche Herr Badamchian.

Bei der triumphalen Rückkehr Khomeinis am 1. Februar 1979 gehörte er zum sogenannten Empfangskomitee: ein innerster Zirkel von sieben Getreuen, die das Großereignis vorbereiteten, bis hin zu jenem Chor, der in der Ankunftshalle des Flughafens zum ersten Mal die feierliche Hymne »Khomeini, du Imam« anstimmte. Ältere Iraner rührt sie noch heute.

Natürlich kam der Fahrer, der Khomeini durch das Millionenmeer chauffierte, von Mo'talefe.

In der Schah-Zeit hatte Badamchian das Gefängnis mit iranischen Kommunisten geteilt. Später spielte seine Mo'talefe bei deren Liquidierung eine wichtige Rolle. Im Herbst 1988 wurden mehrere Tausend kommunistische Häftlinge im Halbstundentakt gehenkt und in Massengräbern verscharrt. Als ich Badamchian darauf ansprach, zeigte er keinerlei Regung. Wer hingerichtet wurde, sagte er, habe sich zuvor »gegen das Volk gestellt«. Er hingegen sei ein »Diener des Volkes«: »Die Menschen lieben mich.«

Über diejenigen, die es nicht taten, hatte er gesiegt. Badamchian entkam mehreren Attentaten und Autobomben.

Aufgeräumt verabschiedete er sich von mir.

Wenn iranische Schüler ihren Lehrern kritische Fragen über die Revolution stellen, dann weichen die Lehrer aus und erzählen vom Krieg. Von jenem verlustreichen achtjährigen Krieg gegen den Irak, der im September 1980 begann: Ermutigt vom Westen, ausgerüstet mit westlichen Waffen überfiel Saddam Hussein den Iran. Einhundertneunzigtausend Iraner verloren in diesem Krieg ihr Leben.

Die Ausprägung der Islamischen Republik, ihre Ideologie, ihre Symbole sind untrennbar mit diesem Krieg verbunden. Die Kriegspropaganda von Saddam Hussein wurde von einem gesteigerten arabischen Nationalismus begleitet, auch aufseiten jener anderen arabischen Staaten, die ihn unterstützten. Im Gegenzug veränderte sich in Iran etwas ganz Wesentliches: Das vorher kosmopolitisch-islamische Denken vieler Revolutionäre verengte sich, es nahm eine immer mehr nationale und schiitische Färbung an. Den Klerikern kam das zupass, es stärkte ihre Macht.

Im offiziellen Gedenken werden heute nirgends der Aufbruch und die Vielfalt der revolutionären Bewegung gefeiert. Die Schönheit der Revolution, »das Wiederauferstehen der Menschen«, wie der Sänger Mohammad Reza Shajarian es genannt hatte, überlebte nur in der privaten Erinnerung. Im staatlichen Gedächtnis ist alles in Schwermut erstickt.

Revolution bedeutete Aufbegehren, Krieg bedeutete Gehorsam. Von nun an drang in alle Lebensbereiche ein Märtyrerkult, der das menschliche Opfer glorifizierte und heiligsprach. »Der Krieg stoppte die allgemeine Unzufriedenheit mit der Revolution«, notierte Shirin Ebadi, die Anwältin, in ihrer Autobiografie. »Wenn wir uns eingestanden hätten, dass die Revolution verraten war, hätten wir sicherlich den Krieg verloren. Wir mussten die Regierung unterstützen, wir hatten keine andere Wahl ...«

Im Schatten des Krieges wurden Missliebige beseitigt. Im staatlichen Rundfunk verlas ein Sprecher nach den Mittagsnachrichten die Namen der Hingerichteten. Viele Iraner versuchten, dem Land zu entkommen.

Wer blieb, erinnert noch etwas anderes. Ich hörte dafür oft dieses Wort: Reinheit. Es scheint wenig zu passen in eine Zeit, wo der Tod so allgegenwärtig war. Aber vielleicht erlebten gerade deshalb viele Iraner die damaligen Beziehungen unter den Menschen als weniger befleckt, weniger lügenhaft als heute.

Kamal Tabrizi war gerade dabei, das Filmemachen zu erlernen, als der Krieg ausbrach. Am nächsten Tag war er schon an der Front, drehte seinen ersten Dokumentarfilm. Kriegsfilme – für die westliche Filmkritik sind das die Jugendsünden jener später in Cannes oder Venedig gefeierten iranischen Regisseure. »Ich schäme mich nicht, wenn ich meine frühen Filme ansehe«, sagte Tabrizi zu mir. »Sie sind einfach gestrickt, aber sie haben etwas Reines. Sie handeln von Menschen, die jeden Tag sterben konnten.«

Der Regisseur war kein Apologet des Systems. Als ich ihn kennenlernte, hatte sein Film ›Marmulak‹ (Die Eidechse) dafür gesorgt, dass das ganze Land in ein großes befreiendes Gelächter über die Geistlichen ausbrach. Ein Dieb flieht als Mullah verkleidet aus dem Gefängnis und spielt nun gaunerschlau den Frommen. Die Satire brach Kassenrekorde; nach drei Wochen wurde sie aus den Kinos verbannt, kursierte nun erst recht als DVD.

Tabrizi, ein in Teheran geborener Aserbaidschaner, war der Erfolg nicht zu Kopf gestiegen. Er wirkte auf mich angenehm unprätentiös; ein Mann mit Lachfalten, der genau zuhörte und bereitwillig über sein Leben Auskunft gab.

Wie andere angesehene iranische Regisseure ist Tabrizi von der Revolution geprägt. Als Neunzehnjähriger war er bei Anti-Schah-Demonstrationen mit seiner Super-8-Kamera dabei; wenn geschossen wurde, rannte er, um sich selbst und sein Material zu retten. »Ich kam aus einer traditionell-religiösen Familie. Beten, fasten – das war für uns Jüngere nicht besonders attraktiv. An der Uni lernte ich einen Islam kennen, der sich in die Verhältnisse einmischte. Das zog mich an. Religion muss das Leben der Menschen verbessern, das diesseitige Leben.«

Vor der Revolution hörte er von seinen Eltern oft: Kino ist kein gesunder Ort für dich! »Kinos galten als schmutzig, quasi als Bordelle. Darum wurden während der Revolution einige Kinos in Brand gesetzt. Aus manchen wurden Moscheen gemacht, um sie zu reinigen.«

Die Revolution als film- und kunstfeindlich anzusehen, sei trotzdem falsch, sagte Tabrizi. »Wir, die Jungen, lehnten das Schah-Kino ab, weil es flache, billige Unterhaltung war, geistig anspruchslos. Wir wollten einen völlig neuen Stil entwickeln, wir wollten ein Kino machen, das wirklich zu Iran passt. Film sollte erziehen, eingreifen. Wir sahen die Kamera als Werkzeug, um zu zeigen, was die Revolution sein soll.«

Unterstützung kam von Khomeini persönlich. Er stellte erstaunlich feinsinnig einen anspruchsvollen Cineastenfilm der Schah-Ära als Vorbild heraus. ›Die Kuh‹ war in Venedig ausgezeichnet worden; eine metaphorische Tragödie um einen Bauern, den der Verlust seiner einzigen Kuh in den Wahnsinn treibt; am Ende wird er selbst zur Kuh. Wenn man den Film heute sieht, beeindruckt vor allem die archaische Gewalt des iranischen Dorfes, noch unberührt von aller Moderne. »Khomeinis Entscheidung war der Schlüssel«, erinnerte sich Tabrizi, »wir konnten loslegen.«

Früher, sagte der Regisseur, hatten die Geistlichen einen besonderen Platz im Herzen der Iraner. »Dieses Vertrauen ist beschädigt. Die Gesellschaft hat heute viele Probleme mit den Geistlichen, und sie ist reif genug, sich damit zu befassen.«

Bevor ›Die Eidechse‹ in den Kinos anlief, gab es eine Preview für Geistliche. Viele brachten ihre Familien mit; alle waren so neugierig auf den Film. Frauen und Kinder saßen auf einer Seite des Kinosaals, die Mullahs auf der anderen. An den amüsantesten Stellen des Films wurde auf der Familienseite laut gelacht, auf der Klerikerseite verbissen geschwiegen. »Das zeigt, wie weit sich die Geistlichen von der Gesellschaft entfernt haben«, sagte Tabrizi.

»Ich bin ein religiöser Mensch«, fügte er hinzu, »heute kaum weniger als zur Zeit der Revolution. Die Geistlichen haben sich geändert, nicht ich.«

Die Islamische Revolution ist letztendlich ein singuläres Ereignis geblieben, ein nationales Phänomen, iranischer als zunächst gedacht und selbst für andere Schiiten kein Objekt der Nachahmung. Allerdings genießt Iran heute eine Unabhängigkeit und Eigenständigkeit wie nie zuvor in den vergangenen zweihundert Jahren.

Die Hoffnung auf soziale Gerechtigkeit hat die Islamische Republik nicht erfüllt. Trotzdem bleibt das Verlangen nach Gerechtigkeit bei Millionen Muslimen weltweit auf den Islam projiziert, und auch die Suche nach einer alternativen, nicht vom Westen diktierten Moderne.

Zahlreiche muslimische Gesellschaften stehen heute noch da, wo Iran vor 1979 stand: Gegen autoritäre und nach außen willfährige Regime wird die Religion zu Hilfe gerufen; sie erscheint als Kampfgefährtin der Freiheit, wenn nicht gar als Lösung. Der iranische Reformtheologe Mohsen Kadivar sagte mir vor einigen Jahren, es sei bedauerlich, wie wenig muslimische Intellektuelle der sunnitischen Welt aus der iranischen Erfahrung gelernt hätten: Ein demokratischer Islam müsse politisch sein, aber er dürfe nicht die Macht beanspruchen, nicht regieren wollen.

Im Westen wurde die iranische Revolution vor allem als antiwestlicher Affekt wahrgenommen. Ihr Slogan lautete allerdings »Weder Ost noch West!«, und tatsächlich begann sich 1979 eine neue Welt abzuzeichnen, eine multipolare Welt. Die Furcht des Westens vor einem Flächenbrand islamischer Revolutionen war heillos übersteigert, doch sie hatte einen rationalen Kern: die berechtigte Angst vor dem eigenen historisch unvermeidbaren Bedeutungsverlust.

Khomeini ist in Iran noch immer eine Ikone. Gewiss nicht für alle, doch unter den Älteren und bei vielen Ärmeren erfährt er eine Verehrung, die mit seiner tatsächlichen historischen Rolle nur bedingt zu tun hat. Auf »den Imam«, wie er als einziger neuzeitlicher Geistlicher genannt wird, kann heute wie damals vieles projiziert werden. Da er bis zuletzt bescheiden lebte, hält man ihm zugute, bei ihm sei Religion noch sauber und uneigennützig gewesen. Die Verehrung ist auch ein Zeichen, wie traditionell ein Teil der Bevölkerung weiterhin empfindet, ungeachtet der neuesten Unterhaltungstechnik im Wohnzimmer.

Es gibt Tage und Wochen, da scheinen die Generationen in Iran versöhnt. Die Kluft zwischen den Alten, den Verursachern der Revolution, und den Jungen, die sich als ihr Opfer betrachten, schließt sich immer dann, wenn es eine gemeinsame Hoffnung gibt. So war es, als 2009 die Grüne Bewegung gegen die vermutete Wahlfälschung Millionen auf die Straße brachte. Oder als 2013 die Wähler Schlange vor den Wahllokalen standen, um Hassan Rohani zum Präsidenten zu machen. Und als im Sommer 2015 auf den Straßen die internationale Einigung über das iranische Nuklearprogramm gefeiert wurde.

Doch bleibt Iran ein Land, in dem der Wunsch nach Veränderung manchmal ebenso stark zu sein scheint wie die Angst davor. Manche Jüngere brennen für eine schnelle, radikale Wende; viele Ältere fürchten das Unkalkulierbare. Sie fürchten den Sog, die Drift, das Vakuum, wenn bestehende Macht zerfällt. 1979 steckt ihnen in den Knochen.

Wenn es stimmt, dass Identität durch das Wiedererzählen der Vergangenheit entsteht, dann gilt das in Iran nur für eine fern zurückliegende Zeit. Das Wiedererzählen dessen, was vor und nach 1979 geschah, findet – wenn überhaupt – in getrennten Stuben statt. Und es fehlt bis heute an der Bereitschaft, die Schmerzen der anderen, der Andersdenkenden anzuerkennen. Jene Schmerzen, die entstehen, wenn die eigenen Gefühle, Werte und politischen Ziele in der Entwicklung des Landes nicht mehr auffindbar scheinen.

Lebenskunst. Oder: Die stille Regie des Alltäglichen

In die meisten großen Städte des Orients ragt etwas Ländliches hinein, ästhetisch oder geistig, ein mit Melonen beladener Eselskarren, ein Taxifahrer, der nicht lesen kann. Teheran aber überwältigt, weil es so umfassend Stadt ist und so modern.

Ich meine nicht die Modernität von Waren, von Geschäften oder von einem sich permanent stauenden Verkehr. Sondern eine menschliche Moderne, die sich durch ihre Vielfalt von Lebensumständen zeigt, durch Individualismus und durch ein existenzielles Gefühl von Zerrissenheit.

Nichts ist hier exotisch, wenn wir darunter etwas pittoresk Fremdes verstehen wollen. Und ganz im Gegensatz zum monochromen Bild eines Gottesstaates handelt es sich hier um ein schwer überschaubares, durchaus anstrengendes Puzzle von gesellschaftlichen Verhältnissen, Stimmungen, Lebensgefühlen und Psychosen.

Selten ist ein Gebetsruf zu hören in diesem geräuschvollen Konglomerat von fünfzehn Millionen Menschen. Nur gelegentlich sah ich eine spontane religiöse Geste. Teheran hat dem Druck der Islamisierung auf geheimnisvolle Weise widerstanden, nun schon fast vier Jahrzehnte lang.

Und niemand ist dafür dingfest zu machen.

Iraner haben die große Begabung, Kulturen und Einflüsse zu verschmelzen. So war es in der Vergangenheit, wenn in den Jahrhunderten der Migration und der Vermischung von Zivilisationen doch immer wieder etwas erkennbar Iranisches hervortrat. So ist es auch heute. In der Islamischen Republik ist etwas ganz Eigenes entstanden, ein Gesellschaftspanorama, für das mir die schnellen, glatten Begriffe fehlen. Denn sie verlangen, was ich nicht finden konnte: Eindeutigkeit.

Vermutlich wird in keinem anderen Land der Erde so viel und so ausdauernd Verbotenes getan wie in der Islamischen Republik. Und dies ist, so absurd es klingen mag, ein wesentlicher Grund für ihre Stabilität.

Regelbruch ist ein Massenphänomen. Das plakativste und sichtbarste Zeichen der Alltagsdissidenz sind die Satellitenschüsseln. Nach mehr als zwei Jahrzehnten Verbot nutzen mehr als die Hälfte der Teheraner täglich die Auslandssender. So lautet die offizielle Zahl; nach einer unabhängigen Studie sind es fast zwei Drittel. Allein in der Hauptstadt handeln also zehn Millionen Menschen jeden Tag vor aller Augen auf eine verbotene Weise. Und auch außerhalb von Teheran ist das persischsprachige Programm der BBC in vielen Wohnzimmern ein gewohntes Hintergrundgeräusch.

Früher schleppten Ängstliche ihre Schüsseln abends in den Keller, das ist lange her. Der Schriftsteller Amir Hassan Cheheltan erzählte mir, in seinem Apartmenthaus seien die Schüsseln innerhalb von zwanzig Jahren dreimal von der Polizei konfisziert worden. »Also im Schnitt alle sieben Jahre. So gering ist das Risiko.« Der Eigentümer der Schüssel erhält ein Schreiben, er müsse sich binnen achtundvierzig Stunden bei der Polizei melden. Die Vorladung wird ignoriert und eine neue Schüssel gekauft.

Auf den Genuss von Alkohol stehen achtzig Peitschenhiebe, bei Mehrfachvergehen sogar schlimmstenfalls die Todesstrafe. Gleichwohl ist Trunksucht heute ein Thema, der Staat hat Entzugskliniken eingerichtet und die Verkehrspolizei führt regelmäßige Alkoholkontrollen durch, nachdem Trunkenheit am Steuer vermehrt zur Ursache von Unfällen wurde. Zweihunderttausend

Iraner haben nach amtlichen Angaben ein Alkoholproblem; die Zahl mag gering wirken gegenüber etwa zwei Millionen Heroin- und Opiumsüchtigen, doch ist Alkohol religiös viel strikter sanktioniert.

Viele Iraner stellen Wein und Schnaps heimlich her, meist auf einer von außen nicht einsehbaren Veranda. (Erlaubt ist die Weinproduktion nur den nicht-muslimischen Minderheiten für rituelle Zwecke.) Schmuggelware aus der Türkei und dem kurdischen Teil des Irak ist leicht zu kaufen, obwohl auf den Handel mit Alkohol hohe Strafen stehen. In Teheran wird der Whisky bei einschlägig bekannten geheimen Telefonnummern bestellt, und es dauert kaum zwanzig Minuten, bis ein Motorradbote an der Wohnungstür klingelt.

Wer sich diesen Service nicht leisten kann, holt Ethanolalkohol aus der Apotheke, er wird mit Mineralwasser verdünnt, dazu der Saft frischer Limonen, fertig ist der iranische Wodka-Lemon.

Internetportale zur Partnersuche galten lange als illegal; nachdem dreihundert solcher Plattformen entstanden waren, entschloss sich das Jugendministerium, selbst ein Datingportal einzurichten. Wer sich hier registriert, muss allerdings eine ernste Heiratsabsicht bekunden.

Sex außerhalb der Ehe ist verboten, doch die sogenannte »weiße Ehe«, ein Zusammenleben ohne Trauschein, verbreitet sich zumindest in größeren Städten.

Hunde als Haustiere zu halten gilt als unislamisch und als westliche Marotte. Und doch haben sich Tausende Iraner Hunde angeschafft und führen sie spazieren. An Kiosken wird ein iranisches Hochglanzmagazin verkauft, das über alle nur erdenklichen Seiten der Hundehaltung berichtet. Als einmal streunende Straßenhunde eingefangen wurden, um sie zu töten, formierten sich sogar Protestkundgebungen zum Schutz der Hunde.

Buchstäblich jeder Iraner bis hinauf zum Präsidenten erlaubt sich, ganz öffentlich Verbote zu missachten. Selbst der Revolutionsführer Ali Khamenei verbreitet seine Botschaften über die offiziell als illegal erachteten Kanäle von Facebook und Twitter.

Gesetze sind dazu da, gebrochen zu werden, rät ein iranisches Sprichwort. Das Phänomen des Doppellebens gab es bereits unter dem Schah, und Iraner erzählen Ausländern gern: »Damals haben wir auf der Straße getrunken und zu Hause gebetet. Seit der Revolution ist es umgekehrt.« Aber die Pointe ist veraltet, das Verbotene hat die Häuser längst verlassen. Und es hat sich auch im virtuellen dritten Raum zwischen Privatem und Öffentlichem eingenistet, wenn es etwa beim Instant-Messaging-Dienst »Telegram« eine Gruppe für Führerwitze gibt.

Warum werden Verbote aufrechterhalten, wenn sie nicht durchgesetzt werden? Und warum lässt der Staat ihre Missachtung zu, wenn er über genug repressive Instrumente verfügt? Was also ist der Sinn eines solch paradoxen Systems?

Kleine Freiheiten wie beim Satellitenfernsehen haben eine Ventilfunktion; sie erlauben, Dampf abzulassen, damit der Druck im Kessel nicht zu hoch wird. So banal, könnte man meinen, funktionieren autoritäre Regime überall auf der Welt. In Iran ist daraus über die Jahre ein informeller Waffenstillstand zwischen Herrschenden und Beherrschten geworden: Ihr lasst uns trotz eurer großen Unzufriedenheit an der Macht, und wir machen euch dafür das Leben nicht so schwer, wie wir könnten.

An dieser Stelle enden allerdings die Gemeinsamkeiten mit herkömmlichen Autokratien. Denn wer in Iran überhaupt herrscht, das ist so leicht nicht zu sagen, jedenfalls ist es keine Junta, kein verschworener Zirkel.

Der Teheraner Machtapparat ist vielstimmig, oft kakofon, es tummeln sich darin Geistliche, Uniformierte und Bürokraten in Zivil, und allein die verfassungsmäßige Struktur der Islamischen Republik ist so kompliziert, dass man sie ohne Schautafel kaum erklären kann (siehe Anhang). Es handelt sich um ein Hybridsystem mit theokratischen und demokratischen Elementen: Der

Revolutionsführer, ein Kleriker, hat in politischen, nicht jedoch in religiösen Fragen das letzte Wort. Im Parlament ist der Anteil der Geistlichen heute mit sechs Prozent auf einem historischen Tiefstand, und manchmal wird dort so heftig gestritten, dass ein Diskutant einen Herzinfarkt erleidet.

Wie Theokratie und Demokratie jeweils gewichtet werden, hängt von politischen Erfordernissen ab, aber auch von der Geisteshaltung der Beteiligten. Die Bandbreite an Meinungen ist enorm, allein innerhalb der iranischen Kleriker ist sie weitaus größer als etwa in einer deutschen Volkspartei.

Grob ordnen sich die Träger der Islamischen Republik in vier Strömungen: Hardliner, Konservative, Pragmatiker und Reformer. Dies sind aber notdürftige Bezeichnungen, die aus unserem Denken stammen. Ein iranischer Konservativer kann, was seinen Antiimperialismus betrifft, eher einem hiesigen Linken ähneln. Und die Reformer sind wiederum jüngst immer zahmer geworden und haben sich den Pragmatikern anverwandelt.

Die Politfraktionen konkurrieren, bekämpfen einander und gehen wechselnde Koalitionen ein, nicht so viel anders als die Parteien einer westlichen Demokratie. Zwar müssen sie sich nicht auf Parteitagen rechtfertigen, aber jede von ihnen hat auch eine Basis, eine Klientel, die bedient werden will. An dieser Stelle rückt erneut der Regelbruch ins Bild, die Gesellschaftspolitik: Hardliner und Konservative werden, vereinfacht gesagt, mit den fortdauernden Verboten zufriedengestellt, die Anhänger von Pragmatikern und Reformern hingegen mit dem Übertreten-Lassen. Von beidem gibt es mal mehr, mal weniger, je nach aktueller Lage.

So schaukelt sich das System immer wieder zurecht. Es ist elastischer und erlaubt mehr Pluralität, als Außenstehende denken. Es hält sich in einer Balance, die prekär wirkt und doch gerade daraus Stabilität gewinnt.

Keine schnellen, glatten Begriffe also. Iran ist eine Topografie von Mehrdeutigkeiten. Wer darin lebt, leben muss, überleben will, schafft sich seine eigenen Räume, Innenräume, Zwischenräume.

Ein kleines Café, auf neupersisch »Coffeeshop« genannt. Die Stammgäste, darunter keiner über dreißig, waren wie eine Familie, sie begrüßten und verabschiedeten einander mit einer so übergroßen Herzlichkeit, als herrsche draußen ein feindliches Leben, dem sie nur mit Mühe immer wieder heil entrinnen konnten. Dies war ein Ort, um Geheimnisse und Sorgen zu teilen. Die Glasfront des Cafés war anfänglich getönt gewesen, das missfiel dem Staat: Die Scheibe musste klar sein, damit das Treiben drinnen von außen einsehbar war. Der Besitzer wechselte also das Glas aus, klebte aber später in Höhe der Gesichter milchige Folienstreifen auf die Scheibe, eine Andeutung von Privatsphäre für seine Gäste.

Die erste Generation iranischer Coffeeshops war im Stil einer kühlen, gesichtslosen Moderne eingerichtet, Stühle und Tische aus Leichtmetall, globalisierte Nüchternheit. In einer Zeit politischer Isolation wurde so versucht, wenigstens ästhetisch den Anschluss an etwas zu halten, das die Welt bedeutete. Mittlerweile haben trendige Cafés eine andere Atmosphäre: Sie sollen heimelig wirken, antiquiert und verstaubt. Es sollen Räume mit Fingerspuren sein. Auf einem Regal mit Büchern sah ich ein Schild, das ausdrücklich aufforderte: »Bitte berühren!« Die Wand daneben war übersät mit handschriftlichen Mitteilungen der Besucher; Erinnerungen an einen besonderen Moment in diesem Café, Zeilen aus einem Gedicht.

In einer Zeit, da sich Irans Verhältnis zur übrigen Welt entspannt, sind die ästhetischen Vorlieben der Subkultur wieder iranischer geworden, mit einem ausgeprägten Hang zum Schmücken und Dekorieren.

Es war eine Begegnung in Qazvin, eine Autostunde nördlich

von Teheran, die mich verstehen ließ, wie viel es mit der Revolution und dem damit verbundenen Generationskonflikt zu tun hat, wenn es heute dieses Bedürfnis gibt, sich Räume des ganz Eigenen zu schaffen.

Das Café »Negarossaltaneh« befand sich in einer restaurierten Karawanserei; der Name erinnerte an eine Mädchengestalt aus der Stadtgeschichte, und der Schriftzug war kalligrafiert worden wie auf dem Schriftband einer alten Moschee. Die Tische schienen aus antikem Holz neu getischlert worden zu sein; im Hintergrund liefen lyrische persische Chansons – kurzum: Unter den Backsteinkuppeln der Karawanserei hatte jemand mit Liebe zum Detail eine Atmosphäre gepflegter Andersartigkeit geschaffen. Serviert wurde unter anderem eine seltsame grüne eiskalte Suppe, deren gesundheitliche Vorzüge gerühmt wurden. Ich beobachtete eine alte Dame im Tschador, die von ihren Enkeln in das Café geschleppt worden war und nun etwas irritiert vor der Eissuppe saß.

Bei meinem zweiten Besuch gab mir Ershad, der junge Besitzer, ein bräunliches Blatt Papier, das den Anschein von Pergament erwecken sollte. Ershad bat mich, darauf meine Eindrücke vom Café festzuhalten, als eine Art Zeugnis für die Nachwelt. Nach der Beschriftung wurde das Papier auf spezielle Weise behandelt, sodass ein steifes, haltbares Dokument entstand. Ershad sammelte diese Botschaften seiner Gäste in einer Holztruhe, seit fünf Jahren schon, so lange gab es das Lokal.

Der junge Mann kreierte mit großer Ernsthaftigkeit eine eigene Tradition. Mich berührte dieses Bedürfnis nach einer Privatgeschichte, weil Ershad mit seinem eigenen Namen an etwas ganz anderes erinnerte. Ershad, das war eigentlich kein Vorname, sondern die arabisch-persische Bezeichnung für »spirituelle Führung«. Dass seine Mutter ihm diesen eigenartigen Namen gab, führt zurück in das vorrevolutionäre Teheran der 1970er-Jahre. Ershads Mutter zählte zu den jungen Leuten, die begeistert in die Vorlesungen des Soziologen Ali Schariati strömten und die Idee eines revolutionären Islam aufnahmen. Der Ort, wo Schariati jene Reden hielt, die eine ganze Generation mitrissen, hieß »Hosseinye Ershad«, ein Kulturzentrum, wo sich Intellektualität, Religion und Aufruhr begegneten.

So kam der Cafébesitzer an einen Namen, in den sich die Träume der Älteren eingraviert hatten und für den ihn Jüngere manchmal hänseln. Denn »Ershad« kennen sie nur als Bezeichnung für das Kulturministerium, das heute gleichfalls die spirituelle Führung im Namen trägt und sie zum Beispiel durch das Zensieren von Büchern ausübt. Die Rechnung für meinen Kaffee kam in einem kleinen Stofftäschchen. Wir lassen die Täschchen anfertigen, nur für uns!, sagte mir der Sohn der Revolutionsmutter.

Ich verließ das »Negarossaltaneh« und ging durch die Gärten der alten Karawanserei. Es war früher Abend, ein paar junge Männer sangen zur Gitarre, Vögel zwitscherten, und die Überwachungskameras liefen. Auf einem Schild wurde eigens darauf hingewiesen. Der klassische persische Garten, von einer Mauer umgeben, hat der übrigen Welt einen Begriff vom Paradies vermittelt, *pairi-daeza* war wörtlich ein »umgrenzter Bereich«, *paradeisos* machten daraus die Griechen. Im modernen Iran ist die Intimität aus diesen Gärten geflohen. Der Garten ist heute eine Metapher, er muss anderswo geschaffen werden, eher drinnen als draußen.

Iraner haben keine Bedenken, ihre Meinung zu sagen an Orten, die sie als privaten Raum betrachten. Das muss keinesfalls ihr tatsächliches Zuhause sein, sondern die Mauern des privaten Raums sind quasi beweglich. Er kann im Handumdrehen überall dort entstehen, wo ein Gefühl von »unter sich sein« herrscht, weil Iraner mit einem ähnlichen Lebensstil zusammentreffen. Auch ein Sammeltaxi kann für eine gewisse Zeit als privater Raum fungieren, solange nicht jemand zusteigt, von dem die Anwesenden annehmen, dass sie nun nicht mehr unter ihresgleichen sind.

Auf diese Weise finden sich immer wieder Orte, wo erstaunlich freimütig geredet wird – anders als zur Schah-Zeit, wo die Angst vor Spitzeln allgegenwärtig war. Der damalige Geheimdienst Savak hatte ähnlich wie die Staatssicherheit der DDR ein Netz von Informanten, das tief in Wohnumfeld und Nachbarschaftsbeziehungen hineinreichte. Die Geheimdienste der Islamischen Republik, in anderer Hinsicht brutaler als die der Monarchie, verfolgen politische Meinungsäußerungen hingegen meist weniger dezidiert, solange sie den Rahmen des Privaten nicht verlassen.

Die iranische Frauenbewegung weiß diesen Umstand zu nutzen. Feministische Diskussionsrunden tagen in den opulent großen Wohnzimmern der oberen Mittelschicht. In Schönheitssalons und auf Picknickdecken werden Unterschriften gesammelt.

So entstand in Iran eine Zivilgesellschaft eigener Art, mit verschlungenen Netzwerken, deren Fäden manchmal oberirdisch, manchmal unterirdisch verlaufen. Ich bin immer wieder erstaunt, wie viele Leute einander kennen, die im riesigen Teheran in informellen kritischen Zirkeln aktiv sind. Und zu einer Lesung in privaten Räumen, zu der halb-öffentlich eingeladen wird, kommen womöglich mehr Zuhörer als in Deutschland zur Veranstaltung eines Literaturhauses.

Die westliche Berichterstattung über andere Kulturen lässt oft Entscheidendes aus, und für Iran gilt das ganz besonders: Es fehlt die Wirklichkeit gelebten Lebens; berichtet wird stattdessen über ein von staatlicher oder religiöser Seite verordnetes Leben.

Und wie bereits die Revolution aus unterschiedlichen Motiven im Rückblick ihrer Vielfalt beraubt wurde, so ist auch bei der Sicht auf den heutigen Iran Verzerrung am Werk. Die Führung der Islamischen Republik möchte das unordentliche echte Leben der Iraner am liebsten aus der öffentlichen Wahrnehmung aussperren, vor allem gegenüber dem Ausland. Deshalb die nervöse Empfindlichkeit gegenüber allem, was berichtet wird. Die verbotene »weiße Ehe« mag tausendfach existieren – schlimm wird es erst, wenn dieser Umstand publik wird. Als das Frauenmagazin ›zanan-e emruz‹, »Frauen heute«, eine Titelgeschichte über die informellen Partnerschaften brachte, war ein mehrmonatiges Publikationsverbot die Folge.

Die Wirklichkeit beim Namen zu nennen, das ist gravierender als die Wirklichkeit selbst. Denn dadurch rückt der inkriminierte Sachverhalt in den Blick der Außenwelt, und das bedeutet Schande. Ohne allzu sehr zu psychologisieren, darf man hier für einen Moment den kulturellen Kodex bemühen, der im Leben der Iraner wichtig ist, die Regeln von *taroof* und *aberu*, einem Komplex aus Höflichkeit, gesichtswahrenden Maßnahmen und einer gewissen Heuchelei.

Ein junger Erwachsener raucht nicht im Beisein der Eltern, und wenn er das Haus verlässt, die Kippe schon in der Hand, versichert er pflichtschuldigst, er werde das Rauchen gleich aufgeben. Damit ist die Form gewahrt. Was jedoch nicht geht, ist, dass der Sohn sich qualmend vors Haus stellt und alle Nachbarn sehen, über wie wenig Autorität seine Eltern verfügen.

In gewisser Weise verhält sich das Regime wie die Eltern: Die innenpolitischen Arrangements zwischen Herrschern und Beherrschten werden hinfällig, sobald ein fremder Blick darauf fällt. Es droht Gesichtsverlust, weil Liberalität und Zulassen von Dissidenz als Schwäche gedeutet werden könnten, als Zurückweichen des Regimes, als Bodengewinn des Westens.

Dieser fast hysterisch wirkende Zug iranischer Politik hat viele Menschen ins Gefängnis gebracht. Er ist auch dafür verantwortlich, dass westliche Menschenrechtskampagnen hier oft ins Leere laufen. Weil gerade dem Druck von außen auf keinen Fall nachgegeben werden darf.

Unter solchen Umständen zu leben, bedarf starker Nerven. Es bleibt stets die Gefahr gegenwärtig, dass der Staat nach tausend Mal Wegsehen plötzlich doch eine Vorschrift exekutiert, und sei es nur als Vorwand, um einen politisch Missliebigen verstummen zu lassen. So kann einen Facebook-Nutzer eine drakonische Strafe ereilen, und es nützt ihm dann nichts, dass selbst der Revolutionsführer ein Facebook-Konto unterhält. Oder die Anschuldigung, eine rote Linie übertreten zu haben, wird schlichtweg konstruiert, weil sich ein Bürokrat wichtigtun will oder weil jemand einem wirtschaftlichen Konkurrenten schaden möchte. Vieles bleibt im Ungewissen; nichts ist auf Dauer sicher.

Leben in Iran ist deshalb ein permanenter Prozess des Aushandelns: Jeder muss mit sich selbst und mit den ihm Nahestehenden Gefahren, Wahrscheinlichkeiten und Eventualitäten abwägen – und dann rigoros alles Unwägbare und Unkalkulierbare abschreiben. Jede Entscheidung hat einen Anteil von mindestens zwanzig Prozent, über den nachzudenken völlig sinnlos ist, weil es sich eben um eine paradoxe Republik handelt.

Außenstehenden mag manches, was Iraner tun, als Mut erscheinen, gar als Kaltblütigkeit. Oder aber als Unüberlegtheit, als Resignation oder Schicksalsergebenheit. Tatsächlich ist es nichts von allem oder auch ein klein wenig von allem, denn diese Summe macht die Lebenskunst aus.

Es ist tatsächlich eine Kunst, in Iran zu leben. Und sie entzieht sich, wie alle Kunst, völliger Erklärbarkeit.

Veränderung von innen

Wer den heutigen Iran mit jenem des ersten Jahrzehnts nach der Revolution vergleicht, könnte meinen: Dies ist ein anderes Land. Die gewaltige Veränderung wurde nicht durch eine politische Bewegung bewerkstelligt, so aufopferungsvoll einzelne Oppositionelle gekämpft haben mögen, und erst recht nicht durch westliche Menschenrechtskampagnen. Die größte Kraft der Veränderung entsprang den alltäglichen Wünschen von ganz normalen Iranern.

Asef Bayat, ein in Iran geborener Sozialwissenschaftler, der heute in den USA lehrt, hat dafür den Begriff der »sozialen Nicht-Bewegung« geprägt. Gemeint ist: Es gibt kollektive Handlungen, ohne dass die Handelnden kollektiv organisiert sind. Sie sind untereinander nicht verbunden und sorgen doch gemeinsam für gesellschaftlichen Wandel. Dieses »stille Vordringen des Alltäglichen«, wie Bayat es nennt, ist vielerorts in der Welt zu beobachten, etwa wenn die Bewohner vernachlässigter Stadtteile das öffentliche Stromnetz anzapfen.

In Iran hatte die stille Alltäglichkeit besonders viel verändernde Macht – und das lag zuvorderst an den Frauen. Sie waren die Meistbetrogenen der Revolution, aber sie nutzten die Umstände, die ihnen aufgezwungen wurden, zum eigenen Vorteil. Durch das Gebot der Verschleierung, das in Iran als einzigem muslimischen Land Gesetzeskraft hat, entfielen die Vorbehalte konservativer Eltern gegen die Mädchenbildung. Millionen junge Iranerinnen machten sich im Tschador oder mit Kopftuch auf in eine Welt, die ihnen vorher verschlossen war.

Bereits in den ersten zwei Jahrzehnten nach der Revolution verdoppelte sich die Alphabetisierungsrate; 1998 gab es erstmals mehr weibliche als männliche Studienanfänger. Zu diesem Zeitpunkt war die Zahl der Kinder pro Frau bereits so stark gefallen, dass Iran eine Auszeichnung der Vereinten Nationen bekam. Heutzutage ist die Geburtenrate in Iran niedriger als in Frankreich, und es studieren dauerhaft mehr Frauen als Männer.

Der Bildungshunger der Iranerinnen hat nicht nur ihre eigene Position radikal verändert, sondern die gesamte Gesellschaft – auf indirekte, sublime Weise, wie das Beispiel der *daneshgah-e azad-e eslami* zeigt. Die Idee einer »Freien Islamischen Universität« war zunächst eine Verlegenheitslösung, um junge Leute unterzubringen, die an staatlichen Universitäten keinen Platz fanden oder nicht qualifiziert genug waren. »Höhere Bildung für alle« war das Motto; eine Art islamische Volkshochschule, aus Gebühren und Spenden finanziert. Heute ist aus den privaten Azad-Universitäten mit vierhundert Standorten, siebzigtausend Dozenten und bald zwei Millionen Studenten eines der größten Universitätsnetze der Welt geworden – und es hat Iran bis in seine hinteren Winkel kulturell verändert.

Meist wurden die Azad-Unis in Kleinstädten errichtet, weil dort das Bauen billiger war. Nun kamen Studentinnen in Orte, wo vorher nie eine Frau ohne Tschador auf die Straße gegangen war. Die ländlichen Kleriker empörten sich, denunzierten die Bildungsstätten als Bordelle; es war vergeblicher Widerstand. Mit der veränderten Kleiderordnung kamen Computer, später Mobiltelefone. Die Azad-Universitäten durchbrachen die geistige Enge der iranischen Provinz, und vor allem die jungen Frauen erwiesen sich als Agentinnen einer Modernisierung, zu der niemand den Auftrag erteilt hatte.

Die Iranerinnen sind heute zweifellos rechtlich weiterhin benachteiligt, etwa im Fall von Scheidung und bei einer Erbschaft. Doch selbstbewusste, berufstätige Frauen prägen die öffentliche Atmosphäre wie in kaum einem anderen Land der Region. Trotz Kopftuchzwang spielen Iranerinnen Fußball, reiten, schießen, treiben Karate, Einzelne fahren sogar Auto- und Motorradrennen.

Wie die Frauen trotz aller Hindernisse vorangekommen sind, das hat im Persischen eine neue politische Metapher hervorgebracht: wie ein unbeleuchtetes Auto durch die Nacht rollen.

Massenverhalten hat verändernde Macht – das zeigt sich auch am Beispiel Satellitenfernsehen, allerdings anders als man vermuten könnte. Die meisten Iraner nutzen die Auslandssender nämlich nicht wegen politischer Nachrichten. Die mögen zwar willkommen sein, weil sie das staatliche Monopol auf Information durchbrechen, aber die meisten Familien schauen über Satellit lieber Unterhaltungssendungen; sie sind spannender und witziger als im Staats-TV. Dessen Funktionäre haben auf die Konkurrenz mit einem spektakulären Ausbau des Angebots reagiert. Aus den zwei staatlichen Kanälen, die es in den ersten Jahren nach der

Revolution gab, sind heute über sechzig geworden. Fünf davon zeigen jeden Abend Serien, und zwar gleich mehrere zwischen 20 und 24 Uhr.

Auch dies ist Islamische Republik: Ein beträchtlicher Teil des Volkes sitzt abends im Wohnzimmer vor einem großen Flachbildschirm und zappt durch Soap-Operas.

IRIB, die staatliche Fernsehanstalt, untersteht nicht der Regierung, sondern direkt dem geistlichen Führer; das engt den Radius für Reformen ein und verurteilt die Programmmacher auf dem Unterhaltungssektor zu einem Hase-Igel-Rennen mit den Auslandssendern. Denn sie dürfen, siehe weiße Ehe, selbst in Komödien den Zustand der Gesellschaft nicht als so libertär darstellen wie er heute oftmals ist. Stattdessen wurde viel in zielgruppenspezifische Angebote investiert, auf »Kanal 4« reden Professoren über Philosophie, anderswo laufen mehrstündige Sendungen zu sozialen und rechtlichen Problemen von Frauen, und »IRIB shoma«, zu Deutsch etwa »Ihr Sender«, wendet sich an ethnische Minderheiten.

Das Staatsfernsehen musste sich wandeln, weil zwei Faktoren zusammenwirkten: der massenhafte Regelbruch und die stumme Macht von Konsumenten. Manchmal gelingt es auch Individuen, die Islamische Republik an einer empfindlichen Stelle zu treffen: ihrer Sehnsucht nach Popularität. Der Moderator einer beliebten Fußballsendung hatte zu viele kritische Fragen gestellt, sein Programm wurde gestrichen; also appellierte er an seine Zuschauer: Wer die Sendung weitersehen wolle, solle ihm eine Textnachricht schicken. Er bekam in zwei Stunden zwei Millionen SMS, das Netz brach zusammen, und die Fernsehanstalt gab dem Mann seine Sendung zurück.

Nicht jeder Fall ist so spektakulär, erst recht nicht jeder erfolgreich. Doch wir können die Islamische Republik als ein Labor betrachten, in dem sich etwas sehr Ermutigendes zeigt: Wie viel beharrlichen Widerstand der Mensch gegen Bevormundung entwickeln kann, ohne dezidiert politisch zu sein, ohne ein Programm zu haben oder einer Ideologie anzuhängen.

Der massenhafte Regelbruch hat jedoch eine Kehrseite: moralische Beliebigkeit. Zwei Generationen sind bereits in einer Art dualem System aufgewachsen: hier offizielle Regeln, dort private. Jedes Gebot hat nur eine begrenzte Reichweite, und nahezu jede Familie hütet Geheimnisse.

Um sie zu wahren, lernen Kinder früh das Lügen, lernen zu unterscheiden, was sie in der Schule sagen dürfen und welcher Freundin sie was erzählen dürfen. »Antennen«, Spione, werden im Schülerjargon die Kinder regierungsnaher Eltern genannt. Es gibt in Iran durchaus Experten, die erforschen, was das Doppelleben und dieses ständige Jonglieren in der Seele anrichten. »Die Erwachsenen verkörpern keine stabilen Werte«, sagt der Teheraner Psychologe Abdurrazah Kordi. »Die Kinder können sich nicht mit uns identifizieren. Sie wissen nicht, was richtig und was falsch ist. Sie sind deshalb gestresst und leistungsgehemmt.«

In die virtuellen Räume des Internets zu fliehen und dort Bestätigung zu suchen, das war unter jungen Iranern schon früher als im Westen verbreitet. Mehr als sechzigtausend junge Iraner schrieben Weblogs, Tagebücher im Netz, zu einer Zeit, als viele Deutsche noch kaum das Wort dafür kannten. Das meiste war unpolitisch, eine Suche nach Identität, ein Spiel mit Probe-Identitäten. Für diese jungen Iraner, die in den 1980er-Jahren geboren wurden, also bald nach der Revolution, hat die Soziologin Masserat Amir-Ebrahimi den Begriff der »Wer-bin-ich?-Generation« geprägt. Sie seien auf der Suche nach sich selbst gewesen und hätten lange Zeit nur Spiegel gefunden, die ihnen ein Zerrbild zurückwarfen. »Diese Generation hat viel erkämpft«, erklärte mir Frau Amir-Ebrahimi. »Sie haben all die Freiräume erkämpft, die für jene, die nach ihnen kamen, nun schon normal sind.« Die jüngste Generation, um die Jahrtausendwende geboren, befinde sich im typischen Dilemma derer, die nur geerbt haben, was andere errangen.

»Sie sind eher hedonistisch und auf Konsum aus. Und manche reden so freimütig über ihre ersten sexuellen Erfahrungen, dass es der Wer-bin-ich?-Generation die Sprache verschlägt.«

Der Zwang zur Lebenskunst und die damit verbundene nervliche Belastung macht Iraner anfällig: nicht nur für Drogen im herkömmlichen Sinne; auch der Verbrauch an Schmerztabletten und Antidepressiva ist dramatisch hoch.

Wir neigen dazu, in orientalischen Gesellschaften die Stagnation für die Ursache seelischer Probleme zu halten. In Yazd, einer sozial-konservativen Stadt in Zentraliran, hörte ich von der Leiterin einer psychiatrischen Klinik: Viele ihrer Patienten kämen nicht damit zurecht, wie schnell sich die Gesellschaft verändert. Auch fern vom großstädtischen Milieu ist die iranische Familienstruktur von einer rasanten, oft als zerstörerisch empfundenen Modernisierung betroffen. Ehen werden immer später geschlossen und immer früher geschieden. Männer und Frauen Mitte 30, früher üblicherweise verheiratet, sind heute oftmals Singles, noch oder schon wieder.

Eine Szene, in der sich gleich mehrere Verwerfungen spiegeln, erlebte ich oft in der Teheraner Metro. Durch die überfüllten Frauenwaggons, die sich am Anfang und am Ende jedes Zuges befinden, drängeln sich Iranerinnen, die billigen Schmuck, Kosmetik, Geschirrtücher oder bunte Büstenhalter anbieten. Es sind Frauen in Not, oft Geschiedene, sie zeigen ihre Armut, was in Iran verpönt ist. Manche sind bereits alt; dass sie sich so exponieren müssen, gleicht einer doppelten Schande. Und alle, ob jung oder alt, übertreten ein Verbot, denn der Verkauf in der Metro ist illegal. Wenn die Frauen eine Kontrolle wittern, lassen sie ihre Ware blitzschnell in großen Taschen verschwinden.

Übrigens kommen auch männliche Händler in die Waggons, an denen groß »Nur für Frauen« steht; sie hoffen, dort ihre Herrensocken losschlagen zu können.

Der Regelbruch hat ein sympathisches Gesicht, solange sich

Menschen damit Freiräume ertrotzen, die ihnen von einem anmaßenden Staat verwehrt werden. Wir im Westen, gerade im regeltreuen Deutschland, applaudieren den Regel- und Gesetzesbrechern besonders gerne, wenn die Gebote islamisch-religiös ummantelt sind. Was zunächst nach Emanzipation, nach bürgerlicher Ermächtigung aussieht, schlägt allerdings irgendwann ins Gegenteil um: Wenn daraus eine Gesellschaft wird, in der nur das Recht des Stärkeren oder des Skrupellosesten gilt.

Wo die Grenze zwischen beidem verläuft, ist nicht leicht zu bestimmen. Als ich unangemeldet das Büro eines Beamten betrat, hatte er den Bildschirm seines Computers so gedreht, dass sein kleiner Sohn, auf dem Sofa sitzend, eine Cartoonserie verfolgen konnte. Der Beamte schrak nicht auf; offensichtlich war es üblich, sich derart während der Arbeitszeit um Kinder zu kümmern. Ich dachte in diesem Moment: Könnten nur alle, die ihr Stereotyp vom repressiven Gottesstaat pflegen, diese Szene sehen! Iraner mögen auf dieselbe Situation einen ganz anderen Blick werfen: Schon wieder ein Beamter, der seine Pflichten nicht erfüllt.

Die iranische Staatskasse wird vor allem von Öleinnahmen gefüllt, nicht von Steuern. Beamte fühlen sich deshalb nicht wie Staatsdiener, sondern eher wie die Herren des Staates, die dem Bürger, wenn es denn sein muss, etwas aus ihrer Kasse zubilligen.

Wer Iran von außen betrachtet, assoziiert den Staat der Islamischen Republik zuvorderst mit Unterdrückung, mit Theokratie, Verboten, Hinrichtungen. Im Alltag aber ist der iranische Staat vor allem korrupt. Die Korruption habe den Staat »wie Termitenfraß« befallen, so formulierte es ein enger Mitarbeiter von Präsident Hassan Rohani. Und die Summen unterschlagener Gelder sind manchmal fantastisch hoch, im Falle eines Angeklagten waren es mehr als zwei Milliarden Euro.

Der iranische Staat mag stark wirken, weil er Menschen nach Belieben ins Gefängnis werfen kann. Aber die Regierung ist erstaunlich schwach gegenüber dem Eigeninteresse, das sich in Iran auf vielerlei Weise organisiert. Das markanteste Beispiel dafür sind die Revolutionsgarden. Die sogenannte »Armee der Wächter der Islamischen Revolution« wurde von Khomeini geschaffen, weil er der regulären Armee kurz nach dem Ende der Schah-Zeit nicht traute. Heute ist daraus eine Wirtschaftsmacht geworden, ein Staat im Staate. Die Revolutionsgarden betreiben Häfen und Flughäfen, bauen Staudämme und Autobahnen, sie sind eng mit der Ölwirtschaft verflochten und beherrschen den Immobilienmarkt der Hauptstadt.

Ihre Technologie-Holding nennt sich »Das Siegel des Propheten«, aber wie wenig fromm es bei den Revolutionswächtern zugeht, zeigt folgendes Beispiel: Iranern fällt auf, dass ihre Satellitenschüsseln immer dann konfisziert werden, wenn neue Modelle auf den Markt kommen. Die Revolutionswächter importieren die verbotenen Empfangsgeräte, und sobald ihre neue Ware auf dem Schwarzmarkt ist, beleben sie die Nachfrage, indem sie die alten Modelle beschlagnahmen.

Die Regierung ist sogar zu schwach, um Gesetze in ganz normalen Betrieben zur Geltung zu bringen. Die iranische Vizepräsidentin beklagte in der Öffentlichkeit, mehr als siebzigtausend Frauen hätten ihren Arbeitsplatz verloren, weil sie einen Schwangerschaftsurlaub in Anspruch nahmen, der ihnen gesetzlich zusteht. Die Betriebe, oft sogar in Staatsbesitz, scheuten die Kosten.

Iran ist ein Land der schlechten Vorbilder. Wer die richtigen Verbindungen hat, zieht an allen anderen vorbei, wird reich vor aller Augen. Unter privaten Geschäftsleuten gilt es als Dummheit, Steuern zu bezahlen. Wenn sich ein Juwelier mit einem florierenden Geschäft im Bazar darauf einlässt, den Gegenwert von hundert Euro Abgaben im Jahr zu entrichten, ist er für seine Kollegen bereits ein Depp.

Viele Iraner beziehen staatliche Unterstützung, eine Art Sozialhilfe, obwohl sie wohlhabend sind. Diese sogenannten Bargeld-Subventionen, eigentlich nur für Arme gedacht, verschlingen zwanzig Prozent des nationalen Haushalts. Es ist leicht, den Staat zu betrügen: mangels Steuer- und Einkommensüberprüfungen zählt allein, wie sich der Betroffene selbst deklariert.

Wäre es möglich, durch kluge öffentliche Appelle zu bewirken, dass Gemeinsinn vor Eigennutz geht?

Mojtaba Hoseinkhani hatte mir als Treffpunkt die Lobby eines teuren Hotels vorgeschlagen. Der Architekt im gut sitzenden nachtblauen Anzug sah aus wie ein Abkömmling der Nord-Teheraner Schickeria, doch gerade gegen deren Egoismus ging er an. Hoseinkhani gehörte zu einer Gruppe junger Enthusiasten, die eine Kampagne »Nein zu Subventionen« erfunden hatten. Ihre Zielgruppe waren die Wohlhabenden. »Die Subventionen richten einen enormen Schaden an«, sagte er. »Es fließt zu viel Geld in private Haushalte, obwohl es dringend für anderes gebraucht würde, für Umweltschutz und für eine bessere Krankenversicherung.« Hoseinkhani und seine Mitstreiter lancierten ihre Kampagne über die sozialen Medien, gewannen dann prominente Fußballer und Schauspieler als Unterstützer und drehten schließlich einen Film: über die Einwohner von vier Dörfern, die ihre Sozialhilfe kollektiv an einen örtlichen Rat abtraten, für die Erfüllung öffentlicher Aufgaben, etwa die Ausbesserung der Straßen. »Diese Dörfler sind Vorbilder für uns alle«, sagte der Architekt.

Seine Kampagne hatte Schwung, solange sie von der Zivilgesellschaft betrieben wurde. Doch sie scheiterte, als die Regierung den Appell übernahm. »Die Leute fühlten sich jetzt bedrängt, und sie misstrauten der Regierung«, sagte Hoseinkhani. »Es ist vor allem dieses Misstrauen, das jede positive Veränderung verhindert.« Binnen Wochen beantragten neunzig Prozent der Iraner durch eine Online-Anmeldung erneut die Zuschüsse; ein ganzes Land auf Sozialhilfe.

Die Gewöhnung an ein staatlich subventioniertes Leben begann in den Notjahren während des Kriegs gegen den Irak; damals gab es Lebensmittel nur auf Coupon. In gewisser Weise sind die

Iraner aus der Kriegsmentalität nie ganz herausgekommen. Sie denken und planen in sehr kurzen Zeiträumen; langfristige Erwartungen haben sich in der Islamischen Republik nie erfüllt.

*

Die Religion.

Nichts hat dem Islam in der langen Geschichte Irans so geschadet wie das System der Islamischen Republik. Das sagten mir religiöse Menschen.

Vor der Revolution gab es Religiöse und Nicht-Religiöse, es gab Gläubige und solche, die dem Glauben auswichen, ihn mieden, ihm entflohen. Es gab keine Islam-Hasser. Die gibt es erst heute. Und sie finden sich vor allem bei den Jungen aus regimenahen Familien, in jener Schicht der Neureichen, die durch gute Beziehungen und schwarze Geschäfte skandalös wohlhabend geworden sind.

Ihre Kinder haben von Nahem erlebt, wie Religion zum Werkzeug der Heuchelei wurde; sie verzeihen es dem Islam nicht, wie er sich missbrauchen ließ. Und sie zerschlagen nun die Heuchelei, indem sie radikal antiislamisch leben, mit Sex- und Drogenpartys an den Swimmingpools ausladender Villen und mit auftrumpfend zur Schau gestellten Sportwagen. *Aghazadeh* heißen auf Persisch die Nachkommen hochstehender Leute; das war früher eine respektvolle Bezeichnung, heute ist es fast ein Schimpfwort.

Aber wie bei allem gibt es in Iran eine andere Seite. Trotz der Staatsreligion oder sogar gegen sie wird schiitischer Glaube gelebt. In dem ganz eigenen Gesellschaftspanaroma, das die Islamische Republik hervorgebracht hat, zeigt auch die Religion verwirrend viele Gesichter. Verwirrend womöglich nur für uns. Denn gerade das Schiitentum ist eigentlich prädestiniert für das, was heute in Iran passiert: Religiosität individualisiert sich.

Ein typisches Mosaik, wie ich es bei einer Familie in Schiraz antraf: die Mutter fromm, der Vater das Gegenteil. Von den Söhnen, beide Ingenieurstudenten, der eine fromm, der andere nicht. Und der Fromme war in seiner Kritik an den politischen Verhältnissen der Radikalere.

Während des Ramadan, persisch *Ramazan*, gibt es selbst in einem Hort der Systemtreue wie der staatlichen Nachrichtenagentur Mitarbeiter, die nicht fasten. Sie essen mittags in einem Büroraum, der anderweitig gerade nicht benutzt wird. Alle wissen es, niemand redet darüber.

In der sogenannten »Nacht der Bestimmung« gegen Ende des Ramazan legen sich die Versammelten bei einem bestimmten Gebet den Koran als Ausdruck der Wertschätzung auf den Kopf. Im Hof der Moschee eines bürgerlichen Viertels in Teheran bemerkten Nachbarn ein seltsam bläulich-weißes Licht. Manche Gläubige hatten sich Tablets mit dem Koran als E-Book auf die Köpfe gelegt.

Wer religiös leben will, tut das im neuen Iran auf seine Weise. Und kann dafür Inspiration bei einem Dichter finden, Sohrab Sepehri, im Frühjahr 1980 an Leukämie verstorben. Junge Iraner finden in seinen Versen Intimität und eine spirituelle Welt fern der Parolen, fern der Verlogenheit. Eine Welt, in der jeder seine persönliche Gebetsrichtung findet.

Mein Mekka ist eine Rose,
Mein Gebetstuch eine Quelle, mein Gebetsstein das Licht,
Die Ebene mein Gebetsteppich,
Die Waschungen nehme ich mit dem Prasseln des Regens gegen die Fenster vor,
In meinem Gebet fließt der Mond, fließt das Spektrum des Lichts.

Ausflug in die Berge

Herr S., 38 Jahre, war im Erstberuf Bankangestellter. Als Zweitjob vermietete er seinen Wagen, mit sich selbst als Fahrer; so trafen wir uns für einen langen Tag, vom Morgengrauen bis zum Abend. Herr S. war außerdem passionierter Gewichtheber, wie Bilder in seinem Handschuhfach belegten. Über sein Privatleben verriet er nur, er sei verheiratet, er und seine Frau hätten sich getrennt, seien aber jetzt wieder zusammen. Seine Frau fahre Auto und gehe ins Fitnesscenter.

Den Umstand, dass ich unverheiratet war, empfand Herr S. als Ermutigung, vielleicht als einmalige Gelegenheit, all jene Fragen zu stellen, die ihn anscheinend schon lange beschäftigten. Das Sexualleben im Westen!

Ich spürte in den Fragen des Mannes ein unterdrücktes Begehren, zugleich war sein Ton unschuldig, von fast kindlicher Neugier. Die Atmosphäre im Auto war nicht unangenehm. Wir fuhren durch eine Berglandschaft, wir hatten Zeit. Herr S. suchte lange in seinem bescheidenen Vorrat an Englischvokabeln, dann nahm er Anlauf.

»You look sex film??!«

Später: »You have sex clubs?«

Später: »Boys and girls go swimming together. Then have sex?«

Herr S. hatte ein völlig durchsexualisiertes Bild vom Alltag im Westen; man hätte sagen können, es war ein Bild, wie es vom iranischen Regime gezeichnet wird, doch Herr S. war kein Anhänger des Regimes. Das hatte er mir gleich zu Beginn unseres Ausflugs gesagt; später machte er sich lustig über Märtyrerbilder, an denen wir in den Dörfern vorbeikamen, und sprach sogar abfällig über den Revolutionsführer. Vermutlich wollte Herr

S. gerade wegen seiner Haltung zum Regime gerne ein positives Bild vom Westen haben, doch die Mosaiksteine, aus denen er es sich zusammensetzte, stammten aus Propaganda und schlechten Filmen.

Es war für ihn unvorstellbar, dass Jungen und Mädchen ungezwungen miteinander umgingen und nicht ständig Erregung zwischen ihnen aufkam. Er nahm es als selbstverständlich, dass pornografische Angebote, wenn sie nicht verboten sind, auch ständig von allen genutzt werden. Und er war bass erstaunt, als ich ihm sagte, im regulären Fernsehprogramm würden keine Sexfilme gezeigt.

Wenn er länger schwieg, hielt ich das Thema für erledigt. Tatsächlich war Herr S. dann am Lenkrad in seinen Gedanken oder Fantasien versunken, oder er suchte nach Vokabeln. Plötzlich, in die Stille und das Bergpanorama hinein, wieder eine Frage.

»You go swinger club?«

Mittags kochte er ein Essen, »für uns«, sagte er. Im Kofferraum hatte er Picknickutensilien dabei, und seine Handgriffe verrieten Übung bei der Hausarbeit. Er schnitt eine große Kartoffel in akkurate kleine Würfel, dazu Zwiebeln, Tomaten, ein paar Eier, alles wurde in einer kleinen Pfanne gebraten; zum Nachtisch ein frischer Zimtkuchen, den seine Mutter gebacken hatte. Herr S. sagte, er bereite sich sein Mittagessen oft selbst zu. »Abends esse ich nur Obst. Damit ich fit bleibe. Ist das gut?«

Beim Abräumen des Picknicks und später im Auto streifte mich Herr S. manchmal, eine scheinbar unabsichtliche Berührung. Er hatte trockene Gewichtheberhände; die Berührung war nicht zudringlich, sie war eher der nichtsprachliche Teil seiner schüchternen Erkundung, und Herr S. wusste, er hatte nicht viel Zeit, bald würde diese einmalige Gelegenheit vorbei sein.

Mir wurde während unseres seltsamen Gesprächs bewusst, was vielleicht an westlichen Gesellschaften am schwersten zu verstehen ist, solange man nicht dort gelebt hat: Dass Freiheit bedeutet, Entscheidungen zu fällen. Ich sagte ihm, manche Männer gingen zu Prostituierten, andere nicht, und beides hinge nicht vom Alter ab oder davon, ob sie verheiratet seien. Sondern manche täten es, und andere lehnten es für sich selbst ab.

Herr S. sagte daraufhin lang nichts mehr. Wir fuhren in die einsetzende Dunkelheit hinein. Ich dachte daran, dass man sich im Westen auch meistens nicht vorstellen kann, dass es in religiösen Gesellschaften Entscheidungsmöglichkeiten gibt und dass Entscheidung letztlich immer individuell ist.

Zum Abschied, als ich seinen Wagen verließ, bat mich Herr S., seine Fragen als unser Geheimnis zu betrachten. Wir bekräftigten das mit einem Handschlag, und er schenkte mir den restlichen Zimtkuchen seiner Mutter.

Geist und Macht. Von Bühnen, Boheme und Zwischenwesen

Unter den Künsten in Iran ist das Theater den herrschenden Umständen besonders fremd und besonders nah. Handelt es doch von der Inszenierung des Lebens in einem Land, wo das gewöhnliche Leben ständiger Inszenierung bedarf.

So kann sich in einem fensterlosen Raum die Sehnsucht erfüllen, der Enge des eigenen Lebens zu entfliehen – indem diese Enge zum Gegenstand von Kunst wird.

Der Raum war schwarz gestrichen, möbliert nur mit einem Tisch und zwei, drei Schemeln aus Holz. Im gelben Lichtkreis, den eine Glühbirne warf, wirkten die Gesichter der Schauspieler fahl. Sie waren sehr jung; zwei Mädchen schienen von der Universität zur Probe gekommen zu sein, sie trugen das eng anliegende schwarze Kopftuch der Studentinnen.

Das Tuch umrahmte die blassen Gesichter im Lichtkegel wie ein dramaturgisch gewähltes Accessoire.

Das Stück, in dessen Probe ich geraten war, spielte im politischen Untergrund, im nationalsozialistischen Deutschland. Die jungen Leute hatten es selbst geschrieben, sein Titel lautete sinngemäß ›Tieren ist eher zu trauen als Menschen‹. Es ging um Verrat, um Mut und Wahrhaftigkeit.

Das Stück handelte nur bedingt von Deutschland; meine Vermutung, es gehe um Iran, war den Studenten gleichfalls zu kurz gegriffen. Wenn sie Erfahrungen aus ihren eigenen Lebensumständen auf die Bühne brachten, dann als universal zu verstehendes ethisches Dilemma. Auf diese Haltung würde ich bei iranischen Künstlern öfters stoßen.

Der schwarz gestrichene fensterlose Raum befand sich im ersten Stock über einem Café. Eine kleine private Studiobühne, in Iran *plateau* genannt. Französische Ausdrücke sind letzthin wieder in Mode gekommen, eine vage Reminiszenz an eine Epoche im 19. Jahrhundert, als Französisch in Iran die Sprache höherer Bildung war. Anders als damals werden französische Begriffe heute in persischer Schrift geschrieben, in heiterer Bedenkenlosigkeit dem Lautmalerischen folgend. Auf der dunklen Glastür des Cafés stand der Name »Déjà vu«.

Eine schmale Stiege führte zur Bühne hinauf. Der Raum sei eine ehemalige Schlafkammer, erklärte mir die Wirtin, eine ältere Dame. Sie wollte aus dem »Déjà vu« einen Ort mit intellektueller Ausstrahlung machen. In der Nähe der Tür lag Literatur in schmalen Bänden zum Verkauf aus. Wer die Bühne nutzte, zahlte ihr eine Miete.

Das mag nach Boheme klingen, doch ist dies eine Boheme unter staatlicher Kontrolle.

In Iran darf nichts ohne Genehmigung aufgeführt, nicht einmal geprobt werden, und auch eine schwarze Kammer, die nur Eingeweihte finden, gilt als öffentlicher Raum, mit den entsprechenden Vorschriften der Islamischen Republik. Eine Frau muss Kopf und Hals bedeckt halten, egal welche Rolle sie spielt. Männer und Frauen dürfen einander auf der Bühne nicht berühren, selbst wenn sie ein Liebespaar darstellen. Und nicht antastbar ist gleichfalls, das versteht sich von selbst, das politische System der Islamischen Republik.

So viel Bevormundung könnte Theater töten; in Iran blüht es.

Mehrere Universitäten unterhalten Theaterfakultäten, aus denen jedes Jahr ein Nachwuchs von etwa tausend neuen Regisseuren, Schauspielern, Bühnenbildnern strömt. Der Verband der Theaterschaffenden hat allein in Teheran zweitausend Mitglieder; hinzu kommt eine weitaus größere Zahl von Amateuren. Kaum jemand kann vom Theater leben, und doch werden jedes Jahr mehrere Tausend Stücke geschrieben, übersetzt, bearbeitet, in der wilden Hoffnung, dafür eine Bühne zu finden. Neben den schwarzen Kammern der Boheme finden sich in Teheran vier staatliche Theaterhäuser und zusätzlich Bühnen in sieben Kulturzentren.

Die iranischen Behörden bevormunden zwar die Bühnenkunst, so wie sie jegliche Kunst, auch Film und Literatur, zu kontrollieren trachten. Aber der Staat schmückt sich auch mit dem Theater und fördert es finanziell. Man könnte sagen: Er liebt, was er fürchtet. Schließlich sind Feinsinn und Intellektualität ein Ausweis iranischer Modernität – und als Kulturnation geachtet sein, nicht nur mit alter Geschichte, sondern mit heutigen Leistungen, das möchte auch die Islamische Republik.

Als Kunstform anerkannt ist sogar das Straßentheater. In schwarze Müllsäcke gehüllt und mit zerbeulten Getränkebüchsen behängt, schleuderten Schauspieler an einer belebten Teheraner Kreuzung den Passanten entgegen: Ihr seid schuldig des Verbrechens der Gleichgültigkeit! Ein improvisierter Sarg wurde aufgeklappt, sein Deckel symbolisierte einen Grabstein für einen See in den Bergen. Dessen Geburtsstunde war, so besagte die Inschrift, am Beginn der Schöpfung; die Stunde des Todes: demnächst. Auf dem Pflaster lagen die Felle verendeter Wildtiere; es erklang Trauermusik.

Die Schauspieler waren junge Kurden, sie wollten auf die drohende Verlandung des Zarivar-Sees in der Provinz Kurdistan aufmerksam machen. Die Behörden unternähmen nichts, erklärten sie mir. Während wir redeten, schloss sich um uns ein enger Kreis von Neugierigen, als seien wir die Fortsetzung des Stücks. Nun wurden heiklere Forderungen laut, Kurdisch als Schulsprache, Föderalismus!

Das Ensemble nannte sich *Ahura*, nach der zoroastrischen Bezeichnung für Gott. Wer einen solchen Namen wählte, noch dazu als Kurde, drückte damit eine gewisse Distanz zum Regime aus. Dennoch war die Gruppe auf Staatskosten nach Teheran gereist; die turbulent inszenierte Klage vom sterbenden See hatte bei einem regionalen Theaterwettbewerb den ersten Preis gewonnen, und nun begann damit ein internationales Festival. Mit Müllsäcken und Zivilisationskritik.

Binnen zehn Tagen mehr als hundert Theateraufführungen, dann weitere Festivals für Film, Poesie und Visual Art. So begeht Iran alljährlich *fajr*, »die Morgenröte«, den Sieg der Revolution im Februar 1979. Gemeint sind jene zehn Tage zwischen der Rückkehr von Khomeini aus dem Pariser Exil und dem endgültigen Sturz des Schah-Regimes. Die Islamische Republik galt im Westen von Beginn an als kunstfeindlich, doch sie hat das Theater früh umarmt. 1983, mitten im Krieg gegen den Irak, fand das erste Fajr-Festival statt.

Seitdem ähneln Staat und Kunst ineinander verkeilten Ringern. Beide brauchen einander, und sie ringen heutzutage durchaus auf Augenhöhe. Als prominente Schauspielerinnen das offizielle Festivalplakat wegen seines ungelenken Designs im Internet verspotteten, wurde es vom »Ministerium für Kultur und islamische Führung« hastig zurückgezogen. Ästhetik zählt viel in Iran, und sich über den Geschmack von Bürokraten zu erheben, ist eine typische Waffe der Gegenkultur.

Dieses Wort charakterisiert die Theater-Community besser als politische Begriffe. Eine Szene von Individualisten, hochgebildet und dezidiert urban, gnadenlos kritisch und chronisch zerstritten. Sie lieben ihr Land und sind seiner Kultur weitaus inniger verbunden als die gestylten »rich kids« der Oberklasse, die im Westen so oft als vermeintliche Symbole von Freiheit abgebildet werden.

In den Foyers der Theater sieht man Männer mit längerem Haar, und bei den Frauen ist der vorgeschriebene *hijab* im Idealfall, um des Understatements willen, ein zerknüllter erdfarbener Schal aus grobem Leinen. An der Universität wäre das zu leger, erst recht an einem staatlichen Arbeitsplatz, aber die Freizeit bringt Moden hervor, die wie anderswo Milieu, soziale Schicht und Geisteshaltung andeuten.

So entsteht ein eigentümlicher Kontrast zwischen der normalen Lebenskunst der Iraner samt all ihren Regelbrüchen und der Kunst auf der Bühne. Vor der Tür zum Saal ist das Berührungsverbot außer Kraft, da wird geschubst und gedrängelt wie überall auf der Welt. Auf der Bühne hingegen kann der Staat auf seinen Regeln bestehen; er hat in diesem künstlichen Raum der Fantasie noch eine Macht, die er im echten Leben verloren hat.

Über Bazbins und Theaterbesessene

Wer diese Macht verkörpert, heißt auf persisch *bazbin*. Ein magisches Wort in jedem Gespräch über Theater. Das Wort selbst kommt neutral daher: ein Kontrolleur, als gehe es etwa um die Hygiene im Fleischhandel. Zu verstehen, was ein Bazbin ist, führt mitten in die chronischen Undurchsichtigkeiten der Islamischen Republik. Meist kommen sie zu dritt, sitzen im leeren Zuschauerraum und beurteilen die Vorführung. Beobachten durfte ich ein solches Trio nicht. Denn wenn eine Ausländerin das Wort »Bazbin« in den Mund nähme, wurde mir erklärt, dann klänge das negativ.

Ich musste mit Herrn Yusefikia vorliebnehmen, einem Sprecher der Theaterbehörde im Kulturministerium. Das ist die Bazbin-Behörde; sie fördert das Theater und kontrolliert es zugleich. Der Vortrag von Herrn Yusefikia war so frohgemut wie sein blauweiß gestreifter Pullover.

»Zuerst lesen wir das Stück. Wenn wir es akzeptieren, können die Proben beginnen. Später sehen sich unsere Experten die Generalprobe an; unsere Leute sind qualifiziert, sie haben mindestens einen Bachelor in Dramaturgie. Wenn sie alles in Ordnung finden, geben sie ihr Okay.«

Nach welchen Kriterien?

Herr Yusefikia lächelte. »Jeder, der in der Islamischen Republik lebt, weiß aus Erfahrung, was er beachten muss. Und wir haben Interesse an einem guten Theater. Sonst wäre das iranische Theater ja nicht so weit gekommen.«

Herr Yusefikia hatte auf seine Weise recht. Der politische Druck zwingt die Künstler zu besonderer Kreativität, zur Verfeinerung ihrer Metaphern, zu geschickt verhüllten Anspielungen. An diesem Punkt ist Theater dann doch die Kunstform, die dem Alltag in Iran am nächsten ist, denn nahezu jeder muss sich in bestimmten Situationen inszenieren, muss dramaturgische Übergänge erfinden, um den Spagat zwischen öffentlichem und privatem Leben zu bewerkstelligen. Anders als wir Westler, die wir im Umgang mit Mehrdeutigkeiten wenig geübt sind, wissen die Iraner, dass die Dinge oft nicht so sind, wie sie im ersten Moment erscheinen.

Die persische Sprache ist reich an Metaphern; damit ein verwirrendes Spiel zu betreiben, war bereits eine Waffe im Kampf gegen die säkulare Repression während der Schah-Herrschaft. Da war mit einer Rose plötzlich nicht mehr die Geliebte gemeint, sondern die soziale Erhebung.

Als während der restriktivsten Phasen der Islamischen Republik auf der Bühne sogar das Wort »küssen« verpönt war, behalf sich ein Regisseur mit einem Wort, das in Farsi sehr ähnlich klingt: zwanzig. Der Schauspieler sagte zu seiner Geliebten also: »Ich zwanzige dich«, und der Bazbin ließ das, warum auch immer, durchgehen. Dies ist eine einfach zu erzählende Episode; feinere Sprachspiele sind kaum zu übersetzen.

Die Professorin Farindot Zahedi empfing mich in einem Apartment, das mit Gemälden und Skulpturen angefüllt war. Von der Decke hing ein alter Kronleuchter, und die Fruchtschalen waren so hoch beladen, wie es im iranischen Bürgertum üblich ist, um dem Gast Respekt zu erweisen. Frau Zahedi war eine Veteranin der Bühnenkunst; seit dreißig Jahren unterrichtete sie an der Universität Teheran »westliches Theater«, so nannte sie es selbst.

Ihre gewandte Art zu sprechen, ihre Möbel, das Jersey-Kostüm, alles schien mir darauf hinzudeuten, dass Frau Zahedi einer wohlhabenden Familie der Schah-Ära entstammte. Tatsächlich war sie als junges Mädchen in die USA gegangen, hatte dort friedlich Theater studiert, während in Iran das alte Regime niederbrannte. Als sie zwei Jahre nach der Revolution in die Heimat zurückkehrte, war nahezu die gesamte Schauspielszene den umgekehrten Weg gegangen – Flucht in den Westen. Nur die Gebäude standen noch, die Theater der Schah-Zeit.

Und dann geschah etwas Seltsames. Als 1984 die Universität Teheran wieder geöffnet wurde, wandte sich das neue Regime an Frau Zahedi, an diese bürgerliche, säkulare Amerika-Freundin: Sie sollte unterrichten, sollte die Theaterfakultät wieder aufbauen. Zuerst in Teheran, dann auch an anderen Universitäten.

»Dabei gab es kaum Dozenten!«, erinnerte sich Frau Zahedi. »Wir waren nur zu viert. Es war völlig verrückt. Ich rannte von Uni zu Uni, um Seminare zu geben.« Obwohl noch Krieg herrschte, war der Andrang von Studenten groß. Und als die ersten guten Stückeschreiber hervortraten, war ihr Thema: der Krieg.

Frau Zahedi hatte seitdem eine ganze Generation von Theaterleuten unterrichtet, und sie sprach von ihnen mit Stolz. »Es gehörte immer zur Natur des Theaters, mit dem Verborgenen zu arbeiten, mit Codes und Andeutungen. Wenn man politischen Druck bekommt, wird alles noch feiner, noch subtiler.« Gewiss, sagte sie, es gibt Selbstzensur. »Aber wir können international mithalten, wir können uns sehen lassen!«

Hatte Ähnliches nicht auch der Kulturbeamte von der Bazbin-Behörde gesagt?

Wo sich die Revolutionsstraße mit dem Vali-Asr-Boulevard kreuzt, steht das Stadttheater von Teheran. Es mag einen Moment verwundern, dass es in der Islamischen Republik eine Einrichtung mit einem solch gemütlich, fast provinziell anmutenden Namen gibt. Provinziell ist jedoch weder das Haus noch der Ort.

Das Theater befindet sich nahezu am geografischen Mittelpunkt dieser ständig wachsenden Metropole. Der Vali-Asr-Boulevard ist ihre Hauptachse, die längste Straße Teherans. Sie verbindet den ärmeren Süden mit dem reichen Norden der Stadt, der sich an seiner höchsten Erhebung tausend Meter oberhalb des heißeren, stickigen Südens befindet. Vor der Revolution hieß der Boulevard »Pahlavi«, wie die letzte Königsdynastie. Der Name »Vali Asr« bezeichnet nun eine höhere Herrschaft: Es ist einer der Beinamen für den zwölften Imam der Schiiten, der ihrem Glauben zufolge seit dem neunten Jahrhundert in der Verborgenheit lebt und irgendwann wie ein Messias erscheinen wird.

Über die Religiosität, die aus solcher Namensgebung spricht, hat Teheran auch an diesem Ort sein unverwechselbar urbanes Flair gelegt. Mit einer weitläufigen Metrostation, in deren Unterwelt sich Passanten regelmäßig verirren, und einer Grünanlage, die unter der harmlosen Bezeichnung »Studentenpark« ein bekannter Treffpunkt von Homosexuellen ist.

Das Theater hält vom Straßentrubel vornehm Distanz, sodass seine Architektur zur Geltung kommt, ein zylinderförmiger Bau aus den 1960er-Jahren, dessen Eleganz bei Dunkelheit durch geschickte Beleuchtung hervorgehoben wird. Der iranische Architekt verband damals klassisch-einheimische Elemente wie geometrisch gehaltene Bögen und Kachelornamente mit der schlichten westlichen Moderne des 20. Jahrhunderts. Die Kultur der Vermischung, wir begegnen ihr in Iran auf Schritt und Tritt.

An diesem Abend wurde im größten der Säle ein politisches Tanztheater aufgeführt. Dumpfer Trommelschlag beschleunigte sich bedrohlich, wenn schwarz maskierte Kämpfer auf der Bühne zu akrobatischen Sprüngen auf stilisierte Ölfässer ansetzten. Das Stück handelte vom Terror radikaler Sunniten, die Schwarzmaskierten waren Schergen des »Islamischen Staats« im Irak. Sie malträtieren die Bevölkerung, besonders die Frauen, schleiften eine Schauspielerin roh über die Bühne. Erst beim Schlussapplaus, als die Kämpfer ihre Gesichtsmasken abnahmen, begriff ich, wie diese Szene trotz Berührungsverbot möglich war: Einige Kämpfer waren Frauen. Die iranischen Zuschauer mochten das geahnt haben; mir war es nicht aufgefallen, so gut beherrschten die Schauspielerinnen die athletischen Machoposen.

Männliche Hinrichtungsopfer, die wie Gekreuzigte mit ausgebreiteten Armen auf der Bühne standen, wurden von einer Schauspielerin zueinander geführt, ohne die Männer zu berühren. Sie zog sanft an den Laternen, die an den Armen der Hingerichteten hingen wie grausiger Weihnachtsschmuck. Nicht-Berührungen können sehr intensiv sein.

Eine Solistin ließ das Stadttheater an diesem Abend mit kraftvollem Klagegesang erbeben. Vielleicht war das genehmigt worden, weil der Inhalt des Stücks dem Regime gefiel. Weiblicher Sologesang gilt bei Konservativen und Hardlinern als gefährlich sinnlich; deshalb werden einer Solistin oft sogenannte Mitsänger zur Seite gestellt, Quasi-Chöre, musikalisch ohne Funktion.

Es gibt Chöre, die nur singen, wenn der Bazbin kommt. Ansonsten sind sie unhörbar, bewegen nur die Münder.

Manchmal halten die stillen Chöre abendelang durch; erst wenn jemand petzt, kommen die Behörden und intervenieren. Oder sie kommen nicht. In der Musik ist die Bevormundung noch bizarrer als beim Theater. Zum Beispiel darf das Staatsfernsehen keine Instrumente zeigen, aus Gründen, die mir niemand erklären konnte. Es dürfen aber Musikdarbietungen übertragen werden, und es bedarf dann einer besonders raffinierten Kameraführung, damit die Gesichter der Musizierenden zu sehen sind und ein Teil ihrer Finger, aber nicht die Geige oder das Cello.

Was die Bazbin bei den Theaterproben beanstanden, zeugt oft von einem erstaunlich schwachen religiösen Selbstbewusstsein. Da darf ein Schauspieler, der einen Halunken spielt, keinen Vollbart haben, denn der werde doch mit Islam assoziiert. In einem anderen Stück trägt ein Christ einen Rosenkranz – stopp, der wird mit der Gebetskette der Muslime verwechselt; nehmt stattdessen ein Kreuz!

Das Schlimmste aber ist die Willkür, sagen Theaterleute. Heute ist die Solistin erlaubt, morgen nicht. Ein Skript bekommt einen Preis und darf trotzdem nicht aufgeführt werden. Ein Projekt wurde genehmigt, dann wechselt der Verantwortliche den Posten, und sein Nachfolger hat einen anderen Geschmack. Manchmal wird eine halbe Stunde vor der Premiere noch eine Änderung verlangt, manchmal ist nach nur einer Vorstellung plötzlich Schluss.

Auch für Willkür gibt es politische Erklärungen; sie haben mit den verschlungenen Funktionsweisen des Systems zu tun. Eines seiner Kennzeichen sind parallele Strukturen der Macht: Eine Behörde beargwöhnt die andere, die zweite setzt außer Kraft, was die erste entschieden hat. Dies geschieht besonders häufig, wenn in Behörde eins gerade die reformerischen Kräfte am Zug sind und in Behörde zwei die Hardliner. Ein Konzert hat eine Genehmigung vom Kulturministerium, also eigentlich von höchster Stelle, trotzdem schreiten die Ordnungskräfte ein und unterbinden die Veranstaltung. Vermutlich haben sie in diesem Fall Rückendeckung vom örtlichen Freitagsprediger. Die Bezeichnung für diesen Geistlichen rührt daher, dass er am Freitag vor dem Mittagsgebet eine politische Ansprache zu halten pflegt. Die Inhaber dieser Posten werden direkt vom Revolutionsführer berufen und sind in Fragen des Lebensstils oft besonders restriktiv.

Am meisten hat mich beeindruckt, mit welcher Hingabe Künstler an Projekten festhalten, obwohl ihre Bemühungen so leicht zunichtegemacht werden können. Ein achtzigköpfiges Ensemble probte neun Monate lang die ›Zauberflöte‹ und durfte sie dann nur an drei Abenden aufführen.

Ich sprach darüber mit Pouya Pirouzram, einem Theaterbesessenen. Er führt Regie, spielt und schreibt. Der Enddreißiger hält sich mit kleinen Jobs über Wasser, fährt im Winter in dünner Jacke Moped und hat nicht geheiratet, weil Familienpflichten mit diesem Leben unvereinbar wären.

»Das ist der Geist des Feuers«, sagte er lakonisch. »Manchmal proben wir fünf Monate, und dann sagt jemand: ›So geht das nicht.‹« Pirouzram lachte, es war ein seltsam eruptives Lachen. Den Umgang mit den Kulturbürokraten beschrieb er mit dem Vokabular von Kampfsport. »Entscheidend ist deine innere Entschiedenheit. Der Sieger ist Sieger vor dem Kampf.« Aufgeben, weggehen kam für ihn nicht in Frage. »Dies ist mein Land, dies ist meine Kultur. Meine Wurzeln sind hier.«

Die Gruppe »Nia«, Ahnen, die er leitete, probte fünf Mal die Woche, manchmal zogen sie für die Proben in die Berge oder in die Wüste, um an ihre Grenzen zu gehen. Für die körperliche Herausforderung dieser Art von Theater hielt sich Pirouzram mit Badminton fit. »Ich liebe die Schwierigkeiten, ich liebe die Hürden und den Zwang zur Improvisation. Und ich gebe der Welt etwas.« Dann lachte er wieder sein seltsames Lachen.

Ich begleitete ihn zu einer Probe. Das Privathaus gehörte einem wohlhabenden Gönner, der das Erdgeschoss zur Verfügung stellte. Erst wurde der Holzfußboden gefegt und Pulverkaffee in Pappbechern angerührt. Die Schauspieler waren barfuß, die Frauen knoteten ihre Tücher sportlich. Die Probe begann im Dunkeln, um die Wahrnehmung zu schärfen. Laufen, Atemübungen.

Theater, das hieß für Pirouzram, der die alten Griechen liebte, die Archetypen abzubilden, die wiederkehrenden Urbilder, die Baupläne des Menschseins. Sein jüngstes Stück, das sie gerade einübten, hatte den Titel ›Saisonale Verstimmung‹. Ein persisches Epos, in dem ein Vater unwissentlich im Kampf seinen Sohn tötete, wurde ins Heute gewendet: Die Eltern waren angeklagt, das Leben ihrer Kinder zu verraten. Auf dem Holzboden wälzte sich ein Mann unter der Last der Anschuldigungen wie im Todeskampf.

Es war naheliegend, an die iranische Variante von Generationskonflikt zu denken: Vater, Mutter, warum habt ihr uns eure Revolution eingebrockt? Pirouzram war zu höflich, um mir unverblümt zu sagen, wie platt er meine Analogie fand. Er sagte nur störrisch: »Die Klage der Kinder gegen die Eltern ist ein Archetyp.«

In der westlichen Diaspora profitieren iranische Künstler oft davon, dass ihre Kunst als Systemkritik verstanden wird, und sie widersprechen dem nicht. Im Land selbst habe ich eine andere Erfahrung gemacht. Die Künstler, denen ich begegnete, wollten sich nicht politisch instrumentalisieren lassen, von keiner Seite, und sie amüsierten sich über Interpretationen westlicher Kritiker, die ihnen einfältig erschienen.

Als ich Pouya Pirouzram zum ersten Mal traf, wollten wir ins Café »Romance« gehen, in einer Seitenstraße vom Ferdausi-Platz. Als wir dort ankamen, fanden wir die Tür mit einem schweren Keil verschlossen und zusätzlich versiegelt, wie einen Tatort. Angeblich hatten hier unverschleierte Frauen gesessen. Ein paar Wochen später würde das »Romance« wieder geöffnet sein, aber so lange konnten wir schlecht warten. Wir fuhren zum »Café der Künste« im Universitätsviertel. Die Wände waren mit alten Zeitungen beklebt, ein Sänger mit langen grauen Haaren ging Ziehharmonika spielend auf und ab, natürlich für Geld, und nach einer Weile setzte sich ein junger Maler an unseren Tisch. Das Café schien seinem Namen gerecht zu werden.

Ganz in der Nähe befand sich eine der angesehensten Buchhandlungen Teherans. Von großen Schwarzweißfotos blickte ein Club der toten Dichter herab, allesamt Ikonen. Sadegh Hedayat, der Begründer von Irans literarischer Moderne, hing zwischen

Kafka und Tschechow; beide hatte er übersetzt. Hedayat, Kafka, Tschechow, in diesem Dreieck findet die Teheraner Intelligenz viel von ihrem Lebensgefühl, von Schwermut und Überdruss. Nach der Niederschlagung der Proteste von 2009 wurde Tschechows ›Iwanow‹ gespielt; der Text war unverändert, aber seine depressive Stimmung war nicht nur die des Zarenreichs.

Das iranische Theater ist seit dem frühen 20. Jahrhundert ein Hort der Herrschaftskritik gewesen. Seine Geschichte ist indes viel älter, sie reicht zurück bis zur Antike. Im Persischen gibt es mehr als ein Dutzend Namen für traditionelle Formen von Aufführungen. Dazu zählt *naqqali*, von den Vereinten Nationen als kulturelles Erbe der Menschheit anerkannt: Ein einzelner Schauspieler – es konnte auch eine Frau sein – trug eine von Musik begleitete Erzählung vor, die durch bemalte Wandrollen illustriert wurde.

Als der schiitische Islam im 16. Jahrhundert Staatsreligion wurde, entstand der Volksbrauch des Passionsspiels, *ta'ziyeh* genannt: Das Martyrium von Hussein, einem Enkel des Propheten, wird noch heute alljährlich auf Dorfplätzen als Kampf von Gut gegen Böse in Szene gesetzt. Weil die Stilelemente von Ta'ziyeh allen vertraut sind, tauchen sie oft in modernen Inszenierungen auf, etwa Rot als Farbe des Bösen. Eine frühe Form von weltlichem Volkstheater war *rouhozi*: Dafür wurden ein paar Bretter über das Wasserbecken in der Mitte eines Hofes gelegt, so entstand eine Bühne, auf der Schwänke für Hochzeitsgesellschaften dargeboten wurden. Schattenspiel, heute ausgestorben, war im 19. Jahrhundert noch sehr beliebt, auch als Unterhaltung am Königshof. Das Marionettentheater lebt hingegen als ernste Kunstform weiter. Gegen Figuren und Skulpturen hatte der iranische Islam nie Einwände.

Modernes Theater kam zunächst mit Gastspielen nach Iran. Henrik Ibsens ›Ein Volksfeind‹, von einem armenischen Ensemble aufgeführt, muss 1909 einen enormen Eindruck hinterlassen haben, denn zu diesem Zeitpunkt dauerten die Kämpfe iranischer Patrioten um die Verfassungsrevolution noch an. Der erste einheimische Regisseur, der in Iran etwas zur Aufführung brachte, hatte in der Sowjetunion studiert. Später entstand ein sogenanntes Nationaltheater mit iranischen Stücken. Unter dem letzten Schah, doch weniger von ihm selbst als durch seine Gattin Farah Diba gefördert, etablierte sich mit den Festivals der Stadt Schiraz eine neue Form von Bühnenkunst, die eng mit dem Westen verbunden war.

Bertolt Brecht wurde damals gern gespielt, doch waren die Aufführungen zensiert. Von älteren Theaterleuten hörte ich: Politische Zensur war damals heftiger als heute. Heute werden die Eingriffe mit Moral und Sitte gerechtfertigt; auch in Manuskripten von Büchern werden vor allem Passagen beanstandet, die von Sexualität und liberalem Lebensstil handeln.

Brecht wurde viel übersetzt; von manchem seiner Stücke existieren sieben verschiedene Fassungen in Farsi. Das klingt für Iraner nicht so seltsam wie für uns. Denn seit mehr als einem Jahrhundert wird europäische Literatur und vor allem Philosophie in einem Ausmaß ins Persische übersetzt, von dem wir uns keine Vorstellung machen.

Descartes konnte bereits 1863 auf Persisch gelesen werden. 1931 erschien die erste bedeutende Einführung in die Geschichte europäischer Philosophie; vor allem Kant war und ist von großem Interesse. Ab 1940 wurden die marxistischen Klassiker durch die iranische Linke übersetzt, ab den 1950er-Jahren dann Lukács, Heidegger, Marcuse, Habermas, Popper, Jaspers und Gadamer. Habermas war von seinem Besuch in Teheran begeistert, denn dort schienen mehr junge Leute seine Texte zu kennen als in Deutschland.

Private Kurse, um Literatur und Philosophie zu diskutieren, gelten heute als Gegenkultur, doch gab es solche Zirkel bereits vor der Revolution. Intellektuelle Magazine erscheinen in erstaunlicher

Anzahl und werden in den Großstädten an gewöhnlichen Straßenkiosken angeboten.

Die Arbeit des Übersetzens wird heute genauso wie früher mehr aus intellektueller Leidenschaft betrieben denn als Broterwerb. Junge Leute wählen dafür einen Roman, ein Stück oder einen Essay aus, weil sie sich mit dessen Erscheinen auf Persisch einen Namen machen wollen, in ihren eigenen Kreisen. Erst als Zweites folgt die Überlegung: Finde ich dafür einen Verlag und wird die Veröffentlichung vom Kulturministerium genehmigt? Tatsächlich ist auch während besonders restriktiver Phasen der Islamischen Republik, etwa unter dem Präsidenten Mahmud Ahmadinedschad, der Strom westlicher Werke auf den iranischen Buchmarkt nie verebbt.

Ein lesender Iraner weiß von unserem Denken ungleich mehr, als wir über sein Denken und seine Kultur wissen.

*

Als ich mich mit der Geschichte des Theaters beschäftigte, stieß ich auf die Rolle der Armenier. Sie sind Christen, und folglich in Iran in zweifacher Hinsicht eine Minderheit: ethnisch/sprachlich und religiös. Ihr besonderer Beitrag zur iranischen Kultur geht ursprünglich auf eine Zwangsmaßnahme zurück. Anfang des 17. Jahrhunderts siedelte Schah Abbas I. Tausende armenische Familien von der iranischen Nordgrenze in andere Teile des Reiches um, weil er im Norden einen Sicherheitskorridor gegen osmanische Eindringlinge schaffen wollte.

Viele armenische Handwerker und Künstler kamen damals nach Isfahan, wo sich ihr Können in der Schönheit der Stadt verewigte. Der Isfahaner Stadtteil Jolfa ist nach der gleichnamigen Stadt an der iranisch-armenischen Grenze benannt; in Nachbarschaft der berühmten Vank-Kathedrale befindet sich ein offizielles Mahnmal für den Genozid an den Armeniern, den die Islamische Republik genauso anerkennt wie es das Schah-Regime tat.

Die iranischen Armenier werden heute auf etwa hunderttausend geschätzt.

Im frühen 20. Jahrhundert kamen aus dieser Minderheit die ersten Schauspielerinnen Irans. Sie durften auf die Bühne, als es für Musliminnen noch unschicklich war, sich derart öffentlich den Blicken preiszugeben. Als ich der Spur der Pionierinnen folgte, traf ich auf eine Ikone des heutigen Theaterbetriebs: Eine armenische Christin ist die berühmteste Kostümbildnerin der Islamischen Republik.

Als Kind hatte Edna Zeinalian als Ballerina vor dem Schah getanzt; nun, mit sechzig, drehte sich die zierliche Armenierin für mich auf dem Teppich ihres Wohnzimmers. Er war ihre Bühne, sie warf sich in dramatische Posen, ihre Kostüme und ihre Karriere simulierend. »Sokrates!«, rief sie mit ausgebreiteten Armen, »welch ein Gewand! Der Schauspieler hat mir zum Dank die Hand geküsst. Pscht! Natürlich nicht öffentlich.«

In der Schah-Zeit war sie unter den Ersten, die das neue Fach Modedesign studierten. Mit dreiundzwanzig arbeitete sie schon für die Oper, das bedeutete für ein junges Mädchen damals eine traumgleiche Nähe zur glamourösen High Society. Dann kam die Revolution, mit Glamour, Oper und Ballett war es vorbei. Als die meisten Schauspieler, Sänger und Dramaturgen flüchteten, entschied sich die kleine christliche Armenierin zu bleiben. »Ich liebe meine Arbeit. Also zog ich ein Kopftuch an und hielt mich an die neuen Regeln. Job ist Job.«

Kannte sie damals Farindot Zahedi, die aus Amerika zurückgekehrte Dozentin der ersten Stunde? Natürlich; die nachrevolutionäre Theatergemeinde war ja winzig, und auch Edna Zeinalian unterrichtete bald an Universitäten. Die säkulare Bürgerliche, die zurückgekommen war, und die Christin, die geblieben war – zwei tatkräftige Frauengestalten in einer Zeit, da Iran bei uns als Hort des Fanatismus galt.

Am Computer zeigte mir Edna ihre Kostüme. Eine Prostituierte aus dem alten Griechenland trug in ›Sokrates‹ Blumen auf dem Haar und ein transparentes Gewand. Erst im Zoom sah ich die Tricks. Das Haar bestand aus Baumwollfäden, und unter dem leichten Gewand saß ein fleischfarbenes Trikot. »Showing and not showing«, rief Edna in ihrem armenisch gefärbten Englisch.

Ihrer Königin der Nacht in der ›Zauberflöte‹ schienen Sterne aus dem Haar zu fallen, obwohl da kein Haar war, sondern ein nachtblauer Kopfputz und darunter ein schwarzer Trikotstoff, der Hijab.

»Wenn der Zuschauer den Hijab sähe, hätte ich meine Arbeit schlecht gemacht.«

Das Gretchen im ›Faust‹, Dirndl über Trikot, sah sogar sexy aus, aber dieses Wort benutzte Edna Zeinalian nicht. Sie sagte: »Ich arbeite den Charakter der Figur heraus.«

Mehr als hundert große Inszenierungen hatte sie ausgestattet, ihr Leben war wie die Theatergeschichte der Islamischen Republik. Dürrenmatt. Cocteau. Strindberg. Hatte sie nie wegen ihrer Religion Probleme? Nein, sagte Edna. Und wenn jemand raunte, ihre Arbeit sei nichts für eine Frau, dann schlug sie zurück mit ihrer Verve, ihrem Arbeitsethos und ihrem Hochmut: »Ich – kenne – die – Bühne«, sagte sie, jedes Wort betonend, »und niemand hat mir Vorschriften zu machen.«

Ihre Halswirbel schmerzten von so vielen Jahren kerzengerader Haltung. Für einen Moment kamen ihr Tränen, Edna vertrieb sie mit einer neuen dramatischen Pose. Showing and not showing. Auf einer polierten Kommode standen wie in jedem bürgerlichen iranischen Wohnzimmer gerahmte Familienfotos. Ihre Tochter, das einzige Kind, war in England. Sie hatte Iran verlassen, wie so viele junge Leute.

Die Teheraner Oper, in der Edna als junge Ballerina tanzte, wurde zur Schah-Zeit nach dem Vorbild der Wiener Oper gebaut und 1967 eingeweiht. Heute »Halle der Einheit« genannt, ist sie noch immer der Aufführungsort der Hauptstadt mit dem höchsten Prestige. Siebenhundert Sitze, mit weinrotem Samt bezogen, belgische Lüster, Logen auf drei Etagen. Der Samt werde stets nach dem Original erneuert, erklärte mir ein Bediensteter, und in der VIP-Loge, wo früher der Schah und seine Gattin saßen, nehme heute manchmal ein Minister Platz. Die politischen Epochen verschwammen ein wenig im Respekt vor einem Design, das einer so anderen Herrschaftsgeschichte entstammte.

Draußen am Tor zum Gelände grüßten zwei Büsten: rechts Rudaki, persischer Nationaldichter des neunten Jahrhunderts, links Chopin. Eine erstaunliche ost-westliche Harmonie. Das Moos auf den Büsten täuschte; die Büsten stammten nicht aus der Schah-Zeit; sie waren nach der Revolution aufgestellt worden.

In der »Halle der Einheit« werden heutzutage meist Konzerte gegeben; nur selten gelingt es einem Theaterregisseur, diesen Ort zu bespielen. Babak Mohri hatte es geschafft. Im Brotberuf war er Ingenieur einer Öl- und Gasfirma; ein selbstbewusst auftretender Mann mit Dreitagebart und modischen Löchern in den Jeans. Sein ›Gerechtigkeits-Moratorium‹ verschlug mir den Atem. Mohri hatte dafür einen heiligen Text der Schiiten mit westlicher Musik vertont.

Es handelte sich um das ›Nadj-ul-Balagha‹ (in deutscher Übersetzung als ›Pfad der Eloquenz‹ erschienen), eine Sammlung von Reden und Briefen, die dem ersten schiitischen Imam zugeschrieben werden. Imam Ali ist eine historische Gestalt des siebten Jahrhunderts, der Cousin und später der Schwiegersohn des Propheten. In Iran erfährt er als Verkörperung von Menschlichkeit und Gerechtigkeit höchste Verehrung.

Und nun traten auf: Ein neunzigköpfiger Chor, mehrheitlich Frauen, dazu Schlagzeug, E-Gitarren, Geigen, Fagott, Piano. Eine getanzte Pantomime zeigte im Vordergrund Szenen von Leid, Liebe, Fürsorglichkeit. Manchmal passte zwischen Männer und Frauen kaum ein Blatt Papier.

Wie hatte Mohri all das nur beim Bazbin durchbekommen? Lobbyarbeit, sagte er.

Zu Beginn lud er zwei hochrangige Geistliche aus Qom ein, ihn zu beraten. Das machte Eindruck. So arbeitete er immer. Für eine spektakuläre Aufführung in einer Grotte musste er sieben Behörden gewinnen. Der Mittelbau ist entscheidend, sagte Mohri, und er besuchte die Beamten nicht mit leeren Händen. Ein Jahr lang bemühte er sich auf diese Weise, um ein eigenes Theater gründen zu dürfen, im Kellergeschoss eines früheren Hamam, eines Badehauses. Das Gewölbe hatte ein Flair von Underground, gut als Kulisse. An der Tür stand allerdings »Schule für Aufführungskunst«, das war besser für den Antrag.

Mohri war wie eine Reihe anderer iranischer Theatermacher von dem polnischen Regisseur Włodzimierz Staniewski beeinflusst worden. Dessen radikale Methode, in einem abgelegenen polnischen Dorf, quasi am Ende der Welt, einen dramaturgischen Neuanfang zu begründen, muss für Iraner eine besondere Faszination gehabt haben. Mohri hatte eine Weile in Gardzienice, dem polnischen Theaterdorf, gelebt, und seine Inszenierungen in Grotten und Höhlen verrieten die Handschrift von Staniewski: zurück in die Natur, zurück zu den großen Mythen!

Das Buch von Imam Ali als Oratorium aufzuführen, war gleichfalls mit diesem Impuls verbunden. Mohri, keineswegs religiös, wollte mit dem Oratorium ein Signal für Toleranz setzen: Wenn der Text des verehrten Imams eine universelle ethische Botschaft hatte, und daran gab es in Iran keinen Zweifel, dann musste sich dieser Text auch der Instrumente jedweder Kultur bedienen dürfen!

Die Reaktionen darauf waren gespalten, aber anders als ich vermutet hatte. Von einigen einflussreichen Geistlichen bekam Mohri Zuspruch, was ihn in Verlegenheit brachte. Aus der Theater-Community erntete er hingegen Kritik, einige seiner Kollegen verließen sogar während der Aufführung den Saal.

Wer sich als Künstler mit der Religion einlässt, wird im heutigen Iran rasch der Anbiederung ans Regime verdächtigt. Mohri hatte eine Grenze überschritten.

In einem Milieu, wo Religionsferne zum guten Ton gehört, war Azam Rahman Boroudscherdi notgedrungen eine Exotin. Ihr violettfarbener Hijab saß vorbildlich eng, eine schwarze Tunika verbarg die füllige Gestalt. Die Dramatikerin verstand sich als religiöse Avantgardistin. »Religion und Kunst lassen sich nicht trennen«, erklärte sie mir. »Das Theater dient genauso wie die Religion dazu, die Menschen wachsen zu lassen.« Wir saßen bei diesem Gespräch im neunten Stock eines städtischen Künstlerhauses. Boroudscherdi war viele Jahre Leiterin eines Frauen-Theaterfestivals gewesen; trotz ständig wachsenden Andrangs wurde es eingestellt. Oder vielleicht wegen des Andrangs? Boroudscherdi seufzte.

Nun war sie ein lesender Bazbin geworden, eine Gutachterin im Auftrag der Stadt. Zweihundert Dramen landeten jeden Monat auf ihrem Schreibtisch. Sie siebte, wählte aus. Als wir über Verbotenes und Erlaubtes redeten, stellt sich heraus: Ihr letztes Buch durfte nicht erscheinen; sie hatte darüber geschrieben, was alle religiösen Philosophien verbindet, und das, so der Vorwurf, fördere das Christentum. Boroudscherdi lachte laut auf. »Die haben überhaupt nichts von dem verstanden, was sie da gelesen haben.«

Sie war also eine zensierte Zensorin. Ein Mensch zwischen den Stühlen – den einen zu religiös, zu staatsnah, den anderen zu eigenständig, zu klug. Es gibt viele solcher Zwischenwesen in Iran; sie sind ein bisschen Täter und ein bisschen Opfer, und sie zeigen, wie wenig solche Kategorien besagen. Und so wie der massenhafte Regelbruch dem System hilft, seine Balance zu wahren, so sind auch die Zwischenwesen unverzichtbar für sein Funktionieren.

Es gibt auch eine Zwischenwelt. Mir wurde empfohlen, sie zu besuchen, um meine Kenntnisse über das iranische Theater zu vervollständigen. Es handele sich, sagte man mir, um freizügige

Boulevardkomödien. Die junge Iranerin, die mir in der Theaterszene als Dolmetscherin half, stöhnte auf, als ich sie bat, mich ins Entertainment-Center »Dekadeh Olympic«, Olympisches Dorf, zu begleiten. Sie gehörte selbst zur intellektuellen Gegenkultur, Typ lehmfarbener Leinenschal, und sagte nur: Niemand darf mich dort sehen.

Es war Donnerstagabend, iranisches Wochenende. In der Eingangshalle des »Dehkadeh Olympic« saßen Familienverbände bei Popcorn und Chips. Die jüngeren Frauen waren für iranische Verhältnisse »dressed to kill«: hochhackige Stiefel bis übers Knie, knallrote Ledermäntel.

Drinnen ein riesiger Saal. Noch war der Vorhang geschlossen; dröhnend laute Popmusik setzte ein, die Zuschauer wippten sofort in ihren Klappsesseln, meine Nachbarin tanzte mit den Händen, ihre künstlichen Fingernägel zerschnitten die Luft. Flashlight, Laserstrahlen, Animation aus dem Off, der Saal heizte sich auf, mittendrin die Anweisung: »Halten Sie sich an die islamischen Regeln!«, und weiter mit Musik. Es folgte eine Ehekomödie mit schlüpfrigen Witzen. Gingen sie auf Kosten der Frauen, klatschen die männlichen Zuschauer; wurden Männer und Schwiegermütter verspottet, tobten die Frauen. Meine füllige Nachbarin wogte vor Vergnügen, ihr Make-up verlief, das Haar rutschte aus dem Kopftuch.

Auf der Bühne ließ ein Schauspieler weiblich-sinnlich die Hüften kreisen. Viele Anspielungen waren homoerotisch.

Am Ausgang wartete später ein alter Bekannter: Herr Yusefikia aus dem Kulturministerium; der Mann, der mir im frohgemuten Streifenpullover die Kontrollregeln erklärte hatte. Yusefikia hatte hier einen Zweitjob, diesmal im Anzug, als Manager einer privaten Bühne, die auf die Regeln, wie er sie mir erklärt hatte, offensichtlich wenig gab. Das berufliche Doppelleben war ihm nicht peinlich, denn dergleichen gibt es oft in Iran. »Jeder Arbeitsplatz hat seine eigene Atmosphäre«, sagte er zu mir.

Als ich der Schauspielerin einer seriösen Bühne später von den Witzen im »Dekadeh Olympic« erzähle, sagt sie: »Würde ich einen dieser Sätze in den Mund nehmen, sie würden sofort die Vorstellung schließen.« Die Boulevardbühnen bekommen anders als das ernste Theater keine Subventionen, so wird offiziell erklärt, warum der Staat sich hier so liberal zeigt. Doch da ist noch etwas anderes: Die seichte Komödie ist ungefährlich, sie regt nicht zum Denken an. Der Staat muss sie nicht fürchten, und er kann sich mit ihr nicht schmücken. Der Argwohn gilt dem intellektuellen Theater; dessen Macher haben den heißen Atem, den die Kontrolleure, als sie jung waren, selbst verspürten.

Ein letztes Bild. Die Bühne finster; im Schein einer Petroleumlampe eine angedeutete Hütte, eingeschneit. Die Schauspieler bewegten sich in Zeitlupe, flüsternd. Jeder Ton konnte die Lawine auslösen. Auf dem abschüssigen Hüttenboden eine Hochschwangere, die Bedrohung: Babys durften erst im Frühling kommen, dieses Baby kam zu früh, sein Schreien konnte die Lawine auslösen. Der Wolf holte das Baby, still und leise; das war der Preis der Errettung, die Ordnung war wiederhergestellt.

Das Stück hatte kein Ende. Die Schauspieler spielten weiter, in Zeitlupe, fast bewegungslos, bis der letzte Zuschauer auf Zehenspitzen das Theater verlassen hatte.

Volksislam, Staatsislam.
Ein Tagebuch aus dem Trauermonat

Lässt sich eine größere Fürsorglichkeit denken, als dass ein Mensch seine Hände opfert, um verdurstenden Kindern das rettende Wasser zu bringen?

Dies ist die Legende von Abolfazl, dem der Feind erst die rechte, dann die linke Hand abschlug, als er einen mit Wasser gefüllten Lederschlauch zu ebenjenen Kindern bringen wollte. Die Hand, eine bloße Hand, ist später zum Symbol geworden, ein Symbol für Aufopferung und Loyalität. Man sieht sie vielerorts in Iran, an Tausenden von Brunnen und Trinkwasservorrichtungen, und auch an Fahrzeugen, die eine wichtige Fracht zu überbringen haben.

Die Geschichte von Abolfazl geht zurück auf das siebte Jahrhundert, sie ist Bestandteil der großen Erzählung des Schiitentums. Der Mann mit dem Wasserschlauch war der Halbbruder und treueste Gefährte von Hussein – dessen Tod in der Wüste nahe Kerbela markiert den Beginn schiitischer Religiosität.

Die Tragödie von Kerbela: Man muss sie kennen, um Iran zu verstehen. Sie ist in Volksislam und Staatsislam eingegangen, sie hat Religionsgeschichte, Sozialgeschichte und politische Bilderwelten hervorgebracht; an ihr wurde mehrfach ausgefochten, was iranische Identität bedeutet, und sie prägt die Sprache von Protest und Aufbegehren bis in unsere Tage hinein.

Was im Jahr 680 christlicher Zeitrechnung geschah, dem Jahr 61 nach islamischer Zählung, lässt sich zunächst schnörkellos politisch beschreiben. In der Nähe des Örtchens Kerbela, etwa siebzig

Kilometer nördlich der Stadt Kufa im heutigen Irak, fand der Kampf um die Nachfolge des Propheten Mohamed ein blutiges Ende.

Zwei Generationen lang war bereits gestritten worden, wer zur Führung der schnell wachsenden muslimischen Weltgemeinde berechtigt sei. Die Schiiten haben ihren Ursprung in dieser Streitfrage, als Partei im Machtkampf, noch ohne religiöse Färbung. Weil der Prophet einmal verlauten ließ, »Wessen Herr ich bin, dessen Herr ist Ali«, kommt für sie niemand anderes als legitimer Führer, als Kalif, in Frage als ebenjener Ali ibn Abu Ṭalib, ein früher Anhänger des Propheten, sein Vetter und späterer Schwiegersohn.

Doch die Gruppe, die sich im Arabischen »Schi'at Ali«, die »Partei Alis« nennt, gerät ins Hintertreffen; ihr Favorit kommt erst zum Zuge, als zum vierten Mal ein Kalif bestimmt wird. Und auch jetzt genießt Ali keine unumstrittene Autorität; er zieht sich deshalb nach Kufa zurück, eine Hochburg seiner Unterstützer. Der Umzug kann nicht verhindern, dass Ali nach nur fünf Jahren im Amt Opfer eines Attentates wird. Aus seiner Ehe mit Fatima, der Tochter des Propheten, stammt Hussein, der im Jahr 680 den letzten Aufstand wagt.

Die Gegner haben ihre Macht nach Alis gewaltsamem Tod dynastisch zementiert: Die Umayyaden werden fortan für fast ein Jahrhundert als Familie das Kalifat in der Hand behalten. Früher repräsentierte der Klan die Aristokratie von Mekka, die den Propheten und die Muslime der ersten Stunde, darunter Ali, lange bekämpfte. Nun etablieren die Umayyaden, dem Gleichheitsideal des Islam zum Trotz, von Damaskus aus eine Klassengesellschaft, in der die Araber über den anderen Ethnien stehen. Und die anderen, das sind zu jenem Zeitpunkt, zwei Jahrzehnte nach der Eroberung des persischen Reichs, vor allem Iraner.

Der Machtkampf lädt sich nun zusätzlich auf: Yazid, Kalif der Umayyaden in Damaskus, ist für die Schiiten zugleich Usurpator und Tyrann, die Verkörperung des ungerechten Herrschers.

Hussein glaubt, mit einem Häuflein Getreuer, darunter seine Familie, Frauen und Kinder, den Aufstand wagen zu können, weil die Schiiten in Kufa ihn dazu aufgefordert haben und ihm ausreichende bewaffnete Unterstützung zusichern.

Ein leeres, trügerisches Versprechen. Niemand kommt zu Hilfe, als sich in der Wüste das Drama entfaltet. Die Streitmacht des Kalifen, 4000 Mann stark, schneidet Hussein und seinem Gefolge, der Überlieferung nach 72 Menschen, den Weg zum Euphrat ab, zum lebensnotwendigen Wasser in der Wüste. Neun Tage währt die Belagerung des kleinen Zeltlagers, am zehnten Tag wird es gestürmt, Hussein und fast alle Männer in seiner Begleitung finden den Tod.

Nun erst, nach dem politischen Scheitern, werden die Schiiten zu einer religiösen Strömung.

Die Tragödie von Kerbela wird zur identitätsstiftenden Legende, in ihrer ganzen dramatischen Widersprüchlichkeit – steht sie doch für den Kampf gegen Unterdrückung ebenso wie für einen historischen Verrat: Die frühen Schiiten haben Hussein, den Enkel des Propheten, im Stich gelassen. Ein kollektives Versagen, das über alle folgenden Jahrhunderte als Scham und Schuld abgebüßt wird.

Eine Legende also von enormer psychologischer Spannung. Die Schiiten müssen sich zugleich mit Hussein wie mit den Verrätern identifizieren, mit der Seite des Guten und mit dem ethischen Zusammenbruch.

Womöglich liegt es an diesem Dilemma, dass das Leiden von Hussein und den Seinen rückwirkend mit einer Fülle herzzerreißender Episoden ausgestaltet wurde. Da gibt es den reuigen Überläufer ebenso wie den schönen Jüngling, der am Tag seiner Hochzeit stirbt. Und allen voran Abolfazl (sein Name lautete in der arabischen Ursprungsversion Abu al-Fazl al-Abbas), der das Wasser aus dem Euphrat noch mit blutenden Armstümpfen herbeischleppen will, doch der Feind durchbohrt den Wasserschlauch am Ende mit einem Pfeil.

Kerbela wird zum Ursprung einer Religionskultur, deren Heiligenkult und Bildhaftigkeit den Sunniten fremd ist.

Weil sich die Tragödie im islamischen Monat Muharram ereignete, halten die Schiiten alljährlich in diesem Monat zehn Tage lang ihre Passionsriten ab. Den Stationen des christlichen Kreuzwegs nicht ganz unähnlich, wird an jedem Tag einer anderen Episode gedacht. Am 10. Muharram ist *Aschura* (der Name leitet sich ab vom arabischen Wort für zehn), dieser Tag steht ganz im Zeichen von Husseins Tod. Da sich der islamische Kalender nach dem Mondjahr bemisst, das elf Tage kürzer ist als das Sonnenjahr, wandert der Muharram durch die Jahreszeiten.

Es war November, als ich meinen ersten Muharram erlebte. Ich war überrascht, wie zugänglich alle Zeremonien für mich waren – für eine Ausländerin, eine Nicht-Muslimin, eine allein reisende Frau. Um etwas von dieser Nähe festzuhalten, führte ich ein Tagebuch.

Meine Notizen beginnen im Nordosten Irans, in der Pilgerstadt Maschhad, am Vorabend des 1. Muharram.

Vorabend

Kurz vor Mitternacht. Von der Hauptstraße, die zum Imam-Reza-Schrein führt, ist dröhnender Trommelschlag zu hören. Schemenhaft im Dunkeln die Silhouetten schwarz gekleideter Männer, zweihundert mögen es sein. Sie gehen langsam seitwärts, dicht an dicht, und recken im Rhythmus der Trommeln schlanke Säbel in die Luft. Die Säbel fahren hoch in einer einzigen synchronen Bewegung, metallisch schimmernd vor dem Hintergrund der Nacht und der schwarzen Kleidung.

Große Lautsprecher werden auf Rollwägelchen geschoben; Kabel schleifen hinterher. Auf einem Wagen ein Mischpult unter einem Kranz weißer und grüner Neonröhren; Weiß ist die Reinheit, Grün der Islam. Die Lautsprecher verstärken die Rufe der

Männer, »Ya Hussein«, Oh Hussein, unzählige Male wiederholt. Jeder Ruf wird mit einem hörbaren Atem ausgestoßen; so entsteht eine Vibration, körperlich spürbar.

Mannshohe Basstrommeln geben den Takt vor; Sie tragen die Aufschrift Yamaha und in der Mitte einen kreisrunden roten Fleck, das Blut von Hussein. Am Straßenrand klopfen sich Zuschauer rhythmisch sacht mit der rechten Faust auf die linke Brust. Mittendrin steht jemand, der ein Eis isst.

Frauen schieben ein Wägelchen durch die Dunkelheit; noch weiß ich nicht, dass das rätselhafte grüne Behältnis darauf eine Wiege darstellt. Die Geschichte des Säuglings Ali Asghar werde ich später erfahren.

Der Zug bewegt sich langsam auf den Schrein zu. Das Dröhnen der Trommeln ist noch Stunden zu hören.

1. Muharram

In einem Hof des Imam-Reza-Schreins, der die Ausdehnung eines Fußballfeldes hat, sitzen Tausende Menschen auf Teppichen und lauschen einer Stimme. Für Momente klingt sie nüchtern, berichtend, dann beschleunigt sie sich, wird erregt, bestürzt, dann wieder leise, belegt, und wenn die Stimme schließlich halb erstickt mit den Tränen kämpft, dann bedecken die Männer auf den Teppichen ihre Augen mit einer Hand, um ihre Erschütterung zu verbergen. Frauen greifen nach einem Zipfel ihres Tschadors und schluchzen laut hinein.

Der Sprecher ist auf einem Bildschirm zu sehen, doch kaum jemand wendet den Blick dorthin, denn es ist seine Stimme, die zählt. Der Mann trägt keinen Turban, er ist kein Geistlicher, sondern ein professioneller Klagesänger. Eine lyrische Totenklage zu verfassen und dramatisch vorzutragen, ist eine Kunst, die sogar an Universitäten vermittelt wird. Die bekanntesten *maddah*, so wird der Vortragende genannt, sind hochbezahlte Stars. Um einen solchen handelt es sich hier, denn der Schrein von Maschhad ist der prominenteste religiöse Ort Irans.

Wer dem Maddah lauscht, kennt die Geschichte, die er erzählt, bereits in allen Einzelheiten, hat die Tragödie wieder und wieder durchlebt, die Wüste, den Verrat, den Durst, das Gemetzel. Und doch scheinen die Zuhörer so bewegt, als habe sich dies alles soeben erst zugetragen. So rituell wie der Vortrag ist auch das Erinnern, die Zuhörer steigen hinein wie in ein Bad, und wenn sie ihm wieder entstiegen sind, werfen manche, die eben noch geweint haben, als Erstes einen konzentrierten Blick auf das Display ihres Smartphones.

Wie in fast allen Ritualen aller Religionen sind es die Männer, die im vorderen Teil der Bühne das Geschehen bestimmen. Die Seele des Muharram aber sind die Frauen, sie verkörpern die Wut und das Gewissen der Gemeinde.

Die weiblichen Angehörigen Husseins überlebten das Massaker; nur durch ihre Zeugenschaft wurde das Geschehen in der Wüste von Kerbela zu einer Botschaft für alle kommenden Generationen. Die Botschaft ist verkörpert in Zeinab, der Schwester von Hussein. Sie verbreitet nicht nur die Kunde vom Unrecht und vom heldenhaften Untergang, sondern sie spricht als Erste die furchtbare Wahrheit aus, die sich im Inneren des Muharram verbirgt: Dass gerade den Schiiten die Trauer eigentlich nicht zukommt.

Als die Frauen in Ketten als Gefangene des Kalifen durch die Stadt Kufa geführt werden und die Einwohner, die Hussein vorher die Hilfe versagten, trauernd die Straßen säumen, empört sich der Legende nach Zeinab und ruft ihnen zu: Wer so feige war in der Stunde der Not, hat nun kein Recht zu trauern.

Was im Muharram Jahr für Jahr erneut auf die Bühne gebracht wird, ist dieses ethische Dilemma. Es geht um Scham, um Selbstbestrafung, um Sühne; das ist die Rolle der Männer.

Die berühmteste zeitgenössische Darstellung der Kerbela-Tragödie kommt ganz ohne Männer aus. Auf dem Gemälde ›Der

Abend von Aschura‹ sieht der Betrachter trauernde Frauen und Mädchen, die respektvoll nur von hinten, als Woge dunkler Gewänder, gezeigt werden; in ihrer Mitte das weiße Pferd von Hussein, blutbefleckt ohne seinen Reiter vom Schlachtfeld zurückgekehrt, neigt es wie in Gram seinen Kopf in die weiblichen Gewänder.

Das Bild stammt von Mahmoud Farshchian; der Isfahaner hat es 1976 gemalt, noch unter dem Schah, und er konnte damals nicht ahnen, dass ein Detail seines Gemäldes im Zeitalter digitaler Vervielfältigung zur Ikone werden würde: Der Ausschnitt zeigt die einzige Frau, die auf seinem Bild aufrecht steht; sie lehnt sich, den Kopf in den Armen verbergend, an das Pferd. Man darf vermuten, dass es Zeinab ist.

Die Silhouette dieser Frau begleitet mich durch den Muharram. Tausendfach wird sie auf schwarze Stoffbahnen gedruckt, sie lehnt sich nicht mehr an ein Pferd, sondern an Fangenstangen und kalligrafische Schriftzüge. Die Aufdrucke auf den Stoffbahnen sparen nicht mit Farben, leuchtend grün, gelb, rot, religiöse Losungen und immer wieder »Ya Hussein«.

Als ich abends zum Bahnhof fahre, um den Nachtzug nach Yazd zu nehmen, hat die Stadt bereits ein Muharram-Gesicht angenommen. Fast jeder Geschäftsinhaber hat an seiner Fassade, und sei sie noch so klein, eine Stoffbahn aufgehängt.

2. Muharram

Jeder scheint Schwarz zu tragen in Yazd. Die Stadt der Windtürme ist bekannt für ihre Traditionen. In den Schaufenstern schwarze Herrenhemden und schwarze Jeans; für Kinder schwarze Pullover mit dem Aufdruck »Nike«. Erwartung liegt in der Luft.

In Wartestellung und schwarz umhüllt auch der *nakhl*, ein Holzgerüst, hoch wie zwei oder drei Stockwerke eines Hauses. Ein ovaler Aufbau – für iranische Augen hat er die Form einer Zypresse –

ruht auf einem Dutzend quer liegender Dattelstämme. Bis zu hundert Männer werden dieses Monstrum tragen oder wenigstens eine Hand an die Dattelstämme legen, um symbolisch die Anstrengung zu teilen, denn auf die Anstrengung kommt es an. Der Nakhl symbolisiert die Totenbahre von Hussein.

Ein Muslim wird ohne Sarg bestattet, nur in einem Tuch. Doch Bahre und Tuch, mithin die Würde, wurden Hussein vorenthalten. Sein Körper, ohne Kopf, lag Tage in der Wüste; auch dieses Detail der Legende bietet Anlass für besonderen Schmerz. Ein Toter muss binnen 24 Stunden begraben werden, so halten es Muslime selbst in Kriegszeiten. Und ausgerechnet Hussein wurde das verwehrt! Lässt sich die Schmach lindern durch die Qual, den Nakhl zu schleppen? Nirgendwo ist er so hoch und so schwer wie in Yazd.

Für mich wird es Zeit, einen Tschador zu kaufen. Ich wähle ein leichtes Modell, hellgrau geblümt, für eine fromme Iranerin ein Haus-Tschador, für mich eine Eintrittskarte, ein Sesam-öffne-dich, schon am selben Abend. In der Altstadt zieht eine Gruppe schwarz gekleideter Männer in aufgeräumter Stimmung in eine schmale Gasse. Ich schließe mich ihnen an, nach wenigen Metern stehen wir vor einer Tür, davor viele Schuhe. Eine Moschee? Ein Privathaus.

Jemand schiebt mich nach links, dort ist die Küche, Frauen begrüßen mich, und schon habe ich ein Glas Tee in der Hand. Die Männer sind jetzt im Innenhof des Hauses; er ist kaum als solcher zu erkennen: auf dem Boden Teppiche, an den Mauern schwarze Hussein-Behänge, und die Kühle der Novembernacht vertrieben durch die Wärme der vielen Körper.

Ich sitze mit den Frauen an den weit geöffneten Türen zwischen Wohnzimmer und Hof. Dort sind nun etwa sechzig Männer verschiedener Altersstufen; sie bilden eine *heyat*, wörtlich Delegation, eine private religiöse Vereinigung.

Es beginnt ein *azadari*, eine Trauerzeremonie.

Hier lauscht nicht wie in Maschhad eine passive, amorphe Menschenmenge einem Star. Dies ist eine Gruppe, vergleichbar einem eingeübten, aufeinander abgestimmten Chor, und was sich in den nächsten dreißig Minuten zwischen den Männern und ihrem Vorsänger entwickelt, ist zugleich dramatischer Dialog und Requiem.

Zeitweise wird das Licht gelöscht, die Männer sitzen auf den Teppichen, lauschen im Dunkeln der Erzählung. Der Vorsänger tritt nun auf in der Rolle von Zeinab: »Oh Universum, meine Tage sind jetzt wie Nächte.« Die Männer antworten: »Oh Gott, wir sehen die Gefangenen und die Toten. Hilf Zeinab, der Tochter von Ali und Fatima!« Neben mir schluchzt eine Frau auf.

Der Vorsänger fährt fort, und aus dem dunklen Hof kommt die vielstimmige Antwort: »Ya Hussein, Ya Hussein, oh Gott, trenne uns nicht von Hussein!« Es wird wieder Licht gemacht, gedämpft, die Männer erheben sich, die rhythmischen Gesänge nehmen Fahrt auf, steigern sich, es ist ein langer Text mit sich reimenden Versen, die Männer schlagen sich erst nur mit der Rechten auf die Brust, dann heben sie beide Arme über den Kopf, lassen sie beidseitig auf den Brustkorb fallen, es klingt wie ein einziger Schlag, immer korrespondierend mit dem wehmütigen Sprechgesang – lauter, wenn der Vorsänger drängend spricht, leiser, wenn er sich zurücknimmt.

Die Männer sind wie der Klangkörper der tragischen Erzählung, ihr Brustkorb ist ein Instrument. Ich erlebe in diesem nächtlichen Hof eine ergreifende Zeremonie. Als ich später nach einem Wort suche, um die Atmosphäre zu beschreiben, fällt mir nur dieses ein: Innigkeit.

Nachdem die Männer gegangen sind, lädt mich Mahdis, die Gastgeberin, zu weiteren Gläsern Tee ein. Sie ist Anfang vierzig, kam mit ihren Töchtern nach einer Scheidung zurück nach Yazd. Eine modern eingestellte Frau, vertraut mit den Traditionen. Ihr verstorbener Vater, ein Kupferschmied, war stadtbekannt als Vorsteher einer Heyat; deshalb wird in diesem Haus weiterhin das Azadari, die Zeremonie, abgehalten.

Die Einwohner von Yazd gelten als verschlossen; es heißt, sie öffneten nur im Muharram ihre Häuser. Das Haus, das sich mir öffnete, hat noch eine antike Holztür mit zwei getrennten Eisenklopfern, deren Tonhöhe früher anzeigte, ob ein Mann oder eine Frau Einlass begehrte; so erfuhren die Frauen im Inneren, ob sie sich verschleiern mussten. Heute gibt es eine Klingel; nur eine.

3. Muharram

Mahdis hat abends Zeit, mich zu weiteren Zeremonien zu begleiten. Im Tschador durch dunkle Gassen zu huschen, vermittelt ein seltsames Gefühl von Freiheit, die Freiheit des Unerkanntseins. Es ist windig, im Lichtkegel einer Straßenlaterne sehe ich auf der Hauswand meine wehende Silhouette, als gehörte sie einer anderen Person.

Wir gehen zur Haji-Youssef-Moschee; die Zeremonien dort sollen gut sein. Man bekommt in Yazd Empfehlungen für Trauerrituale wie andernorts fürs Theater. Das Azadari ist schon im Gange. Wir raffen unsere Tschadors und klettern eine steile Stiege hoch, sie führt auf eine Balustrade unterhalb der Decke. Die meisten Frauen sitzen unten, aber Mahdis wollte mir den besten Blick auf das Geschehen bieten.

Tatsächlich ist die Anordnung ganz anders als gestern in ihrem Hof. Die Männer stehen in Strümpfen oder barfuß in mehreren langen Reihen, jeweils zwei Reihen sind einander zugewandt. Manche tragen über dem schwarzen Hemd einen grünen Schal aus glänzender Kunstseide; das ist einem *seyyed* vorbehalten, der Ehrentitel für Menschen (bei Frauen *seyyedeh*), die eine Abstammungslinie vom Propheten reklamieren. Sofern sie fromm sind, haben sie zum Martyrium von Hussein, den sie als Familienmitglied betrachten, eine besonders enge Beziehung.

Manche haben sich hier den grünen Schal wie eine Leibbinde um den Bauch geknotet. Die Männer stehen breitbeinig und lassen ihre Arme mit einer solchen Vehemenz kreuzweise auf die Brust fallen, dass der ganze Körper erschüttert wird. Wer seinen grünen Schal um den Hals trägt, lässt ihn Zentimeter für Zentimeter rutschen, bis er zu Boden gleitet. Niemand bückt sich nach seinem Schal.

In der Mitte steht ein Knirps mit einer bunten Ringelmütze und hält sich am Hosenbein des Vaters fest.

Der Vorsänger intoniert jetzt mit schmelzender Stimme das Schicksal von Abolfazl, »Wassergeber für die Durstigen, oh loyaler Abolfazl«, und die Klage derer, die vergeblich auf das Wasser warten: »Das Seufzen so trocken, der Atem wie Flammenbrand.« Die Männer lauschen ihm bewegungslos, die Beinstellung unverändert, nur die Arme sind jetzt verschränkt, und der Blick ist zu Boden gesenkt. Alles wirkt kontrolliert und konzentriert.

Nach einer Teepause kommt die nächste Gruppe; anderer Vorsänger, anderer Stil. Dies ist Volksislam, nicht vereinheitlicht.

4. Muharram

Ein Geschäft für Muharram-Utensilien. Der Besitzer lässt mich lange in seine Kisten und Kästen schauen. Jede Menge Abolfazl-Hände aus Plastik und Blech. Mittelalterliche Kettenhemden, Pickelhauben mit Federschmuck. Schmale Sänften, aus weißem oder grünem Polyester, für Frauen, die auf Kamelen nach Kerbela reisen. Stofftier-Löwenköpfe mit aufgerissenem Maul. Hörner, Trommeln, Becken. Hussein-Wimpel in allen Größen, mit Saugknöpfen auch für die Windschutzscheibe. Wieder die ominöse Wiege, diesmal aus grünem Moskitonetz. Und dann Ketten für die Selbstgeißelung: Sie sind überraschend kurz, an einem Holzgriff befestigt.

Eltern kaufen ihren Kindern kleine Blechtrommeln zum Umhängen. Sie werden kurz ausprobiert und dann vor enttäuschten Kinderaugen weggepackt – Weihnachten ist noch nicht da, getrommelt wird später! Es gibt auch federleichte Kinder-Geißelketten. Ein Taxi fährt vor, drinnen eine Dame, die Ketten kaufen will für Sohn oder Mann, aber sich zu fein ist auszusteigen. Der Taxifahrer wühlt in den Kästen, hält verschiedene Modelle fragend zum Auto hin, bis ein Kettenpaar auf Wohlwollen hinter der Scheibe stößt.

Später am Tag bekomme ich ganz in der Nähe eine Ahnung, wo die Grenze zwischen Volks- und Staatsislam verläuft. Mahdis bringt mich zur Imamzadeh–Jafar-Moschee; auf dem Vorplatz stehen Polizisten. Moscheen, die Grabstätten der *Imamzadeh* sind, der Nachkommen der zwölf schiitischen Imame, haben für die Islamische Republik besonderen Wert. In einem gewaltigen Muharram-Zelt, dessen Dach den ganzen Hof der Anlage überspannt, hängen Bilder von Khomeini und Revolutionsführer Khamenei.

Ein Meer von schwarzen Hinterköpfen im Tschador. Die Frauen sitzen so dicht, dass es fast unmöglich scheint, bei der Suche nach einem Platz überhaupt einen Fuß zwischen sie zu bekommen. Eine Frau steht aufrecht, eine Art Platzanweiserin, sie zeigt mit einem pastellfarbenen Staubwedel in die Richtung, wo ihrer Ansicht nach noch zusammengerückt werden kann. Sie tut das mit großer Autorität, der Staubwedel wird so präzise geführt wie der Stab eines Dirigenten.

Das Zelt ist so groß, dass die Männer, die in der Mitte gerade rhythmisch die Arme hochreißen, weit entfernt scheinen. Es müssen mehrere Hundert sein, doch die Frauen, die ihnen von beiden Seiten aus zusehen, sind zahlreicher, ich schätze sie auf über tausend. Von der spirituellen Atmosphäre der beiden Abende zuvor finde ich hier nichts, weder die Innigkeit aus dem Hof von Mahdis noch die Konzentration der Männer mit den grünen Schals. Wir bleiben nicht lange.

Zum Abschied zeigt mir Mahdis die Kupferschmiedwerkstatt ihrer Familie. Auf einem Foto der verstorbene Vater; ein bebrillter Mann mit scharfem Blick, zum wollenen Jackett ein kleiner Turban. Ein frommer Handwerksmeister mit Aura; Figur eines Iran, den viele mit Trauer untergehen sehen

Im Schaufenster liegt eine geschmiedete Hand von Abolfazl.

5. Muharram

Mit dem Bus nach Schiraz, einst die Stadt der Dichter. Die Schirazi haben auch heute den Ruf, dass sie das Leben gern von der leichteren Seite nehmen.

Vor der Hafis-Halle malen Kunststudentinnen abstrakte Versionen der Muharram-Symbole; die Abolfazl-Hand, das weiße Pferd Husseins. Auf meine Frage, warum sie diese Motive wähle, antwortet eine Studentin: »Hussein ist ein Vorbild, denn er zog es vor, zu sterben statt beherrscht zu werden.« Sie sagt das mit einem so dezidierten Unterton, dass der Kunstdozent neben ihr lieber verschwindet, um nicht in ein politisches Gespräch gezogen zu werden.

Sich nicht unterwerfen, nicht aufgeben und noch in aussichtloser Lage die eigene Überzeugung wahren, das ist die Botschaft von Hussein als universell verstandener Held. Mit ihm kann sich eine oppositionell eingestellte Studentin identifizieren. Doch auch der iranische Staat streicht den Universalismus heraus. Auf offiziellen Wandtafeln steht ein Zitat von Mahatma Gandhi, das Hussein in den Kontext der antikolonialen Befreiung rückt.

Auf dem Platz, wo die Studentinnen malen, sind über Lautsprecher Pferdegewieher und Galoppgeräusche zu hören: das Kerbela-Drama als Straßentheater. Eine moderne Abweichung von der Tradition, nach der das Passionsspiel an dafür vorgesehenen Stätten und nur von Männern aufgeführt wird. Hier treten ausschließlich Frauen auf (sowie einige Kinder), sie rennen mit schrillen Schreien hin und her, zwischen Zelten, die das Lager in der Wüste andeuten. Anscheinend ist gerade die tragische Nachricht eingetroffen, »Zeinab, Zeinab«-Rufe, Schluchzen, Trauergesänge. Die Gesichter der Laiendarstellerinnen sind komplett hinter weißen und grünen Stoffen verborgen, wie auf alten religiösen Darstellungen. Das Pferd von Hussein wiehert nur vom Tonband. Die Frauen haben sich selbst in den Mittelpunkt gerückt.

Die Lotf-Ali-Khan-Zand-Straße, in der mein Hotel liegt, erweist sich als Zentrum des Muharram-Trubels. Weil es eine Kleine-Leute-Gegend ist. Und weil sich hier das Mausoleum Schah Tscheragh befindet, der wichtigste Schrein in Schiraz. Das ganze Viertel ist für den Autoverkehr gesperrt; Mopedfahrer kurven im Zickzack über die Bürgersteige, zwischen den Schaulustigen hindurch. *Nasri*, Essensspenden, werden ausgegeben: Kuchen, Reis mit Safran und heiße Milch, die aus großen Kupferbottichen geschöpft wird.

Und dann sehe ich die ersten Kettenschläger. Lange Reihen von Männern schlagen sich zum Rhythmus der Trommeln synchron auf den Rücken, erst links, dann rechts, es ist eine sanfte, fast zärtliche Selbstberührung. Die Männer sind jung, ihre engen Hemden zeigen Körperkonturen und Schweiß.

Eine Gruppe trägt eine Fantasie-Uniform mit goldener Schärpe um die Taille; die Männer bewegen sich in einem langsamen, träumerischen Dreierschritt, vor jedem Schlag drehen sie sich auf einem Fuß nach hinten wie Golfspieler. Es handelt sich um eine einstudierte Choreografie, ein religiöses Ballett. Sühne und Selbstbestrafung scheinen hier nicht am Werk, eher die Lust, den eigenen Körper in schönen Bewegungen zu zeigen.

Jugendliche stellen Ghettoblaster auf den Bürgersteig; konkurrierend und sich überschneidend verbreiten sie eine besondere Sorte Trauermusik mit harten Beats, an der Grenze zum Pop. Heute ist Hussein-Party, und die Lotf-Ali-Khan-Zand-Straße kennt keine Sperrstunde. In einem Möbelgeschäft, zur Straße hin offen, sitzen Frauen eng und vergnügt auf den zu verkaufenden Sesseln und Sofas, mit Chips und Getränken wie im Kino, und schauen sich die Ketten schlagende Männerwelt an.

6. Muharram

Morgens großes Gedränge am Schah-Tscheragh-Schrein; viele Eltern mit kleinen Kindern. Dies ist der Tag von Ali Asghar, dem jüngsten Sohn von Hussein, noch ein Säugling. Ein Pfeil soll seine Kehle durchbohrt haben, als er im Arm des Vaters lag. An ihn erinnern die seltsamen grünen Wiegen, die auf den Umzügen mitgeführt werden.

An diesem Morgen haben die Eltern ihre Kinder so ausstaffiert, wie sie sich einen kleinen Märtyrer in Kerbela im siebten Jahrhundert vorstellen. Eine arabisch anmutende Kopfbedeckung, auf einem Stirnband religiöse Formeln, und etwas stilwidrig eine Schnur mit goldenen Herzchen um den Bauch. Die Kinder schauen von den Schultern ihrer Väter und Mütter so ernst in die Menge, als wüssten sie, worum es geht. Manche mit Schnuller im Mund.

Historisch ist nicht verbürgt, ob es den kleinen Ali Asghar überhaupt gab, aber in jüngster Zeit wird er immer populärer. Er bietet Frauen und jungen Paaren einen Anlass zur Beteiligung in einem sonst männlich dominierten Monat. Dabei ist dieses Ritual so widersprüchlich wie alles im Muharram. Die demonstrative Bereitschaft zum Selbstopfer wird von den Eltern auf ihre kleinen Kinder ausgeweitet: Selbst Säuglinge wären heute kampfbereit für Hussein. Aber natürlich wollen die Eltern ihre Kinder nicht opfern, hoffen im Gegenteil, dass auf diese Weise dem Nachwuchs ein besonderer Segen zuteilwird. Wer heute in den Schrein kommt, liebt sein Kind so stolz und so närrisch, wie es Iraner eben tun. Bald werden mit den Miniaturmärtyrern Selfies gemacht.

Am Abend steigert sich der Trubel zu neuen Höhepunkten.

Verschnörkelte Standarten, breit wie die Fahrbahn, sind mit wippenden Federbüschen gekrönt – die Simulation eines Heeres, das Hussein zu Hilfe kommt. Das Eisengerät wiegt bis zu dreihundert Kilogramm, wieder zählt die Anstrengung des Tragens. Ein hoher Mittelteil hat die Form eines Schwertes, verziert mit poetischen Formulierungen über Hussein. Zu beiden Seiten finden sich allerlei allegorische Figuren, Vögel und Löwen. Seit dem 16. Jahrhundert werden diese Standarten durch Irans Straßen geschleppt, sie zeugen von der Kunstfertigkeit und der religiösen Hingabe der besten Schmiede des Landes.

Ähnlich wie alte Brokatfahnen, die mit Szenen von Kerbela bestickt sind, verkörpert eine Standarte auch den Besitzerstolz eines Vereins. Wenn sich zwei dieser sogenannten Delegationen begegnen, folgen die Standartenträger einem Protokoll des Grüßens, sie verneigen sich leicht und umkreisen einander in wiegendem Schritt. Das erfordert große Kraft, die Standarten schwanken bedrohlich, die Federbüsche wippen, und das Schauspiel erinnert von Ferne an afrikanischen Maskentanz.

An diesem Abend fällt mir auf, dass es neben den eleganten Brustklopfern und Kettenschlägern auch die Armen, Unbeholfenen gibt, mit abgetretenen Schuhen und krähendem Gesang. Sie hatten keine Zeit, eine Choreografie einzustudieren, sie schlagen unkoordiniert mal links, mal rechts, und manche Alte stützen einander bei dem langen Marsch.

An einer Absperrung stehen zwei Polizisten. Einer klopft sich die Hemdbrust; der andere schaut unbeteiligt in die Gegend.

7. Muharram

Einladung zu einer Familie aufs Dorf, vierzig Kilometer von Schiraz. In Masjed-e Madar-e Soleiman befindet sich eine berühmte antike Stätte: das Grab von Kyros dem Großen. Aus Steinquadern errichtet liegt es am Rande des Dorfs, auf einer Hochebene, wo

Kyros in der Mitte des 6. Jahrhunderts v. Chr. die Meder besiegte und das persische Weltreich seinen Ausgang nahm.

Die Vorfahren meiner Gastgeber waren einst die Wächter des Grabs. Heute lebt die Familie halb städtisch, halb ländlich. Ghazal ist Sportlehrerin im Dorf, ihr Mann Bankangestellter in der Stadt; ein Sohn betreibt Landwirtschaft, zwei Töchter studieren.

Bibi, die 92-jährige Großmutter, erzählt mir, wie die Leute früher in das Grab von Kyros kletterten, um dort zu beten. Er wurde als Mittler zu Gott angesehen. »Kyros ist ein Heiliger aufgrund seines Verhaltens«, sagt sie und setzt dann leise und bestimmt hinzu: »Aber er ist nicht so heilig wie Hussein.«

Ghazal, die Sportlehrerin, ist religiöser als ihr Mann und ihre Kinder, wie häufig in iranischen Familien. Als wir uns im Internet Videos unterschiedlicher Azadari-Praktiken ansehen, zieht sie sich, bequem auf dem Sofa sitzend, ein Kopftuch über und klopft sich im Rhythmus der Videos auf die Brust.

Alte Aufnahmen zeigen blutige Selbstgeißelungen; dabei wurde weiße Kleidung getragen, quasi ein Totenhemd, auf dem das Blut besonders schön sichtbar war. Seit der Revolution ist dies als Fanatismus verboten. Blutige Exzesse finden allenfalls im Geheimen statt, eine Art ekstatischer Ungehorsam zorniger junger Männer. Im Rahmen des Erlaubten entscheidet jeder Verein über seine Riten selbst. Manche Stile werden nur in einer einzigen Region praktiziert, und die Texte der Elegien gehen in die Hunderte. Diese Vielfalt sei typisch für Iran, kommentiert die einundzwanzigjährige Tochter Marjan. Sie mag zwar die Trauerrituale nicht, aber auf deren Fülle ist sie doch irgendwie stolz.

8. Muharram

Vorbereitungen für ein Nasri am nächsten Tag, eine wohltätige Essensspende. Im Hof wird ein Hammel geschlachtet. »Das dürfen natürlich nur Männer«, höhnt Marjan. Das Nasri soll ein Hammelgulasch für zweihundertfünfzig Menschen werden. Nebenbei wird mir ein Plastikfass voll Trauben gezeigt. Der Vorteil des Dorfs: Wein herstellen ist hier leicht.

Abends zum Azadari in die Dorfmoschee. Ghazal scheint froh, dass sie durch meine Neugier einen guten Grund hat, dorthin zu gehen; der Rest der Familie ist eher belustigt. Die Tochter Marjan kommt nur aus Höflichkeit mit.

Schummrige Beleuchtung. Die Moschee wird durch einen dunkelgrünen Vorhang in der Mitte geteilt. Jenseits des Vorhangs singen und rezitieren die Männer, es klingt nicht gerade schön, und der Lautsprecher ist übersteuert. Bei den Frauen ist es voller als auf der Männerseite; die Atmosphäre ähnelt der eines Picknicks. Kinder rennen umher und spielen Fangen. Manche Frauen klopfen sich die Brust, andere plaudern, manche tun beides.

Ein junges Mädchen in unserer Nähe tippt auf ihrem Smartphone und lächelt dabei in sich hinein. Marjan raunt mir zu: »Die schreibt bestimmt eine SMS an ihren Freund auf der anderen Seite des Vorhangs.« Sie hält hier alles für Heuchelei.

Heiße Milch wird in Bechern herumgereicht. Ein kleines Mädchen macht mir Vorwürfe, als ich die Wiege fotografiere, die sie schaukelt. Die Wiege von Ali Asghar! Ich habe das Märtyrerbaby gestört.

9. Muharram

Frühmorgens Stimmen und Klappern in der Küche. Die Zubereitung des Nasri ist in vollem Gange; Verwandte und Freunde sind zum Helfen gekommen. Ich darf Kartoffeln schälen. Später werde ich in den Hof gerufen, wo Reis in einem Bottich brodelt. Ich solle den Reis umrühren und mir dabei etwas von Hussein wünschen. Ich frage testhalber nach: Ist Hussein nicht nur für Muslime? »Hussein wurde von Gott geschickt, er ist für alle da, auch für dich!«

Hussein, der Universelle, der Zugängliche. Später wird mir ein Geistlicher Folgendes erklären: Wenn Schiiten die Schreine der verehrten Imame besuchen, müssen sie vorher eine besondere Waschung vornehmen. Bei Hussein ist das nicht nötig. Er ist auch rituell ein Zugänglicher.

Von Ferne Trommelschläge: Die Dorfprozession kommt. Einer der Männer, die beim Kochen helfen, verlässt den Hof. Er hat bereits einen ledernen Leistenschutz angelegt, um eine schwere Standarte tragen zu können. Die grünen Stoffbahnen, schmal wie Schals, die an der Standarte hängen, werden später in Stücke geschnitten und von Frommen als Segen mit nach Hause genommen.

Die Prozession braucht lange auf dem Weg durchs Dorf, denn sie hält vor jedem Haus, wo ein Mitglied der Familie im Iran-Irak-Krieg gefallen ist. Das sei keine Anweisung von oben, wird mir gesagt; die Erinnerung an die Toten solle für immer lebendig bleiben. Auf einem kleinen Wagen werden Fotos der Gefallenen mitgeführt; große, schöne Porträts, mit den Frisuren der 1980er-Jahre.

Anders als in der Stadt marschieren hier auch Frauen in der Prozession, getrennt von den Männern auf der gegenüberliegenden Seite der Straße. Der Dorfpolizist geht brustklopfend am Ende des Zugs. Alles hat einen großen Ernst.

Kurz vor 12 sind wir wieder im Haus, nun wird das Nasri ausgegeben. Drei Bottiche, zwei mit Reis, einer mit Hammelgulasch stehen draußen zwischen Wäscheleine und Satellitenschüssel. Dorfbewohner kommen mit Tellern und Töpfen, um sich Essen nach Hause zu holen. Ghazal lässt es sich nicht nehmen, alleine sämtliche Portionen auszuteilen. Sie thront auf einem Stein an der Hauswand und gibt einem jeden sein Essen mit einem Segenswunsch für Hussein. Wer das Essen nimmt, antwortet mit der gemurmelten Formel: Möge Ihr Opfer akzeptiert werden!

Was übrig bleibt, ist für die Familie und alle, die geholfen haben. Wir sitzen auf dem Wohnzimmerteppich um ein großes Tuch herum, auf dem Schüsseln und Teller stehen. Bibi, die Großmutter, kaut ungerührt das zähe Hammelfleisch und beißt danach in eine rohe Zwiebel. Ghazal wirkt erschöpft und erfüllt.

Abends reise ich ab, gegen den höflichen Protest der Familie. Ich möchte Aschura in der Stadt erleben, in Schiraz. Die Lotf-Ali-Khan-Zand-Straße begrüßt mit vertrautem Trubel. Die Brustklopfer ziehen durch die Nacht.

10. Muharram, Aschura

Haben sie gar nicht geschlafen? Am Morgen ist die Straße wie am Abend zuvor fest in der Hand der Brustklopfer. Es kommt mir vor, als hätte ich die ganze Nacht über Trommeln gehört.

Im Hotel habe ich mich mit einer älteren Serbin angefreundet; zusammen machen wir uns auf zum Schah-Tscheragh-Schrein. Mariana geht wegen eines Knochenleidens gebückt an zwei Krücken. Die Iraner starren sie an und sagen ergriffen »Thank you!«. Sie fühlen sich geehrt: eine so Gebrechliche kommt wegen Aschura zu ihnen!

Im Schrein bahnt uns eine ehrenamtliche Helferin den Weg; wie die Platzanweiserin in Yazd ist sie mit einem pastellfarbenen Staubwedel als Zeichen ihres Amtes bewaffnet. Er erlaubt ihr, jemanden zur Seite zu scheuchen, ohne ihn zu berühren.

Die große Aschura-Prozession trifft ein, mit Hörnern, Pauken und Trompeten, ein Triumphzug der Trauer. Die Männer, die ihm folgen, tragen Lehm im Haar, lehmige Handabdrücke auch auf ihren schwarzen Hemden. *Khak bar saram,* »Lehm auf mein Haupt«, sagt, wer einen Nahestehenden verloren hat. Es ist auch ein Eingeständnis von Schuld: dem Verrat an Hussein. Asche auf mein Haupt – so vieles wirkt vertraut bei den Schiiten, weil wir uns die Quellen teilen. Die Asche des Verstorbenen auf Kopf und Gewänder zu streuen, war Brauch im Altertum; uns blieb das katholische Aschekreuz am Aschermittwoch.

Wer fromm ist, hat an Aschura bis zum Mittagsgebet gefastet. Nun sei eine Ruhephase, wird mir gesagt, doch die Züge der Brustklopfer scheinen keine Pause zu kennen. Am Ausgang des Schreins ziehen Barfuß-Marschierer vorbei mit melancholischem Gesang: »Oh unterdrückter, geliebter Hussein«. Hinter ihnen hält sich eine Riege junger Männer untergefasst und skandiert wie im Hiphop-Stil: »Oh – Zeinab – ohne – Bruder«.

Am Abend, zum Ende, werden hier und dort auf den Straßen Kerzen angezündet, kleine Lichtinseln auf dem Pflaster. Es weht wieder ein heftiger Wind, die Kerzen sind dünn und erlöschen leicht. Frauen und Jugendliche knien im Dunkeln auf dem Boden und versuchen, die Flammen zu beschirmen.

Kerbela, Identität und Machtpolitik

Der Trauermonat eint die Iraner, aber er spaltet sie auch. Es gibt regelrechte Muharram-Hasser. Sie schimpfen auf die Verrückten, die mit ihren Zeremonienzelten Straßenkreuzungen blockieren; sie empfinden die Trauermusik als Lärmbelästigung, und wenn ihnen fromme Helfer heiße Milch und Safranreis aufhalsen wollen, wechseln sie die Straßenseite.

Einmal rief mir eine alte Dame zu: »Das ist nicht Iran!«

Sie war nicht die Erste, die das rief. Die Frage, was Iran ist, hat sich immer wieder am Umgang mit der Kerbela-Tragödie entzündet. Sie zu benutzen oder zu unterdrücken, zum Wohle von Herrschaft oder zu ihrem Sturz, hat eine lange Geschichte. Und immer ging es dabei auch um die Frage, was iranische Identität bedeutet und wer über sie bestimmt.

Um einen Einstieg in die Geschichte dieser Machtpolitik zu finden, braucht man nur auf die Musik zu hören. Nähert sich von Ferne eine Muharram-Prozession, könnte man glauben, da böge gleich der Schützenzug einer deutschen Kleinstadt um die Ecke. Die westlich klingende Marschmusik mit Schlagzeug und Blechbläsern steht in eigentümlichem Kontrast zu den Totengesängen, die wir wegen ihrer Tonstufen als orientalisch-melancholisch empfinden. Die Blasmusik wanderte im 19. Jahrhundert in die schiitischen Rituale ein, und zwar über den Königshof. Die Qadscharen, die Iran von 1779 bis 1925 regierten, waren großzügige Förderer der schiitischen Volkskultur – nicht ganz uneigennützig in einer politisch turbulenten Zeit.

Schah Nasr ed-Din, mit fast fünf Jahrzehnten auf dem Thron die dominierende Figur der Qadscharen-Zeit, war ein Bewunderer Europas. Ihm gefielen die Militärkapellen, die in Frankreich zu seinem Empfang aufspielten. Bald nahm er einen französischen Komponisten und Militärmusiker in seinen Dienst, einen gewissen Alfred Jean-Baptiste Lemaire. Monsieur Lemaire sollte sein restliches Leben in Iran verbringen, westliche Instrumente importieren, sie unterrichten und sogar Irans erste Nationalhymne komponieren, »königlicher Salut« genannt, die sich der Schah nun bei seinen nachfolgenden Europareisen vorspielen ließ. Die Blasmusik wurde heimisch in Iran; selbst die heutige Hymne der Islamischen Republik hat für Westler eine vertraut klingende Feierlichkeit.

Für den schiitischen Trauerkult war die Militärmusik keineswegs die einzige Neuerung. Die Qadscharen suchten nach einer besseren Legitimierung ihrer Herrschaft und machten die Förderung und Finanzierung volkstümlicher Religiosität deshalb zur Staatsaufgabe. Damit nahmen sie einen politischen Stil wieder auf, den bereits die Safawiden-Herrscher im 16. Jahrhundert praktiziert hatten: Damals ging es darum, das Schiitentum als Staatsreligion durchzusetzen, in einem überwiegend sunnitischen Land. Nun, im kolonialen 19. Jahrhundert, stand ganz anderes auf der Agenda: der Kampf um den Erhalt der politischen Souveränität Irans.

Die europäischen Mächte mischten sich unverhohlen ein in die inneren Angelegenheiten Irans und nötigten dem Schah Handelsmonopole ab, die ihm bei seinen Untertanen wachsende Ablehnung eintrugen. Ein schicksalsträchtiger Konflikt, der in der sogenannten Tabakrevolte von 1890 kulminierte. Der Schah hatte den Briten das Monopol auf Ernte und Vertrieb sämtlichen in Iran angebauten Tabaks zugesprochen. Dagegen erhob sich eine Protestbewegung, angeführt von Geistlichen; es war die erste Massenbewegung in der Geschichte Irans. Der Schah musste den Monopolvertrag rückgängig machen, gegen eine immens hohe Strafzahlung.

Die Tabakrevolte war ein Menetekel: Aus der Allianz von Klerus und König, die so lange bestanden hatte, wurde im ausgehenden 19. Jahrhundert allmählich ein Konkurrenzverhältnis. Es war der Beginn eines Gegensatzes, der schließlich 1979 zum völligen Bruch führen würde.

Noch aber ließ sich das Volk die Patronage der Religion gefallen. Nicht nur der König trat als Förderer auf, sondern auch Adlige und wohlhabende Kaufleute, die Muharram-Zeremonien für ihre Kunden und Beschäftigten veranstalten ließen. Zur regelrechten Mode wurde der Bau von Theatern für Passionsspiele, *tekiyeh* genannt, in denen die Tragödie von Kerbela in Szene gesetzt wurde.

Eine staatliche Tekiyeh in Teheran fasste zwanzigtausend Zuschauer; sie saßen in der monumentalen Freiluftarena auf drei Rängen, je nach sozialem Status, ganz oben der Schah in einer Loge. Oft waren Frauen in der Mehrheit; die Passionsspiele waren bei Iranerinnen so beliebt, schreibt der Historiker Kamran Scot Aghaie, dass die Polizeiakten von Selbstmordversuchen berichten, die Frauen fingierten, wenn der Ehemann ihnen den Theaterbesuch verbieten wollte. Die Zuschauerinnen auf den oberen Rängen trugen einen weißen Gesichtsschleier, der die Augen frei ließ; Frauen aus dem Volk eine dunkle Vollverschleierung.

Im Museum des Teheraner Golestan-Palastes, des ehemaligen Königshofs der Qadscharen, sind heute einige erstaunliche Requisiten aus der Staats-Tekiyeh ausgestellt: düstere Dämonenmasken mit Hörnern und Schnäbeln, gefertigt aus Holz und Pappmaché. Es muss opulentes religiöses Volkstheater gewesen sein: Die Guten, also die Seite von Hussein, sprachen in Reimen, die Bösen in Prosa. Wenn ein Regenschirm erschien, dann wusste das Publikum, dass der Erzengel Gabriel vom Himmel niederstieg.

In der Kostümierung schlug sich zuweilen die wachsende Abneigung gegen die europäischen Mächte nieder: Die Soldaten des bösen Kalifen Yazid trugen britische Uniformen, seine Frauen, von männlichen Jugendlichen gespielt, europäische Kleider und – Inbegriff der Schändlichkeit – nackte Gesichter.

Im letzten Viertel des 19. Jahrhunderts wurde westlichen Diplomaten der Besuch der Passionsspiele untersagt – eine Maßnahme, die in zweifacher Hinsicht Aufschluss gibt über die Stimmung jener Zeit. Es stieg nämlich nicht nur der Zorn von Kaufleuten und Geistlichen auf die imperialistische Politik Europas. Sondern es entstand nun eine kleine, europäisch beeinflusste Elite von Modernisierern, denen die schiitischen Rituale peinlich wurden. Solche als rückständig erachteten Praktiken sollten gegenüber Ausländern nicht länger das Bild der iranischen Nation prägen.

Bereits vor der Jahrhundertwende trat also ein politisches Denkmuster in Erscheinung, das sich mit seiner Doppelachse durch die weitere Geschichte Irans ziehen wird: einerseits der kämpferische Argwohn gegenüber dem Westen; andererseits die Furcht, in den Augen dieses Westens nicht bestehen zu können. Ein Trend, der sich im 20. Jahrhundert unter den beiden Schahs der Pahlavi-Ära verstärkte. Ein Teil der Intelligenzija entfremdete sich der Religiosität des Volkes, und es entwickelten sich zwei auseinanderdriftende kulturelle Ideale, westlich beeinflusst das eine, religiös-islamisch konturiert das andere. Beide Seiten reklamierten die iranische Identität.

Als Schah Reza, der frühere Kavallerie-Offizier Reza Khan, 1935 den Tschador verbot, untersagte er auch die Passionsspiele und die meisten anderen Trauerrituale. Das war der Geist autoritärer Modernisierung – und nebenbei auch ein Herrschaftskalkül: Reza wollte alle Macht, niemand durfte Einfluss haben außer ihm. Und das Sponsern von Passionsspielen und frommer Wohltätigkeit war immer noch eine Quelle von Popularität im Volk.

Ein herausragender intellektueller Kritiker der Muharram-Riten war Ahmad Kasravi, 1890 in einem Dorf bei Tabriz im iranischen Aserbaidschan geboren. Ein Mann von eminenter Bildung: Jurist, Historiker, Sprachwissenschaftler; zeitweise diente er der Regierung von Reza Schah, doch vor allem machte er sich als Religionskritiker einen Namen. »Was soll die Schluchzerei über eine alte Geschichte von vor über tausend Jahren?«, schrieb er 1943. »Die Wahrheit ist, dass dieses ungebildete Verhalten den Europäern eine Entschuldigung gibt, Iraner und andere Ostvölker ›Halbwilde‹ zu nennen und zu glauben, sie verdienten es nicht, frei zu leben.«

Die Begeisterung der Frauen für religiöse Rituale war ihm besonders zuwider. Die Iranerinnen hätten »nicht das mindeste Interesse an Land und Nation«, und selbst die gebildeten Frauen zeigten »keinerlei Intelligenz«, wenn es um Religion ginge.

Kasravi war ein Seyyed, seine Familie sah sich in einer Verwandtschaftslinie mit dem Propheten. Als junger Mann hatte er eine theologische Ausbildung absolviert, den schwarzen Turban der Seyyeds getragen und so in Tabriz für die Konstitutionelle Revolution gekämpft. Doch mit seinen Ansichten machte er sich die Geistlichkeit bald zum Feind, zumal er die Kleriker als Verursacher einer kulturellen Unterentwicklung Irans brandmarkte. Hohe Geistliche bezeichneten ihn als vom Glauben abgefallen, und im März 1946 fanden sich gedungene Attentäter, die Kasravi niederschossen. Auch dies war ein Menetekel. Zur selben Zeit schrieb ein noch weithin unbekannter Khomeini, nur die Geistlichen könnten Irans Probleme lösen.

Mohammed Reza, der letzte Schah vor der Revolution, ließ als junger Monarch aus einer Position der Schwäche heraus die Muharram-Riten wieder zu – das sollte ihm nicht gut bekommen. Denn es geschah nun etwas Neues: Die religiösen Versammlungen, von der Polizei kaum zu kontrollieren, verwandelten sich in Orte, wo sublim gegen die Monarchie agitiert wurde. Jede Rede über den Kalifen Yazid, die Verkörperung von Ungerechtigkeit und Korruption, schien nun vom Schah zu handeln.

Das religiöse Leben wurde zu jener Zeit erstmals von unten, ohne offizielle Patronage, organisiert. In einer Gesellschaft, die allmählich städtischer wurde, entstanden neue Erwerbszweige; diese Elektriker, Zeitungsverkäufer und Lastwagenfahrer gründeten fromme Vereine und legten aus ihren schmalen Einkünften zusammen, um Zeremonien und Wohltätiges zu finanzieren. Das waren jene Heyat, die ich noch ein halbes Jahrhundert später in Aktion erlebte. In den 1960er- und 1970er-Jahren wurden die Vereine zunehmend politisch; einige schlossen sich zu Untergrundorganisationen zusammen – das religiöse Netzwerk, auf das sich Khomeini später stützte.

Die Tragödie von Kerbela erfuhr nun eine neue Interpretation, und niemand war dabei so radikal und so einflussreich wie Ali Schariati, jener an der Sorbonne promovierte Soziologe, der im Teheraner Kulturzentrum »Hosseiniye Ershad« ein junges, gebildetes Publikum mit seinen Reden elektrisierte. Die traditionellen Bußriten verachtete er als Unterwürfigkeit und als Anpassung an die herrschenden Verhältnisse. In Anspielung auf die Dynastie der Safawiden, die im 16. Jahrhundert als Erste die Muharram-Riten zur Konsolidierung ihrer Macht benutzten, sprach Schariati verächtlich von der »safawidischen Schia«. Ihr setzte er seine Vision einer »roten Schia« entgegen, die für eine egalitäre Gesellschaft kämpft und Raum hat für aufgeklärte, selbstbestimmte Individuen.

Schariati hatte sich in seiner Pariser Zeit mit Existenzialismus und marxistischer Philosophie befasst. Wie er nun Kerbela interpretierte, das hatte einen Tonfall von Klassenkampf und Antiimperialismus, wie er zur selben Zeit im Westen in der Studenten- und Anti-Vietnam-Krieg-Bewegung aufkam: »Jeder Ort soll in Kerbela verwandelt werden, jeder Monat in Muharram, jeder Tag in Aschura.« Die historische Erzählung stand nicht mehr für eine Niederlage, für Scham und Trauer, sondern für Kampf und Aufstand.

Wer politisch passiv blieb, mache sich so schuldig wie jene, die einst Hussein im Stich ließen, sagte Schariati. Und er beschuldigte die Mehrzahl der schiitischen Geistlichen, diese Passivität zu wollen. Damit war der religiöse Soziologe nicht so weit entfernt von der Klerikerkritik säkularer Intellektueller. Die Schriften von Ahmed Kasravi, dem ermordeten Ketzer, hatte er sorgfältig studiert.

Schariati wurde 1977 in Damaskus begraben, ganz in der Nähe des Schreins von Zeinab, der Schwester Husseins, die in seinen Reden eine wichtige Rolle spielte. Denn Revolution, das hieß: sterben wie Hussein oder leben wie Zeinab. Sich opfern oder die Botschaft weitertragen. Alles andere bedeutete in Schariatis moralischer Unbedingtheit, ein Yazid zu sein. Auf der falschen Seite zu stehen.

Später, nach 1979, ließ sich an der Bedeutung, die Zeinab beigemessen wurde, einiges ablesen über den gesellschaftlichen Kurs der Islamischen Republik. In einem Buch, das bald nach der Revolution erschien, um Mädchen nach Zeinabs Vorbild zu erziehen, war sie »die Löwin von Kerbela«: eine starke Frau, die als Lehrerin tätig war und die Interpretation des damals noch jungen Koran unterrichtete. Ohne ihren kränkelnden Ehemann hatte sie den Bruder auf der gefährlichen Reise nach Kufa begleitet, wollte ihm sogar auf dem Schlachtfeld beistehen. Zeinab, die Kämpferin, war während des Kriegs gegen den Irak das Frauenideal der frühen Islamischen Republik.

Das wurde in der Nachkriegszeit ab 1988 anders. Mit Präsident Ali Akbar Haschemi Rafsandschani rückte Iran vom revolutionären Furor ab, das galt für die Außenpolitik, aber auch im Inneren: Es begannen wirtschaftsliberale Reformen, Reichwerden war wieder politisch korrekt. Der Schrei nach Gerechtigkeit, der mit Kerbela verbunden war, wurde leiser; der Muharram entpolitisierte sich, und Zeinab, die Aktivistin, die Trägerin der revolutionären Botschaft, war nicht mehr der Frauentyp, den es zu propagieren galt. Im Fernsehen und in der religiösen Literatur des Regimes besann man sich nun auf Zeinabs Mutter Fatima, die Tochter des Propheten. Sie steht als Hausfrau für einen femininen Konservatismus. Fatima gilt den Schiiten als Heilige, sie wird in Iran hochverehrt, sie ist eine Ikone, wird in einer mystischen Formulierung sogar »die Mutter des Vaters« genannt. Aber sie beunruhigt nicht.

Wenn Iranerinnen sich im Muharram zu Frauenzeremonien treffen, um die Rituale selbst zu praktizieren und nicht nur passive Zuschauerinnen zu sein, dann heißt das »Zeinabiye«. Solche Runden müssen, ganz im Gegensatz zur historischen Rolle von Zeinab, die Öffentlichkeit meiden. Viele Heyat von Männern sind nach Fatima benannt, »Fatemiye«.

Die Welt staatstreuer Frömmigkeit und die Grüne Bewegung

Es war ein Zufall, dass auch der Verein von Mohsen so hieß. Ein junger Teheraner, Mitte zwanzig, den ich abseits vom Muharram-Trubel traf, um die Normalität, womöglich Banalität seines Hobbys kennenzulernen. In Teheran soll es fünftausend Heyat geben, in den ärmeren Stadtvierteln mehr als in den wohlhabenden. Obwohl mir im Alltag der Hauptstadt an den meisten Tagen des Jahres wenig Religiosität auffiel, gab es also ein untergründiges Netz der Frömmigkeit. Eine Heyat kann heutzutage am Arbeitsplatz gegründet werden oder an der Universität, aber wegen der weiten Wege in Teheran basieren die meisten Vereine auf Nachbarschaften.

Mohsen kam mit seiner Frau Solale, sie trug Tschador und studierte Industriemanagement. Die beiden hatten sich in einem Handyladen kennengelernt. Mohsen hatte einen Bachelor-Abschluss als Ingenieur und arbeitete als Assistent für eine Filmproduktion, die religiöse Filme und Soap-Operas fürs Staatsfernsehen drehte. Er sprach leise und blickte vor manchen Antworten, sich versichernd, zu seiner Frau hinüber.

Schon als Kind war er zu den Ritualen gegangen; mit fünfzehn hatte er seinen eigenen Verein gegründet. Seine »Fatemiye« bestand nun seit neun Jahren, hatte achtzig Mitglieder und schwoll im Muharram an auf zweihundert Aktive. Der Verein hatte eine Genehmigung der Teheraner Stadtverwaltung; damit bekam Mohsen Coupons, um Material einzukaufen, etwa den Fahnenstoff. Die Erlaubnis musste jährlich verlängert werden, mit einem Nachweis, dass seine Heyat noch aktiv war. Dann gab es weiter Coupons.

»Wir treffen uns das ganze Jahr hindurch«, erklärte Mohsen, »und zwar jeden Montag von 21 Uhr bis Mitternacht. Wir hören Rezitationen aus dem Buch von Imam Ali und sprechen Gebete.« Es gab einen Kalender mit religiösen Anlässen für Zeremonien, etwa die Todestage der zwölf schiitischen Imame oder der Geburtstag des Propheten. »Einmal im Monat haben wir zusätzlich ein Treffen für organisatorische Dinge.« Seine Aufgabe bei den Zusammenkünften bestand darin, den Raum zu dekorieren, die Teilnehmer zu begrüßen und Tee auszuschenken. Die Heyat schien ein bedeutender Teil seines Lebens zu sein. Mohsen korrigierte mich: »Sie ist mein Leben.«

Die Zeremonien fanden in einem ehemaligen Kino statt. Mohsen sagte, seine Gruppe wolle nicht zu nächtlichen Hussein-Partys Anlass geben, deshalb würden sie erst am letzten Tag vor Aschura nach draußen gehen. »Manchmal gehen wir ohne Hemden, mit nacktem Oberkörper, auf die Straße.« Warum? Mohsen blickte einen Moment verlegen zu seiner Frau hinüber. »Als Zeichen, dass wir unser Leben geben würden.« Ich fragte ihn nach seinem schönsten Muharram-Erlebnis. »Einmal, als ein Schaf geschlachtet wurde, sah ich in der Blutlache ganz deutlich den Schriftzug ›Ya Hussein‹.«

Bevor wir uns verabschiedeten, fragte ich Mohsen, ob es etwas gäbe, das in einem Buch über Iran nicht fehlen dürfe. Ich hoffte, ihn zu einer politischen Äußerung zu verleiten. Mohsen antwortete: »Dieses Gedicht für Imam Hossein soll in Ihr Buch.« Er sammelte sich einen Moment.

»Jeder kennt uns wegen Dir.
Alles, was wir haben, kommt von Dir.
Vergiss uns nicht, lass uns nicht allein.
Lass uns immer mit Dir sein.«

Ich dachte an die Hochglanzbildchen von Jesus, die ich als Kind für mein Gebetbuch bekam. Die Verse darauf hatten ganz ähnlich geklungen.

Mohsen verkörperte eine Frömmigkeit, die staatstreu wirkte, ohne politisch zu sein. Er lebte in einem Kosmos schiitischer Hingabe, fand darin Halt und Erfüllung, so wie auf eine ganz andere Weise der Theatermann Pouya Pirouzram für die Hingabe an seine Kunst lebte. Zwei Männer in derselben Stadt; beide konnten sich ein Leben ohne das, was sie taten, nicht vorstellen. Mohsen mochte durch seine Wundergläubigkeit unbedarft wirken, aber seine Lebensweise war modern, er hatte studiert, lebte mit einer selbstbewussten Frau.

Das Milieu der Mohsens ist groß in Iran, und wer das Land verändern will, braucht dieses Milieu auf seiner Seite.

Mir Hussein Mussawi, der zeitweilige Frontmann der Grünen Bewegung für Demokratie, wusste das. Mit Mussawi, dem gescheiterten Präsidentschaftskandidaten von 2009, wurde ein neues, kurzes Kapitel in der Sozialgeschichte von Kerbela geschrieben. Der Ruf »Ya Hussein« bekam damals, im Sommer der Erhebung, zum ersten Mal seit der Schah-Zeit wieder einen oppositionellen Klang – denn er transportierte wie in einem geheimen Subtext mehrere Bedeutungen.

Um das zu verstehen, muss man einen Moment bei der Sprache bleiben. »Ya« ist im Arabischen die höfliche Anrede vor jedem Namen, auch im Alltag; ins Persische wurde sie nur für den religiösen Gebrauch übernommen. Als auf Mussawis Kundgebungen nun »Ya Hussein« gerufen wurde, meinten seine Anhänger den historischen Imam, aber jeder spürte in diesem Moment, dass es eine Verbindung gab zu dem Mann mit dem Vornamen Hussein, der vor ihnen stand. In Iran wird auch »Ya Hussein« gesagt, um Kraft zu mobilisieren, etwa bevor man einen schweren Gegenstand hebt. Auch diese dritte Bedeutung hatte der Ruf auf den Kundgebungen des Kandidaten. Es galt in der Tat, etwas Großes zu stemmen; wer »Ya Hussein« rief, wusste das und ahnte womöglich, dass menschliche Kraft allein dafür nicht ausreichen würde.

Ich hatte im Mai des Jahres den Beginn der Grünen Bewegung erlebt, bei einer Kundgebung Mussawis im Teheraner Azadi-Stadion. Drei Stunden lang kochte die Halle, die vierzehntausend Menschen fasst, die Hälfte der Plätze war den Frauen zugeteilt, wir standen eng, und es war erstickend heiß. Viele Frauen hatten sich grellgrüne Tücher übergezogen, alles war wie ein Meer von Tüchern, Fahnen und Schreien, Sprechchöre fluteten in Wellen durch die Arena. »Nieder mit der Regierung, die die Menschen betrügt! Tod der Diktatur!«

Mussawi war zu Khomeinis Zeit Premierminister gewesen, ein bebrillter Grauhaariger, staubtrocken, ohne Charisma. Ein paar Wochen zuvor hatten die Jungen in der Halle noch kaum seinen Namen gekannt; nun modellierte ihre Sehnsucht nach einer Alternative den alten Khomeinisten zum Hoffnungsträger.

Als Seyyed war Mussawi zum Tragen des grünen Schals berechtigt – und irgendjemand hatte, eher beiläufig, die Idee, daraus eine Wahlkampffarbe zu machen. Islamisch-Grün, hoffnungsgrün. Die Idee war genial, Mussawis Wahlkampfmanager kreierten über Nacht eine Corporate Identity, mit Bändern, Wimpeln, grüner Website, grüner Zeitung. Für viele, die nun weltweit auf den Bildschirmen auftauchten, mochte das mehr schick als religiös sein, ein modischer Kontrast zum schwarzen Nagellack auf Frauenhänden, die zum Victory-Zeichen gehoben wurden.

Doch was zu Beginn nur ein Marketingschachzug war, entwickelte sich zur schwersten Herausforderung des Regimes. Die Aneignung von Islamisch-Grün war wie eine Enteignung, der Islamischen Republik wurde die Farbe genommen. Und Mussawi reklamierte tatsächlich das Erbe Khomeinis und der Revolution für die Demokratiebewegung. Er wollte das religiöse Milieu gewinnen, wollte die Mohsens ablösen aus ihrer passiven Treue zum Regime. Jeder Iraner könne »grün werden«, warb er; wer von zu Hause aus ein Gebet sende, sei schon Teil des Netzwerks. Seine Botschaften im Netz waren in religiösem Duktus gehalten, sie beschworen mit Redewendungen, die frommen Iranern aus dem Koran vertraut sind, eine neue nationale Einheit.

Als die Grüne Bewegung dann auf den Straßen zerschlagen wurde, kletterten manche auf die Dächer, wie vor dem Sturz des Schah, und riefen »Allahu Akbar«.

Der Muharram fiel in jenem Jahr in den Dezember; die Proteste, verzweifelt schon, schraubten sich noch einmal hoch im Takt der Trommeln. Und dann wurde an Aschura auf Demonstranten geschossen. In diesem Moment erlosch im Herzen vieler Iraner der letzte Funke religiösen Respekts für die Staatsführung. An Aschura Oppositionelle zu töten, das war eine Sünde, die Gott nicht vergeben würde.

In Teheran wurde sogar auf dem Imam-Hussein-Platz geprügelt. Demonstranten bauten Barrikaden und riefen: »Dies ist der

Monat des Blutes. Yazid wird bald fallen.« Yazid, der böse Kalif, war nun der Revolutionsführer.

Es kam anders, die Islamische Republik fing sich erneut. Aber es war etwas geschehen, was nicht vergessen wurde, auf keiner Seite. Jahre später saß Mussawi immer noch im Hausarrest. Die Frommen, die »Ya Hussein« gerufen hatten, ahnten vielleicht besser als andere, wie schwer das war, was sie sich vorgenommen hatten. Es war ungleich schwerer als der rituelle hölzerne Nakhl in Yazd.

Das Baby-Foto

Die politische Tragödie in M.s jungem Leben entblätterte sich erst nach und nach. M. trat entschieden und großspurig auf, das schien zu seinem Aussehen zu passen, ein groß gewachsener Endzwanziger mit ebenmäßigen Gesichtszügen. Tatsächlich war er zutiefst niedergeschlagen.

In der Grünen Bewegung von 2009 war er ein Studentenführer gewesen; seitdem durfte er nicht mehr studieren, keine Arbeit annehmen, kein Gewerbe betreiben. Als er eine Buchhandlung eröffnete, musste er sie gleich wieder schließen. Sein Leben war lblockiert, nun schon seit mehr als sieben Jahren.

M.s leicht aufgeblasene Art verschwand am Abend, als wir in seinem Lieblingscoffeeshop saßen (»high class«, sagte er) und Erdbeermilchshake tranken. M. erzählte mir, dass die Frau, in die er verliebt sei, ihn zurückweise wegen seiner prekären Lage. Obwohl dieser Zustand schon Monate andauerte, bezeichnete M. die Frau hartnäckig als seine künftige Braut.

Er habe schon als Kind gern Reden gehalten und immer davon geträumt, »ein Führer« zu werden. Während der Grünen Bewegung sprach er auf Versammlungen, und als sich Mir Hussein Mussawi, der damalige Präsidentschaftskandidat, mit Studentenführern traf, war M. dabei, gemeinsam mit einem Freund.

Der Freund kam um. Zwei andere wurden verhaftet, und ihre Eltern suchten noch Jahre später nach ihnen. M. wurde vor die Wahl gestellt: Entweder du verlässt Iran binnen vierundzwanzig Stunden oder du bezahlst eine Kaution. Er verkaufte ein Ladenlokal, das er von seinem Großvater geerbt hatte, und sein Auto.

»Mein Leben ist zerbrochen an einem einzigen Tag«, sagte M. Für einen Moment kamen ihm Tränen. »Wenn Mussawi damals gesiegt hätte, dann wäre ich jetzt der Assistent eines iranischen Botschafters irgendwo auf der Welt.«

M. sehnte sich nach einer Familie. Nach etwas, das wächst, nach etwas Heilem. Auf dem Display seines Smartphones hatte er als Schoner ein Babyfoto. Er kannte das Baby nicht, er hatte es im Internet gefunden.

Die Kraft der Spiritualität.
Mit Imam Ali gegen Hinrichtungen

Es befand sich kein Schild an dem Haus, zu dem ich bestellt worden war. Drinnen erwartete mich ein gesichtsloser Büroraum; nichts deutete darauf hin, dass hier Außergewöhnliches geschah. Zehn junge Erwachsene saßen um einen lang gestreckten Tisch; Laptops, Kabel, Smartphones, Laufwerke, das übliche, austauschbare Sammelsurium, als würde hier ein Onlineshop betrieben oder ein Bestelldienst für Pizza. Die Iraner, die um den Tisch versammelt waren, verkauften keine Pizza, sie retteten Leben. Sie versuchten es zumindest.

Dies waren die Leute von Imam Ali. Genauer gesagt: Der Vorstand der Imam-Ali-Gesellschaft, einer Wohltätigkeitsorganisation mit etwa zehntausend ehrenamtlichen Helfern. Sie nennen sich nach Ali, dem ersten schiitischen Imam und Cousin des Propheten, weil sie ihn als herausragenden Humanisten betrachten.

»Wir helfen Bedürftigen, und dadurch verändern wir zugleich die Gesellschaft«, erklärte mir Zahra Rahimi, die Sprecherin. Ihr Gesicht war ungeschminkt, und sie trug das Kopftuch ohne modische Attitüde unter dem Kinn geknotet. Frau Rahimi war Chemikerin, ihre Mitstreiter hatten gleichfalls naturwissenschaftliche oder technische Berufe. Aus diesen Studienzweigen kamen in Irans jüngerer Geschichte oft die gesellschaftlich Engagierten. Die Atmosphäre im Raum war mir gegenüber freundlich, doch von Vorsicht geprägt. Gesprochen wurde über die Sache, über das Anliegen, nicht über Persönliches.

Die Leute von Imam Ali gehen in die Wohnviertel der Armen, geben Straßenkindern Unterricht, kümmern sich um Wohnungslose. Und sie versuchen, junge Straftäter aus der Todeszelle zu holen. In diesem gesichtslosen Büroraum wurden spektakuläre Kampagnen entworfen, um mit Hilfe von Facebook Menschen vor dem Galgen zu retten. »Wer in Iran einen Mord begeht, kommt oft aus armen Verhältnissen«, sagte Frau Rahimi. »Deshalb meinen wir, dass die Gesellschaft mitverantwortlich ist für solche Taten. Wir dürfen die Verurteilten nicht allein lassen.«

Wie die Rettungskampagnen funktionieren, das lässt sich nur Schritt für Schritt begreifen. Man muss dazu zunächst eine Besonderheit des islamischen Rechts kennen, das die iranischen Strafgesetze prägt: Im Fall von Totschlag und Mord haben die Angehörigen des Opfers das letzte Wort – und nicht der Staat. Wenn die Hinterbliebenen dem Täter verzeihen, meist gegen Zahlung einer Entschädigung, dann zieht sich der Staat zurück und lässt die Todesstrafe fallen. Hier setzen die Leute von Imam Ali an. Bisher hatten sie fünfundzwanzig Menschen vor dem Galgen bewahrt, manchmal in letzter Minute.

So war es im Fall Safar Anghouti. Seine Geschichte führt auf die dunkle Seite der iranischen Gesellschaft, wo es an Arbeit fehlt, an Einkommen, an Perspektive, eine Welt von Drogen, Stress und Aggression. In dieser Welt verstricken sich junge Männer leicht in sinnlose Kämpfe, und manches Mal endet ein solcher Streit unversehens tödlich.

Safar war siebzehn, als sein Messer einem Rivalen aus dem Wohnquartier in den Nacken flog; sein Kontrahent, kaum älter, verblutete. Safar wurde zum Tode verurteilt; fast sieben Jahre lang sah er seiner Hinrichtung entgegen. Währenddessen besuchten Aktivisten der Imam-Ali-Gesellschaft die Eltern des Opfers, um sie zum Verzeihen zu bewegen. Sie kamen immer wieder, saßen im Wohnzimmer, tranken geduldig viele Gläser Tee, hörten den Klagen zu und redeten sanft auf die Familie ein. Als sich die Mutter endlich zur Vergebung durchrang, war die Hinrichtung bereits zum dritten Mal anberaumt. Binnen einer Woche mussten Safars Eltern jetzt die Entschädigung aufbringen, eine Summe im Gegenwert von fast fünfzigtausend Euro. Sie hatten nichts.

Also kreierten die Imam-Ali-Leute auf Facebook ein Event: Wer der virtuellen Einladung folgte, sollte den Gegenwert von zwei Euro spenden. Binnen weniger Tage beteiligten sich dreiundzwanzigtausend Iraner. Crowdfunding, um ein Leben zu retten. Dabei war Facebook zu diesem Zeitpunkt offiziell verboten.

Safar, mittlerweile vierundzwanzig, lebte nun als freier Mann. Sein glatt rasiertes Gesicht wirkte sanft, als hätte alles, was ihm widerfahren war, keine Spuren hinterlassen. Mehrfach war er dem Tod so nahe gewesen, dass er sein Sterbegebet sprach. In seinem ersten Leben vor der Tat hatte Safar die Schule abgebrochen, und seine Bildung war auch jetzt so gering, dass er nicht einmal das Internet benutzte, mit dessen Hilfe er gerettet wurde. Nach der Entlassung aus dem Gefängnis musste er mit seinen Eltern in eine andere Stadt ziehen; dies war Bestandteil der Vereinbarung mit den Angehörigen des Opfers – Safar sollte ihnen nie mehr unter die Augen kommen. Er arbeitete nun auf einer Baustelle; die Kollegen kannten seine Vergangenheit und gaben ihm eine neue Chance.

Safar verdankte sein Überleben zwei neuen Entwicklungen in der iranischen Gesellschaft. Die erste hat mit den sozialen Medien zu tun: Sie sind längst nicht mehr nur ein Werkzeug politischer Dissidenten. Facebook und andere Onlinedienste sind zum alltäglichen Mittel der Kommunikation geworden; dort bieten sich, leicht verklausuliert, sogar Prostituierte an. Ähnlich wie beim Satellitenfernsehen konnte das Verbot die massenhafte Nutzung nicht verhindern.

Die zweite Veränderung, die Safar zugutekam, betrifft die Haltung der Öffentlichkeit zur Todesstrafe. In der Mittelschicht wächst das Unbehagen an der hohen Zahl von Exekutionen. Mehr Menschen als früher sind angewidert von dieser Form äußerster

Gewalt. Und wie bei vielen anderen Fragen spielt auch hier Nationalstolz hinein: Iran soll in den Augen der Welt eine geachtete Kulturnation sein und nicht das Land der Henker, in dem alljährlich (nach China) die zweithöchste Zahl von Hinrichtungen vollstreckt wird.

Im Durchschnitt waren es zuletzt drei pro Tag.

Trotz des wachsenden Unbehagens nahm die Zahl der Exekutionen in der Amtszeit des moderaten Präsidenten Hassan Rohani zunächst weiter zu. Die Justiz ist von der Verfassung her unabhängig und agiert oft als Gegenspieler des Präsidenten. Das Thema Todesstrafe ist also eines der Felder, auf denen sich ein ständiges Kräftemessen zeigt: zwischen den Fraktionen des Machtapparats, aber auch zwischen einem Teil der Gesellschaft und den Herrschenden.

Selbst die Justiz ist kein monolithischer Block. Die Imam-Ali-Leute kämpfen um das Leben der Todeskandidaten folglich in einem Dickicht von Erlaubtem und Verbotenem, von staatlich Gewolltem und Bekämpftem. Und immer ist allerhöchste Vorsicht geboten, denn dezidiert politische Kampagnen gegen Exekutionen wurden schon mit hohen Gefängnisstrafen geahndet.

Im Fall von Safar wurde die Hinrichtung mehrfach aufgeschoben: Die Justiz reagierte auf die Rettungskampagnen, verfolgte sie sogar auf Facebook, Verbot hin oder her. Einerseits mögen es die Richter nicht, wenn sich die Zivilgesellschaft in juristische Belange einmischt; anderseits empfiehlt aber auch der Koran Vergebung, und die Richter müssen den beteiligten Familien dafür ausreichend Zeit geben.

Sofern Mord und Totschlag nicht mit einem anderen Delikt, etwa Drogenschmuggel, einhergehen, gelten sie in Iran als ziviles Unrecht und nicht primär als Verstoß gegen staatliches Recht. Es handelt sich also um eine Angelegenheit zwischen Täter und Opfer. Dessen Angehörige haben ein Anrecht auf Vergeltung: Gleiches mit Gleichem, Leben gegen Leben. Der Staat verhängt die Todesstrafe nur als Stellvertreter der Opferseite. Wenn sie verzeiht, erlischt folgerichtig die Rolle des Staates. Es bleibt in manchen Fällen eine Freiheitsstrafe, die der Delinquent aber gewöhnlich bereits abgesessen hat, wenn die Vergebung wirksam wird.

Der Vergeltungsgedanke ist älter als der Islam – Auge um Auge, Zahn um Zahn, das kennen wir aus dem Alten Testament. Derartiges heute noch zu praktizieren, mag uns archaisch erscheinen. Allerdings hat der Islam von Beginn an dafür geworben, Gnade vor Recht ergehen zu lassen und sich mit einer Entschädigung zu begnügen. Dieses sogenannte Blutgeld wird in Iran mit dem arabischen Wort *diya* bezeichnet; die Opferseite heißt wörtlich »die Eltern des Blutes« oder »die Eigentümer des Blutes«. In diesem Ausdruck liegt eine zweifache Schicksalsschwere – der Anspruch auf eine Wiedergutmachung des Erlittenen ebenso wie die Verantwortung dafür, ob neues Blut fließt. Einer Weisung des Propheten Mohamed zufolge sollte die Entschädigung bei fahrlässigem Totschlag hundert Kamele betragen; das war im siebten Jahrhundert. Eine Wiedergutmachung in dieser Größenordnung musste nicht von einer Kernfamilie im heutigen Sinne aufgebracht werden, sondern von einer größeren Gemeinschaft.

Was die Weisung Mohameds für das 21. Jahrhundert bedeutet, teilt die iranische Justiz den Betroffenen anhand von Listen mit, einer Art Preisliste, doch sind die Summen nur unverbindliche Richtwerte. Wie viel am Ende tatsächlich gezahlt wird, entscheiden die Verhandlungen der Familien von Täter und Opfer. Die Spanne ist weit; eine iranische Zeitung bezifferte sie auf umgerechnet zwischen sechzehntausend und hundertvierzigtausend Euro.

Ist eine Frau umgekommen, etwa bei einem Verkehrsunfall, so muss von Amts wegen nur die Hälfte des Blutgeldes gezahlt werden. Auch hier wird auf privater Ebene oft anders entschieden. Die Schlechterstellung des weiblichen Opfers geht auf eine jahrhundertealte Regel des islamischen Rechts zurück: Weil nach der

Scharia nur der Mann für den Unterhalt der Familie verantwortlich ist, wiegt sein Tod schwerer. Die soziale Wirklichkeit im heutigen Iran ist davon weit entfernt. Frauenrechtlerinnen bekämpfen die diskriminierende Bestimmung, und trauernde Familien können sie zumindest am Verhandlungstisch beseitigen.

Ursprünglich waren auch christliche und jüdische Tote weniger wert, dies hat das iranische Parlament mittlerweile korrigiert.

Was Scharia bedeutet, ist also nicht in Stein gemeißelt, weder in Iran noch anderswo. Wörtlich »der Weg zur Wasserstelle«, umfasst die Scharia alles, was für ein islamisches Leben als notwendig oder heilsam erachtet wird. Es handelt sich nicht etwa um ein Buch mit kodifizierten Gesetzen, sondern um Rechtsprinzipien, die in früheren Jahrhunderten durch Interpretation der Quellen entstanden sind. Daraus hat der iranische Staat nach 1979 staatliche Gesetze abgeleitet; sie bleiben manchmal dicht an der klassischen Scharia und haben sich in anderen Fällen weit davon entfernt. Gefängnisse sind zum Beispiel in der Scharia ursprünglich gar nicht vorgesehen. Die rechtliche Diskriminierung der Frauen beim Blutgeld könnte durchaus im Rahmen einer Islamischen Republik aufgehoben werden, genauso wie das per Gesetz oktroyierte Kopftuch durch ein neues Gesetz in die freie Entscheidung der Frauen gestellt werden könnte.

Die Kampagnen gegen Hinrichtungen werfen noch eine ganz andere Frage auf: Ist Vergebung käuflich? Wem ein Unrecht widerfahren ist, der kann es schwer ertragen, wenn der Verursacher unbehelligt durch die Lande läuft – dieses Gefühl ist bei den Angehörigen aller Kulturkreise und politischen Systeme ähnlich. Verzeihen können ist oft erst möglich, wenn das Unrecht zumindest offiziell festgestellt wurde, sei es durch ein staatliches Urteil oder durch eine gesellschaftliche Instanz, wie etwa eine Wahrheitskommission nach einem Bürgerkrieg. Im Kleinen erfüllt die Entschädigung diese Funktion. Die Übergabe des Blutgelds bedeutet Anerkennung der Schuld, Respektierung des Leids.

Die Leute von Imam Ali vermeiden politische Kommentare zum iranischen Rechtssystem, jedenfalls öffentlich. Sie sagen nur: Die Gesellschaft müsse entscheiden, wie sie mit Delinquenz umgehen wolle. Unter dem früheren Präsidenten Mahmud Ahmadinedschad (2005 bis 2013) wurde der Gruppe eine Weile ihre Tätigkeit untersagt. Zahra Rahimi, die Sprecherin, erwähnte diesen Umstand mir gegenüber nicht. Sie verfolgt die Linie: Mit Repression diskret und geschickt umgehen. Manchmal ruft die Cyberpolizei an und moniert ein besonders populäres Posting auf der Facebook-Seite. So engmaschig ist die Überwachung. Frau Rahimi sagte mir nicht, ob sie dann der Aufforderung Folge leistet und den Eintrag entfernt.

Die Imam-Ali-Gesellschaft entstand 1999 als ein studentisches Projekt, um Schülern aus benachteiligten Familien zu helfen. Daher rührt noch der Beiname »Studentenvereinigung gegen Armut«, doch ist die Gruppe über ein studentisches Milieu längst hinausgewachsen. Sie zählt heute zu den ältesten unabhängigen Nicht-Regierungs-Organisationen Irans – und sie verkörpert eine Zivilgesellschaft, über die im Westen wenig berichtet wird: religiös, aber nicht im Sinne des Staatsislams. Es wäre falsch, sie mit jenen Organisationen gleichzusetzen, die in einigen arabischen Staaten im Umfeld der Muslimbrüder Wohltätigkeit als eine Form von Propaganda betreiben. Die Imam-Ali-Leute leiten aus der Religion ethische Verhaltensprinzipien ab, nicht mehr, nicht weniger.

Ali, der Namensgeber, ist für Iraner ein Denker und Humanist, kein Geistlicher. Die Bezeichnung »Imam« kann leicht verwirren, denn Schiiten verstehen darunter etwas anderes als Sunniten. Bei Sunniten ist der Imam ein Vorbeter oder Gemeindevorsteher, der nebenbei Gemüsehändler sein kann; bei den Schiiten ist er hingegen eine göttlich legitimierte Person. Da die Iraner seit der Zeit des Propheten zwölf solcher Imame anerkennen, werden sie Zwölferschiiten genannt. »Ali ist der Freund Gottes«, das ist ein spezieller Zusatz der Schiiten im muslimischen Glaubensbekenntnis. Ähnlich wie sich die Grüne Bewegung die Farbe des Islam aneignete, wollen die Imam-Ali-Leute »den Freund Gottes« nicht dem Staatsislam überlassen.

Die Werte und Prinzipien der Gruppe gehen aus einer eigenen Charta hervor. Ganz oben steht »der Glaube an Gott«. Es folgt: Freiheit für alle religiösen Ansichten; Gleichstellung aller Menschen, unabhängig von Ethnie und Geschlecht; Gewaltlosigkeit; Altruismus. An diesem Leitfaden orientieren sich Tausende von ehrenamtlichen Unterstützern; für Aktionen werden sie über Internet informiert und mobilisiert. Bei den Imam-Ali-Leuten verbindet sich, was bei uns meist in getrennter Verantwortung liegt: Sozialarbeit, Wohltätigkeit und gesellschaftlicher Aktivismus. Als die Sanktionen noch in Kraft waren, besorgte die Gruppe auf verschlungenen Wegen Medikamente für Krebspatienten aus dem Ausland. Und neben den Kampagnen gegen Hinrichtungen gibt es so Heiteres wie Rugby-Turniere für Mädchen. Immer gilt dasselbe Motto: für die Schwächsten der Gesellschaft das Beste herausholen und dadurch die Gesellschaft selbst verändern.

Die religiösen Motive verkörpert am deutlichsten der Gründer der Gruppe, Sharmin Meymandinedschad. Iraner kennen ihn als Verfasser einiger berühmt gewordener Kurzgeschichten, aber das ist nur eine Seite des Vieltalentierten. Auf der Straße ein Mann, der in der Menge untergeht, blass, Schnurrbart, Seitenscheitel; vielleicht ist diese Unauffälligkeit von Nutzen, denn sein Religionsverständnis ist von einer Art, die leicht den Argwohn des Regimes erregt. Meymandinedschad gibt Kurse, die von Theologie über Kosmologie bis zu Yoga und Methoden spiritueller Heilung reichen. Ich wurde gebeten, an diesem Punkt nicht in Details zu gehen, denn alles, was in Richtung Sufismus deutet, ist in Iran heikel. Das gilt zumindest für die Sufis innerhalb der schiitischen Mehrheit; wenn sie in Verdacht geraten, den Revolutionsführer nicht als oberste religiöse Autorität anzuerkennen, kann ihnen das Gefängnis eintragen.

Lassen wir es also dabei bewenden, dass in den Kampagnen gegen Hinrichtungen die Fähigkeit zu vergeben für den Gründer der Imam-Ali-Gruppe mehr ist als ein Akt der Humanität. Vergebung ist eine spirituelle Kraft, sagte er: »Vergebung ist das Licht, in dem alle Schönheit der Welt sichtbar wird.«

Im Verborgenen haben sich bereits in früherer Zeit Iraner dafür eingesetzt, dass minderjährige Straftäter nicht zum Tode verurteilt werden. Ich erinnere mich an die Begegnung mit einer Anwältin vor mehr als einem Jahrzehnt. Wir trafen uns unter konspirativen Bedingungen, Namen wurden keine genannt. Die Anwältin, sie mochte Anfang Dreißig sein, trug einen langen braunen Mantel zum schwarzen Kopftuch. In ihrer schlichten Aufmachung und mit ihrer ruhigen Selbstsicherheit ähnelte sie Zahra Rahimi, der Sprecherin der Imam-Ali-Leute.

Die Anwältin öffnete ihre Aktentasche und kam ohne Umschweife zur Sache. Hinrichtungen von Minderjährigen gab es offiziell nicht, denn sie verstoßen gegen internationales Recht. Die Juristin ging auch damals schon zu den Eltern von Mordopfern, um sie zum Verzeihen zu bewegen. Aber es gab noch keine Anteilnahme der Öffentlichkeit. Es waren kleine Zirkel von Menschenrechtsaktivisten, die sich, stets von Haft bedroht, mit diesem düsteren Thema befassten. Heute haben mehr Iraner verstanden, dass diese Düsternis auch sie etwas angeht.

Ich habe mich oft gefragt, warum das Unbehagen an der so massenhaft praktizierten Todesstrafe nicht viel früher eingesetzt hat. Es muss lange eine Art Anästhesie gegeben haben, eine Betäubung der Sinne und des Gewissens. Diese Betäubung entstand im ersten Jahrzehnt nach der Revolution, und sie war für all jene, die damals nicht aus Iran flohen, vielleicht die einzige Möglichkeit, diese Zeit zu überstehen. Der Tod war allgegenwärtig: durch den verlustreichen Krieg, den der Irak den Iranern aufzwang, und durch die gewalttätigen Säuberungen von Seiten des Regimes. Diese wurden wiederum mit der existenziellen Bedrohung des Landes gerechtfertigt.

Mehrere Tausend Menschen wurden allein im Sommer und Herbst 1988 in den Gefängnissen exekutiert; es handelte sich im Wesentlichen um kommunistische Oppositionelle sowie um Angehörige der Mudjahedin, die das Regime bewaffnet bekämpften. Schnellgerichte, deren Verhandlungen nur wenige Minuten dauerten, verhängten Todesurteile am Fließband. Rückblickend betrachtet stand die Islamische Republik in jenem letzten Lebensjahr Khomeinis an einem Scheideweg: Wegen seines Einspruchs gegen die Massaker in den Gefängnissen wurde damals jener Mann kaltgestellt, der Iran in den folgenden Jahrzehnten womöglich ein anderes Gesicht hätte geben können.

Großayatollah Hussein-Ali Montazeri war als Nachfolger Khomeinis vorgesehen gewesen. Nachdem er den Massenexekutionen widersprochen hatte, kam er als künftiger Revolutionsführer nicht mehr in Betracht. Es war ein Absturz ohnegleichen. 1979 war Montazeri ein ganz wesentlicher Architekt des einzigartigen Rechtsgebäudes der Islamischen Republik; gegen die Zweifel anderer hochrangiger Kleriker vertrat er vehement die Einführung von *velayat-e faqih*, der »Herrschaft des Rechtsgelehrten«. Dass er nach Khomeini selbst diesen Posten innehaben würde, hatte eine gewisse Logik. Nun verlor der prominente Gelehrte sogar seinen religiösen Titel, sein Bild wurde von den Wänden genommen, seine Vorlesungen nicht mehr veröffentlicht.

Fortan lebte Montazeri in seinem bescheidenen Haus in Qom in einer Art innerem Exil, einige Jahre lang war er dort sogar arretiert. Dass er freie Wahlen forderte und eine Machtbegrenzung des obersten Führers, blieb dennoch hörbar. Kurz vor seinem Tod wurde Montazeri der prominenteste religiöse Unterstützer der Grünen Bewegung. Der Trauerzug bei seiner Beerdigung im Dezember 2009 war einer ihr letzten großen Aufmärsche.

Jahre später war sein Haus in Qom immer noch versiegelt, die

Türe sogar zugeschweißt. Als gelte es, einen Geist zu bannen. Wie im Fall des einstigen Premierministers Mir Hussein Mussawi, der zur Unperson wurde, ist es ein Tabubruch der besonders schweren Sorte, wenn sich alte Khomeinisten in Regimekritiker verwandeln. Im Sommer 2016 sprach der Geist dann doch noch einmal durch die versiegelte Tür: Montazeris Sohn Ahmad veröffentlichte auf der Website des Verstorbenen eine 40-minütige Audiodatei; es war der Mitschnitt eines Gesprächs, das der Vater 1988 mit hochrangigen Justizvertretern geführt hatte. Die Massenexekutionen seien »das größte Verbrechen der Islamischen Republik«, hielt Montazeri der Runde vor, und die Geschichte werde die Verantwortlichen richten.

Die Nomenklatura der heutigen Islamischen Republik vertat die Chance, sich der Vergangenheit zu stellen – denn es ist noch zu sehr die Nomenklatura von damals. Einer in der Runde, die Montazeri 1988 als Verbrecher bezeichnete, war 2016 amtierender Justizminister.

Was die Hinrichtungen betraf, so hatte allerdings auch Montazeri in den ersten Jahren nach der Revolution eine verhängnisvolle Haltung mitgetragen: Die Tötung von Gegnern und Abweichlern galt als eine Reinigung des Körpers der islamischen Gesellschaft. Von einem hochrangigen Revolutionsrichter wurde lange sogar angenommen, er habe seine eigenen Söhne zum Tode verurteilt; es war ein Gerücht.

Der Panzer aus Abstumpfung, der in diesen Jahrzehnten entstanden sein muss, ist bei einem Teil der Bevölkerung heute aufgebrochen. Anders gesagt: Die Verdrängung lässt nach. Die meisten Hinrichtungen sind heutzutage nicht öffentlich; sie sind also für Iraner viel weniger sichtbar, als wir gemeinhin annehmen, denn in westlichen Medien werden häufig alte Fotos gezeigt, auf denen Verurteilte an öffentlich aufgestellten Kränen hängen. Wer heutzutage Iran besucht, kann Wochen durch das Land reisen, ohne zu spüren, in welchem Takt der Henker sein Werk verrichtet.

Das Zurschaustellen der Exekutionen war übrigens keine Erfindung der Islamischen Republik. Ein Platz im Süden Teherans hieß während der Pahlavi-Dynastie ganz offiziell *Meydan-e e'dam*, Exekutionsplatz. Er wurde später umbenannt, doch der alte Name liegt vielen Teheranern noch immer vertraut auf der Zunge.

Die Arbeit der Aktivisten

Einige Zeit nach meinem ersten Besuch bei den Leuten von Imam Ali konnte ich einen ihrer Aktivisten bei einem Einsatz begleiten. Nima Mokhtarian studierte Computer-Engineering; ein magerer, agiler Typ, über der Schulter, wie festgewachsen, der Riemen eines abgewetzten Rucksacks. Wir fuhren in den Südosten Teherans, in ein ärmeres Wohngebiet. Die Imam-Ali-Leute hatten hier ein »Iranisches Haus« eingerichtet, es war eine Zuflucht für Straßenkinder, darunter die Kinder afghanischer Flüchtlinge. Mehr als dreißig »Iranische Häuser« gibt es landesweit; sie heißen so, weil sie modellhaft für Werte stehen, denen die ganze Nation folgen soll.

Auch hier befand sich kein Schild am Haus. Drinnen roch es nach Gemüse mit Zimt, es wurde gerade gekocht. Die Straßenkinder bekamen hier ein warmes Essen und vorher Unterricht in Lesen und Schreiben. Nima verschwand in einen Nebenraum, wo schon seine Schüler warteten, drei afghanische Jugendliche. Sie würden sich vor mir wegen ihres Analphabetismus schämen, sagte er, ich solle draußen bleiben. Er blinzelte kurzsichtig, seine Brille war am Vortag zerbrochen. Deswegen den Dienst zu vernachlässigen, war ihm nicht in den Sinn gekommen.

Später fragte ich Nima, wie viele Wochenstunden er für Imam-Ali-Projekte arbeitete. »Acht Stunden am Tag!«, antwortete er. »Das alles beschäftigt mich permanent. Und nur bei dieser Arbeit habe ich das Gefühl, dass meine Existenz einen Sinn hat.« Ich hatte erneut einen jungen Iraner vor mir, der sich dem, was er tat, ganz hingab und darin Halt fand. Die Imam-Ali-Gruppe war für Nima der Mikrokosmos eines besseren Iran, seine ethische Heimat. In Iran greift Materialismus immer mehr um sich; viele Gespräche unter Jüngeren drehen sich um Geld, Konsum, Schönheitsoperationen und Frisuren. Sensible, sozial engagierte Typen fühlen sich in dieser Atmosphäre einsam, und dieses Gefühl schafft unter den Leuten von Imam Ali eine enge Verbundenheit. Sie sind wie Verschworene; unter den Freiwilligen entstehen auch Liebschaften und Ehen.

Nach dem Essen nahm Nima seinen abgewetzten Rucksack, und wir gingen zum Haus eines Mordopfers. Es war sein zweiter Besuch bei der Familie.

Eine helle Eisentür in einer Seitenstraße. Eine Frau, die Mutter des Opfers, öffnete uns, aber sie öffnete die Tür nur halb. Ich spürte ihre Abwehr und hielt mich, so gut es ging, im Hintergrund, um die Situation nicht zusätzlich mit meiner Anwesenheit zu belasten. Die Frau war ärmlich gekleidet, sie ging auf Strümpfen, und das Kopftuch ließ einen ergrauenden Mittelscheitel sehen. Ihr Mann war verstorben, hatte Nima mir gesagt, ein Sohn saß wegen Drogendelikten im Gefängnis, ein anderer war in einer Entzugsklinik, und auch die Tochter war abhängig. Eine von Drogen geschlagene Familie. Und dann noch ein Sohn ermordet, im Straßenkampf.

»Er war der Beste«, sagte die Mutter, während sie weiter die halb geöffnete Eisentür festhielt. Nima zog sanft, fast unmerklich von der anderen Seite, um diesen symbolischen Raum für Dialog ein klein wenig zu vergrößern. Die Frau auf Strümpfen bat uns nicht hinein. Erst müsse ihr ältester Sohn aus der Haft entlassen werden, sagte sie, vorher wolle sie nichts entscheiden.

Nima war schon mit ihr im Gefängnis gewesen, hatte ihr geholfen, den Sohn besuchen zu können. Vertrauen aufbauen, heißt diese Phase. Vielleicht sogar diesen Sohn vorzeitig aus der Haft herausbekommen, damit die Mutter bereit wäre, den Mord an ihrem anderen Sohn zu vergeben. Ich begriff in diesem Moment, wie komplex Nimas Aufgabe war. Und welche Verantwortung für einen Fünfundzwanzigjährigen, der womöglich das Leben eines Gleichaltrigen retten konnte, wenn er nur geschickt und mit genug Ausdauer vorging. Dies war sein erster Fall. Später, wenn die beiden Familien tatsächlich mit Verhandlungen begännen, würde ihm ein erfahrener Campaigner zur Seite stehen. Aber zuerst musste es Nima gelingen, den Prozess überhaupt in Gang zu bringen.

An diesem Tag kam er nicht weit. Die Frau blieb abwehrend, zog die Eisentür langsam zu. Nima trat vom Eingang zurück, ging ein paar Schritte zur Seite, wartete, behielt die Tür im Blick. Vielleicht überlegte es sich die Frau noch anders? Keine Chance durfte vertan werden, nicht die geringste. Auf dem Rückweg wirkte Nima bedrückt. Die Familie des Täters hatte ihre Wohnung verkauft, sagte er, um das Blutgeld aufzubringen, und sie wollte ihr Angebot sogar noch weiter erhöhen. »Aber wir zögern. Es wäre falsch, diese Mutter nur durch eine möglichst hohe Summe zu überzeugen. Denn das Geld fließt in einen Drogenhaushalt, und wir haben auch Verantwortung für die Folgen unseres Handelns.«

Die Drogenplage in Iran ist mit der hohen Zahl von Hinrichtungen eng verknüpft: Die meisten Exekutierten sind Dealer. Auf Drogenhandel und -schmuggel steht ab einer bestimmten Menge obligatorisch die Todesstrafe. Manche Politiker wollen das ändern, denn augenscheinlich haben die Hinrichtungen keine abschreckende Wirkung – ein Markt mit mehr als zwei Millionen süchtiger Kunden ist zu lukrativ.

Iran betreibt eine durchaus moderne Drogenpolitik; der internationalen Leitlinie von »harm reduction« folgend gibt es sogar in Gefängnissen Methadon-Programme, und die Verbreitung von Aids unter Abhängigen konnte gestoppt werden. Die Wurzel der

Plage wird davon nicht berührt: Solange viele Iraner unter Alltagsstress und Wirtschaftskrise leiden, haben Drogendealer gerade bei den Ärmsten ein leichtes Spiel.

Ein Schuss Heroin kostet weniger als eine Mahlzeit. Dass der Stoff so gefährlich billig ist, daran trägt die westliche Politik in Afghanistan eine gewisse Mitschuld. Unter den Augen der NATO und der amerikanischen wie europäischen Hilfsorganisationen ist der afghanische Opiumanbau binnen eines Jahrzehnts auf eine Rekordhöhe gestiegen. Iran teilt sich mit Afghanistan fast tausend Kilometer Grenze, dort sind die Schauplätze eines so vehementen wie vergeblichen Abwehrkampfes. Regelmäßig konfisziert Iran an seiner Ostgrenze die weltweit höchsten Mengen an Heroin und Opiaten, auch tonnenweise sogenannte Partydrogen. Tausende von iranischen Grenzwächtern wurden Opfer der bewaffneten Banden von Drogenbaronen. Für seine Anstrengungen an dieser Front würde Iran gern mehr Anerkennung bekommen, denn das eigentliche Ziel vieler Drogenkuriere ist Europa. Der Westen verweist nur indigniert auf die Hinrichtungsrate, als habe man mit dem Rest nichts zu tun.

In der iranischen Öffentlichkeit wird die Drogensucht als nationale Katastrophe empfunden; verurteilte Dealer genießen deshalb wenig Mitgefühl. Ethische Einwände gegen die Todesstrafe werden in ihrem Fall hintangestellt; ähnlich ist es bei Vergewaltigern. Gegnerschaft zu den Exekutionen entzündet sich an sympathischeren Tätern: den Jungen, die im Affekt getötet haben.

Der Fall Reyhaneh Jabbari erregte viel Empathie, in Iran wie im Ausland. Und doch konnten die Leute von Imam Ali die Studentin nicht retten.

Reyhaneh hatte mit neunzehn Jahren einen Mann, der sie mutmaßlich vergewaltigen wollte, durch einen Messerstich tödlich verletzt. War es wirklich Notwehr oder doch ein nachträglicher Racheakt? Für die Imam-Ali-Campaigner war der Fall rechtlich nicht so eindeutig wie später für die ausländischen Unterstützer von Reyhaneh, doch setzten sie alles daran, die junge Frau vor dem Galgen zu bewahren. Die Familie des Getöteten, insbesondere die Witwe, verweigerte von Beginn an jeden Gedanken an Gnade. »Wir wollten sie dafür nicht öffentlich verurteilen, sondern indirekt auf sie einwirken.« So erklärte mir Zahra Rahimi das Vorgehen bei dieser Kampagne.

Die Imam-Ali-Leute drehten Videoclips und stellten sie online: Eltern von Ermordeten, die selbst verziehen hatten, wandten sich mit bewegenden Worten an die Witwe. Überzeugung durch Beispiel, durch Vorbild. Was wir konnten, kannst du auch – überwinde deinen Hass.

Unter jenen, die an die Witwe appellierten, fiel mir eine Frau auf; wer ihr Gesicht einmal gesehen hat, wird es nicht vergessen. Sie kam als kleines Mädchen mit dem Giftgas in Berührung, das die Truppen von Saddam Hussein während des iranisch-irakischen Kriegs einsetzten. Nun war sie in den Dreißigern, durch Verätzungen entstellt und blind. Und gerade sie, derart von Inhumanität gezeichnet, war eine treue Botschafterin der Humanität und bei allen Kampagnen gegen Hinrichtungen dabei. Im Fall Reyhaneh ging sie sogar zum Haus der Witwe; ihr wurde nicht geöffnet. Um die Tragweite dieser Szene zu verstehen, muss man wissen, dass den Giftgasopfern in Iran gewöhnlich höchster Respekt entgegengebracht wird. Die Blinde wandte sich dann per Video an die Witwe. Und die Witwe sah sich den Film an, diesen und auch die anderen.

Achtundvierzigtausend Iraner unterstützten auf den Facebook-Seiten der Imam-Ali-Gesellschaft den Slogan »Gib Reyhaneh das Leben zurück«. Tausende machten das »Save-Reyhaneh«-Symbol zu ihrem persönlichen Profilbild. Eine Fußballmannschaft von Straßenkindern appellierte mit einem Lied an die Witwe.

Alles blieb vergeblich.

Hinrichtungen von Frauen sind in Iran selten. Im Fall Reyhaneh verschob die Justiz unter dem Eindruck der Kampagne mehrfach den Termin der Exekution; ein Gnadenakt wäre ihr wohl recht gewesen. Aus Sicht des Auslands wirkte alles ganz anders: Die westlichen Appelle richteten sich an den Revolutionsführer, an die Justiz, an die iranischen Botschafter. Doch das waren die falschen Adressaten. Laut Gesetz kann selbst der Revolutionsführer in einem Vergeltungsfall nicht begnadigen, solange die Opferfamilie nicht verzeiht. Wer Iran ausschließlich als Unrechtsstaat betrachtet, sieht einen allmächtigen Führer, der die Entscheidung hätte an sich reißen können – zumal die Familie des Getöteten regimenah war, mit dem Geheimdienst verbandelt. Aber Iran ist komplizierter.

Politische Häftlinge werden oft heimlich exekutiert, ohne Wissen ihrer Familien. Bei den zivilen Vergeltungsfällen wird die Verwandtschaft hingegen eine Weile vor dem anberaumten Termin benachrichtigt: damit sie einen letzten Versuch unternehmen kann, die Angehörigen des Opfers umzustimmen. Kommt es zur Exekution, muss ein Vertreter der Opferseite anwesend sein, denn der Staat handelt ja in ihrem Auftrag. Die Angehörigen haben sogar das Recht, den Stuhl umzustoßen, auf dem der Delinquent unter dem Galgen steht.

Wenn ein Sohn oder eine Tochter ermordet wurde, entscheidet vom Gesetz her der Vater über einen Gnadenakt. Tatsächlich liegt das letzte Wort jedoch meist bei der Mutter. Wenn ihr Schmerz so tief ist, dass Vergebung keinen Platz in ihrem Herzen hat, wird dies von der ganzen Familie akzeptiert. So war es im Fall von Samereh Alinedschad, sie kannte den Mörder ihres Sohnes persönlich und konnte ihm sieben Jahre lang nicht vergeben. Am Abend vor der Hinrichtung versammelte sich die Verwandtschaft in ihrem Haus; niemand versuchte mehr, die Mutter umzustimmen.

Und dann, am nächsten Morgen, eine dramatische Wende. Im Gefängnishof tat Frau Alinedschad etwas, das sie selbst zutiefst überraschte. Als dem Verurteilten der Strick um den Hals gelegt wurde, stieg sie die Stufen hoch zum Galgen und schlug dem jungen Mann, dessen Augen hinter einer schwarzen Binde verborgen waren, mit aller Kraft ins Gesicht. Dann bat sie darum, den Strick von seinem Hals zu entfernen.

Die Mutter des Beinahe-Gehenkten fiel ihr weinend in die Arme, warf sich dann auf den Boden, um Frau Alinedschad die Füße zu küssen, eine alte iranische Geste, um Respekt und Dankbarkeit zu bezeugen.

Sämtliche iranischen Medien verbreiteten das Bild der sich umarmenden Mütter. Frau Alinedschad, die Hausfrau aus einem Ort am Kaspischen Meer, wurde ein Star, ein Symbol der Mitmenschlichkeit. Das Bedürfnis nach Rache, sagte sie später, habe sie in jenem entscheidenden Moment endlich verlassen. »Ich bin nun im Frieden mit mir selbst.« Ihr Beispiel machte Schule; die Zahl abgesagter Hinrichtungen vermehrte sich. Mehrfach berichteten Mütter später, der tote Sohn sei ihnen im Traum erschienen und habe sie gebeten zu verzeihen.

Manchen ist das erst im allerletzten Augenblick möglich: wenn der Mensch am Galgen bereits einen Moment stranguliert wurde und halb erstickt den Tod gekostet hat.

Das Geld, welches den Akt der Gnade leichter machen soll, treiben die Leute von Imam Ali nicht nur über Facebook ein, sondern gelegentlich auch im echten Leben, auf Versammlungen. Ich hatte keinen Zugang zu einem derartigen Fundraising, konnte aber eine Videoaufnahme ansehen.

Ein Saal mit Klappstühlen, eine Bühne, dahinter ein rostroter Vorhang, die Nationalflagge und einige Poster. Auf der Bühne stehen Stühle, Angehörige von Opfern und von Tätern nehmen Platz; sie alle haben früher vergeben oder Vergebung erfahren. Ich sehe auf der Bühne auch die Blinde mit ihrem von Giftgas entstellten Gesicht.

Eine ältere Frau tritt ans Mikrofon, sie ist so klein, dass ihr blasses Gesicht kaum über das Pult ragt. »Ich bin eine Mutter, und mein Kind starb ohne Grund ...«, sie bricht ab, schließt die Augen und legt den Kopf vor Schmerz in den Nacken. »Aber ich habe verziehen.« Jemand kommt von der Seite und stützt sie. »Bebachshid«, sagt sie leise, ihre Tränen entschuldigend.

Dann wird Geld gesammelt. Die Namen der Spender und die Höhe ihrer Gabe werden verlesen, gefolgt jeweils von einem »Dank dem Allmächtigen«. Niemand im Saal ist modisch gekleidet; hier sitzen einfache Leute in konservativer Aufmachung. Die Männer tragen Grau oder Schwarz, die Frauen einen dunklen Mantel mit Kopftuch oder einen Tschador. Zum Verzeihen lassen sich eher ärmere Familien bewegen; das Geld spielt für sie eine Rolle.

Reiche Iraner öffnen den Gesandten von Imam Ali selten die Tür.

Traumata. Krieg und Isolation im kollektiven Gedächtnis

Von Teheran an den Persischen Golf zu fliegen, ähnelt einer Reise in ein anderes Land. Auf jeden Fall war es an einem milden Wintertag eine Reise in eine andere Klimazone, von trockenen zehn Grad in feuchte dreißig. Der Flug dauerte anderthalb Stunden, erst durch Wolken, dann bei klarer Sicht über die schneebedeckten Gipfel des Zagros-Gebirges. Als wir uns der Küste näherten, wurde das Land brettflach und braun. Wir folgten dem Karun-Fluss, der in den Bergen entspringt und sich dann wie ein breites Band, schwerfällige Bögen ziehend, in die Ebene legt.

Dies war Khuzestan. Der Name mag uns nicht viel sagen, doch im kollektiven Gedächtnis der Iraner ist dieses flache Land gleich dreifach von Bedeutung. Hier, im südlichen Mesopotamien, wo das Zweistromland auf den Persischen Golf trifft, sehen sie die Wiege ihrer Nation; im Altertum war hier Elam, das Vorgängerreich der Perser. 1908 stießen die Briten dann in Khuzestan auf die erste Ölquelle; noch heute ist dies die ölreichste Provinz Irans. Und schließlich das jüngste Kapitel, es tränkte Khuzestans braune Erde mit Blut: der irakisch-iranische Krieg.

Dies war Grenzgebiet; ich musste vorsichtig sein. Ausländische Besucher waren hier leicht verdächtig, Journalisten ohnehin, obwohl ich mit den besten Absichten kam. Ich wollte verstehen, warum dieser Krieg, der 1988 endete, also vor rund drei Jahrzehnten, so prägend wurde für die Weltsicht vieler Iraner. Ich wollte das Trauma verstehen, das sich damals in die Gesellschaft einschrieb, und den erstaunlichen Stolz, der gleichfalls aus diesem Krieg erwachsen ist.

Shatt al-Arab, Fluss der Araber, so nennen die Iraker den Zusammenfluss von Euphrat und Tigris. Die Iraner sagen auf Persisch *arvand rud*, schneller Fluss. An seinem südlichen Ende bildet dieses Gewässer der zwei Namen die Grenze zwischen den beiden Ländern. Um ihren Verlauf mit Gewalt zu ändern, erschien dem irakischen Diktator Saddam Hussein der September 1980 als günstiger Zeitpunkt. Die junge Islamische Republik hatte keine einsatzfähige Armee und erschöpfte sich in inneren Machtkämpfen. Saddam trat vor die Fernsehkameras und zerriss demonstrativ einen Vertrag über den Grenzverlauf, den er fünf Jahre zuvor gemeinsam mit dem Schah unterzeichnet hatte. Und natürlich, das verhehlte der Herrscher nicht, galt es zu verhindern, dass sich der Virus der Revolution ausbreitete in den arabischen Ländern der Region, die so autoritär regiert wurden wie sein eigenes.

Der Krieg begann in der Stadt Khorramshahr, dem Ziel meiner Reise. Das Zollamt im Hafen wurde als Erstes getroffen, als am Nachmittag des 22. September die Invasion mit einer Welle von Luftangriffen begann. Vier Wochen später wurde die Stadt erobert; 575 Tage bliebt sie besetzt, eine Zahl, die jeder iranische Schüler lernt. Khorramshahr wurde zur Geisterstadt, an deren zerschossene Mauern irakische Soldaten schrieben: »Wir sind gekommen, um für immer zu bleiben.« Als Khorramshahr befreit wurde, am 24. Mai 1982, bedeutete das die Wende im Krieg. Bis heute ist dieser Tag im Mai ein nationaler Feiertag mit Reden und Paraden – mythisches Khorramshahr.

Bei Nacht hatte die Heldenstadt einen Anflug von morbider Schönheit. Die Brücken über den Karun-Fluss waren illuminiert, Lichter funkelten auf dem trüben Wasser. Alte Holzkähne lagen an der Uferpromenade, Ratten huschten über die Treppen. Bei Tage sah ich, dass manche Häuser noch immer Ruinen waren, und ich hörte die Klagen. Die Bewohner von Khorramshahr fühlten sich nicht als Helden, sondern vernachlässigt. Khuzestan ist nach Teheran die reichste Provinz des Landes, aber hier war davon nichts zu sehen. Vor der Revolution war Khorramshahr ein wichtiger Hafen des Mittleren Ostens, die Stadt war wohlhabend, hatte Casinos und Nachtclubs. Die jungen Leute, mit denen ich sprach, kannten diese Ära nur vom Hörensagen, und selbst wenn sie als gute Muslime die Casinos und Nachtclubs nicht wiederhaben wollten, sprachen sie mit Nostalgie von der alten Zeit.

Mythos und Realität lagen offenkundig weit auseinander, und es schien dafür nicht unerheblich zu sein, dass die Bewohner der Grenzregion mehrheitlich Araber waren. Sie fühlten sich als Iraner, aber als Unterklasse im iranischen Haus. Wer in den Behörden der Heldenstadt eine leitende Position hatte, kam meist von außerhalb. »Die Regierung hält uns Araber nicht für zuverlässig«, hörte ich.

Das hatte nicht nur mit ethnischem Dünkel zu tun. Dieser südlichste Zipfel des alten Mesopotamien war für Teheran oftmals Anlass zur Beunruhigung, schon lange vor der irakischen Invasion. Über Jahrhunderte war Khorramshahr unter dem arabischen Namen Mohammerah ein vom Osmanischen Reich kontrollierter Handelsposten. Obwohl das Gebiet im 19. Jahrhundert Iran zugesprochen wurde, versuchten die Briten daraus nach der Entdeckung des Öls im frühen 20. Jahrhundert ein Protektorat zu machen, mit einem ihnen genehmen örtlichen Scheich an der Spitze. Erst 1924 kam die Stadt tatsächlich unter die nationale Verwaltung Irans, doch blieben ausländische Interessen weiterhin oft wirksamer als iranische.

Die kolonialen Eingriffe früherer Zeiten und die irakische Invasion waren wie zwei Schichten von Erinnerung; in einem Gebäude an der Uferpromenade kamen sie zusammen. Der einstige Sitz der britischen Ölpioniere fungierte nun als Kulturzentrum der »Heiligen Verteidigung«, so lautet das offizielle iranische Synonym für den Krieg. Aus der originalgetreu zerschossenen Fassade hingen demolierte rostige Fensterrahmen heraus; auf einem Mauersims befand sich eine kleine Statue, ein Mann mit Flügeln, wohl ein Märtyrer auf dem Weg ins Paradies. Neben dem Gebäude standen verkohlte Stümpfe von Dattelbäumen, daneben steckten alte Fahrzeuge kopfüber mit der Schnauze im Sand. Politische Kunst und Verfall waren schwer unterscheidbar.

Das Bemerkenswerteste war ein Willkommensschild, auf dem die Einwohnerzahl von Khorramshahr mit sechsunddreißig Millionen angegeben wurde. Das war zur Zeit des Kriegs die vermutete Größe der Bevölkerung Irans. Das Schild bedeutete damals: Wir alle sind Khorramshahr. Heute ist Iran mehr als doppelt so groß, aber niemand nahm das Schild weg. Es wirkte wie eine stehen gebliebene Uhr.

Selten war ein Krieg so eindeutig, so offensichtlich und unbezweifelbar ein Angriffskrieg wie die irakische Invasion. Und doch kam Iran niemand zu Hilfe.

Saddam hatte einhundertneunzigtausend Soldaten mobilisiert und machte schnelle Geländegewinne. Die Islamische Republik sammelte hastig die Reste der Armee der Schah-Zeit, trainierte die neuen Revolutionsgarden und schickte fast jeden an die Front, der sich freiwillig meldete. Darunter waren Dreizehnjährige und Achtzigjährige.

Allenfalls indirekt von Syrien unterstützt, stand Iran quasi allein gegen eine große informelle Koalition, an der sich zeitweise sechsunddreißig Länder beteiligten. Alle großen Mächte stellten sich an die Seite Iraks, jede mit ihren eigenen Gründen. Die Sowjetunion lieferte Panzer, Frankreich Kampfjets, auch China war unter den führenden Rüstungslieferanten. Von den Golfstaaten, voran Saudi-Arabien, kam das Geld; die USA assistierten mit Beratern und mit Satellitenbildern der iranischen Stellungen. Und auf amerikanischen Druck hin verkaufte kein Land Iran die dringend benötigten Ersatzteile für seine veralteten Waffen westlicher Machart.

Der Sicherheitsrat der Vereinten Nationen, den Iran wiederholt anrief, weigerte sich acht lange Kriegsjahre hindurch, die irakische Aggression beim Namen zu nennen und zu verurteilen. Das dunkelste Kapitel aber war die westliche Beihilfe zu Saddams chemischer Kriegsführung. Unternehmen aus zahlreichen Ländern, darunter die Bundesrepublik und die Niederlande, lieferten dafür Komponenten. Und wie CIA-Dokumente später belegten, leistete die USA ihre Aufklärungshilfe zur Bestimmung von Angriffszielen in vollem Wissen, dass Angriffe mit Giftgas geplant waren. Erneut rief Teheran den Sicherheitsrat an, ohne Erfolg.

Diese Lektion würden die Iraner nie vergessen: Sie hatten keine Alliierten, wenn sie mit Waffen angegriffen wurden, die seit einem halben Jahrhundert international geächtet waren.

In dieser Situation entschied die Führung der Islamischen Republik, das Nuklearprogramm wiederaufzunehmen; es hatte in der Schah-Zeit mit amerikanischer und französischer Hilfe begonnen und wurde von Khomeini zunächst aus religiösen Gründen eingestellt.

Der Chemiekrieg erreichte furchtbare Ausmaße. Es war der größte seit dem Ersten Weltkrieg, und erstmals in der Geschichte wurde Senfgas gezielt gegen Zivilisten eingesetzt. Später errang nur ein einziger Ort das Mitgefühl der Welt: Halabdscha im Irak. Dort hatte Saddam Hussein seine eigene Bevölkerung angegriffen, Kurden, die beschuldigt wurden, iranischen Soldaten beim Einmarsch geholfen zu haben. Sardascht ist hingegen ein Name, den bis heute kaum jemand im Westen je gehört hat. Eine unschuldige Kleinstadt, über der die irakische Luftwaffe an einem Tag im Juni 1987 eine ganze Serie von Giftgasbomben abwarf.

Dreißig Jahre nach Kriegsende bedürfen in Iran mehr als siebzigtausend Chemiewaffenopfer dauerhaft medizinischer Hilfe. Viele träumen davon, einmal einen tiefen Atemzug nehmen zu können. Manche schlafen aufrecht sitzend; allein die Anstrengung, sich hinzulegen und wieder aufzurichten, wäre zu viel für ihre Lungen. Sie verbringen ihr Leben neben einem Sauerstoffgerät, das jeden Atemzug mit einem pfeifenden Geräusch begleitet.

Eine andere wenig bekannte Kriegsfolge sind die Landminen. Sechzehn Millionen sollen sich noch in iranischer Erde befinden. In den Grenzprovinzen wird nach informellen Angaben im Schnitt jeden Tag ein Mensch getötet oder verstümmelt; häufig Kinder, die ihrem Ball nachjagten.

Historiker haben lange angenommen, der sogenannte Erste Golfkrieg hätte eine Million Menschen das Leben gekostet. Das war zu hoch gegriffen. Iran beziffert seine Toten heute auf etwa einhundertneunzigtausend. Gleichwohl bleibt der Krieg das herausragende und prägende Ereignis in der bisherigen Geschichte der Islamischen Republik: wegen der traumatischen außenpolitischen Isolation und wegen der massenhaften Beteiligung junger Iraner an der Landesverteidigung.

Fünf Millionen Iraner, etwa fünfzehn Prozent der damaligen Bevölkerung, waren darin involviert, davon zwei Millionen als Freiwillige der neu gegründeten Basij-Miliz. Unter den Gefallenen war jeder Dritte unter zwanzig; viele gingen von der Schulbank in den Krieg.

Vierhunderttausend der damaligen Enthusiasten sind heute Invaliden.

Von Khorramshahr aus war es nur eine halbe Stunde Fahrt zu einem der berüchtigtsten Schlachtfelder: Shalamcheh.

Die Straße verlief parallel zur Grenze, links und rechts nichts als beigebraunes Marschland. Wir nahmen einen arabischen Arbeiter mit, der per Anhalter zu einer einsam gelegenen Baustelle wollte. Er war als Neunjähriger in irakische Gefangenschaft geraten, kam erst mit fünfzehn zurück und wurde dann unter Spionageverdacht in seiner iranischen Heimat weitere sechs Jahre inhaftiert. Mein einheimischer Begleiter hörte sich diese Geschichte regungslos an; die Araber der Grenzregion kannten viele solcher Fälle.

Unser Mitfahrer war ein gläubiger Mann, er war vor Kurzem zu Fuß nach Kerbela gepilgert, vierhundertsechzig Kilometer von hier in den Irak hinein. Der Marsch findet alljährlich am vierzigsten Tag nach Aschura statt, ein Trauerritual für Imam Hussein. Millionen Schiiten, vor allem Iraker, aber auch Iraner aus den grenznahen Provinzen, wandern dann über Straßen und Autobahnen, bis die Waden hart wie Stein sind, und klopfen sich dabei auf die Brust. Entlang der Strecke bieten wohltätige Vereine Essen und Beinmassagen an. Dreizehn Tage, sagte unser Mitfahrer, sei er gelaufen, gemeinsam mit seiner Frau. Für die Pilger war Irak längst kein Feindesland mehr.

Wir parkten den Wagen am Eingang zum Schlachtfeld. Verrostete Panzer und schiefe Wachtürme standen in staubflirrender Hitze. Eine erhöhte Furt aus gestampftem Lehm führte durch eine feucht-graue Ödnis.

Wo man die Furt betrat, standen Mädchenschuhe in allen Farben, sorgsam aufgereiht. Heute war Mädchentag in Shalamcheh; die Basij-Miliz an iranischen Oberschulen organisierte Busfahrten zum Schlachtfeld, nach Geschlechtern getrennt. Die Mädchen gingen barfuß oder in Nylonstrümpfen, um die Aura des Ortes intensiver zu spüren. War das Teenagerschwärmerei oder mehr? Die Schülerinnen kamen aus Isfahan und Schiraz; sie trugen enge Jeans unter dem Tschador und fotografierten sich mit Selfie-Stangen: ich und das Schlachtfeld.

Am Ende der Furt lag die eigentliche Gedenkstätte; ein Gebäude mit türkisblauer Kuppel, das ich von Weitem für eine Moschee gehalten hatte. In der Mitte ein grün beleuchteter Schrein, einem Heiligengrab ähnlich. Er beherbergte acht Grabplatten für unbekannte Soldaten. Ihre Körperteile waren damals auf dem Gelände von Shalamcheh verstreut gewesen, keinem einzelnen Menschen mehr zuzuordnen, nur einer Schlacht. Acht Grabplatten für acht Schlachten. Auf den Steinplatten lagen Blumen und Geldscheine, die Besucher in den Schrein geworfen hatten, auch dies wie bei einem Heiligengrab. Ein Soldat lehnte mit geschlossenen Augen an der Glaseinfriedung, versunken in ein Gebet, das Gewehr über der Schulter.

Shalamcheh war eine Menschenvernichtungsmaschine. Kerbela 3, Kerbela 4, Kerbela 5 wurden die Schlachten genannt. »Dies war der gefährlichste Ort der Welt«, sagte neben mir ein Mann, der sich als Psychologieprofessor vorstellte. Er sprach mit einem Feuer, das vermutlich nur verstehen kann, wer einer solchen Hölle entronnen ist. »Ich hatte fünf Kinder, damals.«

Wo sich in einer Moschee die Gebetsnische befinden würde, nach Mekka gerichtet, war in der Gedenkstätte mit stilisierten Sandsäcken eine seltsame Kombination aus Unterstand und Altar gebaut worden. Von oben hingen Identitätsmarken von Soldaten wie Lametta herunter. Ein Veteran richtete sein Glasauge auf mich und machte mir vor, wie die Kämpfenden damals die schwarzweiß karierten Tücher benutzt hatten, die jetzt den Sandsack-Altar schmückten: zum Abschnüren des Blutes oder wenn Gedärme aus dem Leib quollen.

Dieses Stück Stoff, die *chafiyeh*, eine Variante des sogenannten Palästinensertuchs, ist in Iran ein ideologisches Symbol geworden. Es kann schwarz sein mit weißen Linien, so tragen es die Basij-Milizionäre, oder weißgrundig mit schwarzen Linien, so trägt es der Revolutionsführer bei allen Auftritten, perfekt gebügelt und gestärkt.

Das Tuch bedeutet: Der Krieg ist nicht vorbei.

Auf einem Teppich sitzend hörte eine Schulklasse den Vortrag eines Uniformierten; am Ende riefen die Mädchen mit heller Stimme mehrmals »Marg bar Amrika!«, Tod Amerika. Danach umringten sie mich neugierig und kichernd für ein Gruppenfoto; auch ihre Lehrerin gesellte sich zu mir. Als ich sie fragte, was die Ursache des Krieges gewesen sei, antwortete sie ausweichend: Sie unterrichte nicht in Geschichte. Hatte sie Angst, etwas Falsches zu sagen, vor ihren Schülerinnen, vor Aufpassern? Der Veteran mit Glasauge warf ein: »Nichts gegen das amerikanische Volk, aber dem, was die Führung sagt, kann man nicht trauen.«

Um einen Blick auf den Irak zu werfen, stiegen wir einen lehmigen Grenzwall hinauf. Ein junger Soldat, eher erschrocken vom unerwarteten Auftauchen einer Ausländerin, kramte einen zerknitterten Schreibblock aus seiner Hosentasche und versuchte sich an die Fragen zu erinnern, die man Verdächtigen stellen muss: Welche Städte haben Sie in Iran besucht?

Den Soldaten missachtend, als sei er ein lästiges Kind, winkte mich eine Araberin zu sich herüber. »Ich habe gekämpft«, sagte sie und hielt ihre Krücke wie ein Gewehr. »Ich war fünfzehn.« Sie kam jeden Tag nach Shalamcheh und posierte mit herausfordernd stolzem Blick für Besucher. Unter ihrer *aba*, dem schwarzen arabischen Gewand, sah ich für einen Moment eine breite medizinische Orthese, die den Unterleib der Veteranin stützte. Sie war keineswegs die einzige Frau, die damals bewaffnet an die Front ging. Fünftausend gelten heute als Märtyrerinnen.

Vom Grenzwall aus sahen wir in den Irak hinein, das gleiche beigebraune Land, eine Kuppel glänzte im milchigen Licht, dort begann Basra. Auf unserer Seite stand ein Schild mit der eigenartigen Aufschrift »Kerbela, just a Hello«.

Als wir das Gelände verließen, kamen uns neue Schwärme von Schülerinnen entgegen. Die Szene wirkte wie für einen Film choreografiert: Die Furt mit roten und schwarzen Fahnen beflaggt, rot für das Blut, schwarz für die Trauer, und in der Mitte Hunderte im Wind flatternde schwarze Tschadore, als käme uns eine Volksbewegung entgegen. Aber eine Bewegung für was?

Niemand in Shalamcheh hatte Saddam Hussein erwähnt. Als sei der Krieg gegen Amerika geführt worden. Am Ausgang waren auf dem Boden die Flaggen von USA und Israel aufgemalt worden, die Besucher sollten auf sie treten, sie beschmutzen.

Ich verließ das Grenzgebiet mit zwiespältigen Gefühlen. Trauma und Propaganda hatten sich verwoben. Khorramshahr und Shalamcheh standen für beides: für das Leid und für das, was daraus gemacht wurde; für die Erinnerung und für die Front, zu der die Erinnerung geworden war. Gab es für mich, eine westliche Beobachterin, dabei eine neutrale Position?

Die lange Geschichte kolonialer Einflussnahme

Wie der Krieg das Weltbild der Iraner beeinflusst hat, die Innenpolitik und die Außenpolitik, das ist nicht zu verstehen, ohne Irans frühere Geschichte zu kennen. Die Erfahrung, wie sein Territorium, seine Souveränität unter dem Beifall der großen Mächte verletzt wurde, war wie ein Flashback, es aktualisierte eine ganze Kette von Vorerfahrungen.

Iran war nie als Ganzes kolonisiert, aber lange ein Spielball kolonialer Machtpolitik, zeitweise besetzt, dauerhaft bevormundet und bis zur Revolution von 1979 niemals wirklich unabhängig. Der Persische Golf ist dafür ein frühes Beispiel.

Im Jahr 1514/15 erobern die Portugiesen die kleine Insel Hormuz an der Einfahrt zum Persischen Golf, errichten dort eine Festung und kontrollieren so einhundert Jahre lang den Seehandel im Indischen Ozean. Die Straße von Hormuz ist auch heutzutage von strategischer Bedeutung, eine von Öltankern befahrene Meerenge. Gegenüber der Insel liegt die Stadt Bandar Abbas, seit dem Altertum ein persischer Hafen; der heutige Name, wörtlich »Hafen von Abbas«, verweist auf die nächste Etappe kolonialer Geschichte: Schah Abbas erobert die Stadt 1614 endlich zurück, am Ende des Jahrhunderts portugiesischer Vormacht, doch gelingt ihm das nur mit Hilfe einer anderen Kolonialmacht, nämlich dank einer Flotte der britischen East India Company. Fortan konkurrieren Briten und Holländer um die Vorherrschaft im Persischen Golf, bis sich der Kampf Ende des 17. Jahrhunderts zugunsten der Briten entscheidet.

Sie werden Iran noch lange im Nacken sitzen.

Die Zeit purer Handelsinteressen ist bald vorbei; nun beginnt das »Great Game«: Großbritannien und das zaristische Russland ringen um den Einfluss in Zentralasien. Und Iran ist immer betroffen, wegen seiner Größe und seiner geografischen Lage, die Zentralasien mit dem Mittleren und Nahen Osten verbindet. Ein Kreuzweg der Welt, einst für Wanderungsbewegungen und Zivilisationen, nun für Machtinteressen. 1856, im Anglo-Persischen Krieg, erzwingen die Briten durch eine Invasion im Süden, vom Persischen Golf her, dass Iran im Norden Gebiete abtritt, nahe der Stadt Herat im heutigen Afghanistan. Die Briten wollen dort eine ihnen wohlgesinnte Pufferzone, um den russischen Einfluss Richtung Indien einzudämmen.

Großbritanniens Sorge um seine indische Kronkolonie wird nun für fast ein weiteres Jahrhundert zur Triebkraft im kolonialen Schachspiel, zum Motor von Kriegen und Grenzziehungen. Und Iran grenzt an Indien, noch ist Pakistan nicht geschaffen.

Das 20. Jahrhundert beginnt für die Iraner mit einem Stakkato an Souveränitätsverletzungen. Zweimal tragen sie den Charakter einer britisch-russischen Doppelbesetzung. Zunächst ab 1907, als in Iran gerade mit der Konstitutionellen Revolution das erste Parlament erkämpft worden ist. Vordergründig besorgt um die Stabilität des neuen Systems, schließen Großbritannien und Russland einen Vertrag zur Aufteilung Irans in drei Zonen, gemäß ihren jeweiligen Interessen: eine nördliche russische Zone, eine britische südliche und eine neutrale Pufferzone in der Mitte. Als sich das Parlament nicht gefügig zeigt, marschieren russische Truppen auf Teheran; die Errungenschaften der Verfassungsrevolution werden mit Hilfe beider Besatzungsmächte rückgängig gemacht.

Der Amerikaner William Morgan Shuster, den Iran als Schatzkanzler gerufen hat, damit er als neutraler Experte bei der Ordnung der Finanzen hilft, wird gegen den Willen des Parlaments ausgewiesen. In seinem Tagebuch, das unter dem Titel ›Strangling of Persia‹ erscheint, schreibt Shuster: «Die Verfassungskämpfer eines modernen Persien werden nicht vergebens gekämpft haben und in vielen Fällen gestorben sein, wenn die Zerstörung persischer Souveränität das Bewusstsein der zivilisierten Welt dafür schärft, welches internationale Banditentum die Weltpolitik des Jahres 1911 prägt.«

Zwischenzeitlich, 1908, haben die Briten in Khuzestan Öl gefunden; ein weiterer mächtiger Grund, die iranische Politik unter ihrem Einfluss zu halten.

Nach Ausbruch des Ersten Weltkriegs ignoriert Großbritannien ebenso wie Russland Irans Wunsch, neutral zu bleiben; von iranischem Boden aus wird Krieg gegen das Osmanische Reich geführt. Vom Persischen Golf her marschieren erneut britische Truppen ein, greifen das Gebiet an, das heute Irak heißt. Die Auflösung des Osmanischen Reichs ist absehbar; 1915 wird der Nahe Osten am Reißbrett aufgeteilt, es werden Staaten und Grenzen auf Papier gemalt, Irak, Syrien, Libanon, Jordanien, Palästina, und es wird jene Ordnung geschaffen, die heute, hundert Jahre später, im Zerfall begriffen ist.

Iran kommt kaum zum Atemholen.

1921 unterstützt London den Putsch des Kavallerie-Offiziers Reza Khan gegen die letzte Qadscharen-Regierung: Nach der Oktoberrevolution in Russland erscheint es den Briten zu heikel, noch länger auf ein abgewirtschaftetes Königshaus zu vertrauen, um ihren Zugang nach Indien zu sichern. Reza, der autoritäre Modernisierer, ist da zuverlässiger – bis zur nächsten Wendung der Geschichte. Im August 1941 marschieren britische und sowjetische Truppen in Iran ein, zwingen Schah Reza abzudanken, denn aus Sicht der Alliierten ist er dem nationalsozialistischen Deutschland zu freundlich gesinnt.

Tatsächlich hatte Reza durch die Annäherung an Berlin den Einfluss von London und Moskau auf Iran eindämmen wollen; nun wird er von ebenjenen Mächten zum Rücktritt gezwungen, zugunsten seines Sohnes Mohammed Reza, des schwachen letzten Vertreters der Monarchie.

Wie im Ersten Weltkrieg wird Irans Wunsch, neutral zu bleiben, auch im Zweiten Weltkrieg ignoriert. Erneut marschieren die Briten vom Persischen Golf her ein, errichten gegen iranisches Veto eine Militärbasis.

Die Doppelbesetzung durch sowjetische und britische Truppen soll einen Korridor für den Transport westlichen Kriegsmaterials in die Sowjetunion sichern. Doch bald entwickelt sich auf iranischer Erde die Generalprobe für die nächste große Konfrontation – der Kalte Krieg und das Öl. Iran will bis zum Abzug aller ausländischen Truppen keine neuen Förderlizenzen vergeben. Stalin drängt auf unbegrenzte Präsenz seiner Truppen in Nordiran; so kippen die Verhandlungen ums Öl zugunsten der USA, denen die Iraner ohnehin wohlgesinnt sind – William Morgan Shuster ist unvergessen.

Binnen Kurzem zeigt sich, wie wenig die nationalen Interessen Irans auch in der Nachkriegs-Weltordnung zählen. Der Versuch von Premierminister Mohammed Mossadegh, die Anglo-Iranian Oil Company gemäß einem Beschluss des Parlaments zu verstaatlichen, löst ein Embargo durch sämtliche westliche Ölgesellschaften aus und endet in einem Staatsstreich, bei dem die Geheimdienste von USA und Großbritannien die Fäden ziehen. Eine traumatische Erfahrung, die sich vielen Iranern ebenso tief ins Gedächtnis einschreibt wie später die Isolation im Moment des irakischen Angriffs. Die westlichen Medien verhöhnen den eloquenten Mossadegh als gefährlichen Spinner, als übergeschnappten Feind der freien Welt.

Für die Beteiligung am Öl wird später ein Kompromiss gefunden, doch der Putsch hat die kurze Phase einer progressiven, nationalliberalen Politik beendet, zugunsten einer restaurierten Schah-Herrschaft am Zügel der USA. Großzügig mit Militärhilfe ausgestattet, soll Iran nun erneut fremde Interessen vertreten: als Bollwerk des Westens an der Südgrenze der Sowjetunion und als »Polizist am Golf« in der arabischen Welt. Wie das ausgeht, ist bekannt.

Doch der Fluch kolonialen Denkens, die Welt in Einflussbereiche und Pufferzonen aufzuteilen, ist nach 1979 nicht gebannt. Um den Geist der Revolution einzudämmen und Iran zu isolieren, nährt die westliche Politik nun zwei Ungeheuer: eines im Westen Irans, Saddam Hussein und seinen aggressiven Nationalismus; das andere im Osten, die Taliban und ihren sunnitischen Extremismus. Auch hier ist bekannt, wie alles ausgeht. Die Dämonen wenden sich gegen ihre westlichen Förderer, werden mit westlichen Invasionen bekämpft, und diese Invasionen erzeugen neue Dämonen.

Die Geschichte der vergangenen zwei Jahrhunderte gibt den Iranern wenig Anlass, dem Westen zu vertrauen. Das gilt gerade auch für jene, die sich westlichem Denken und westlicher Kultur verbunden fühlten; sie wurden am ärgsten enttäuscht. Die Ältesten haben noch die Besatzung im Zweiten Weltkrieg erlebt, dann den Sturz ihres geliebten Premierministers, dann die Bombardierung ihrer Städte durch Saddam und schließlich die Sanktionen, aufgrund derer sie nicht einmal mehr ihre gewohnten deutschen Augentropfen erhielten.

Dies alles also ist die Folie, die dem Iran-Irak-Krieg seine besondere Bedeutung verleiht. Dieser Krieg war, soweit die Erinnerung der Iraner zurückreicht, der erste, bei dem sie keine Gebiete verloren haben. Und obwohl er so reich an menschlichem Verlust war, empfinden ihn viele Iraner als Akt nationaler Selbstbestätigung.

Ich sprach darüber mit einem Teheraner Freund. Ramin arbeitete als Journalist und Sozialforscher; er war als links eingestellter Abiturient in den Krieg gegangen und wahrte auch heute kritische Distanz zum Regime. »Wir wurden während des Kriegs zu einer Generation«, sagte er. »Es kamen Iraner aus allen Regionen und aus allen sozialen Schichten zusammen, und wir empfanden uns zum ersten Mal alle als gleichberechtigte Bürger. Die Kriegserfahrung ist bis heute ein integratives Element, sie wurde ein Teil von Nation-Building, und sie hält uns zusammen.«

Ramin hatte sich aus Patriotismus zunächst als Freiwilliger gemeldet, wurde aber nicht genommen, weil er im Komitee, das die Bewerber registrierte, als Linker bekannt war. Später, mit 19, meldete er sich zum regulären Militärdienst. Inzwischen wurden die Linken verfolgt, und Ramin wollte, wie er mit einem selbstironischen Lächeln sagte, »lieber heroisch an der Front sterben als jämmerlich im Gefängnis«.

Nicht die Rekruten, unter denen er sich befand, sondern Freiwillige und Revolutionsgardisten drängten damals in die gefährlichsten Abschnitte der Front. Ramin erinnerte sich, wie junge Freiwillige Streichhölzer zogen, um die Frage zu klären, wer zuerst in ein Minenfeld ging. »Wer das längere Streichholz zog, durfte gehen.« War das Fanatismus, Todessehnsucht? »Die Atmosphäre war viel weniger religiös als später dargestellt«, antwortete Ramin. Die jungen Leute, die sich damals an die Front meldeten, hatten ihre Schulzeit im westlich ausgerichteten Bildungssystem der Schah-Zeit verbracht. Sie kämpften nun für etwas, das größer war als sie selbst – aber das war nicht unbedingt die Religion. Oder man könnte sagen: Ihre Religion hieß Iran.

Unter den Gefallenen waren auch Juden und Christen. Sie werden wie Muslime vom Staat als Märtyrer bezeichnet, und in jüngster Zeit wurden Mahnmale geschaffen, um sie zu ehren.

Manchmal kommt es mir vor, als sei die Zeit des Kriegs wie ein Spiegel, in dem Iraner ihr besseres Selbst zu erkennen glauben. Viele Erzählungen handeln von Hingabe und Selbstlosigkeit, von Kämpfern, die sich auf den Stacheldraht legten, damit andere ihn unverletzt überwinden konnten. Als die Überlebenden nach dem Krieg ins zivile Leben zurückkehrten, wurden sie gewahr, dass sich die Gesellschaft von dem Idealismus und den Werten, für die sie zu kämpfen glaubten, abgewandt hatte. Darunter litten besonders jene, die der Krieg für immer gezeichnet hatte.

Hassan Hassani-Sadi lernte ich bei einer Diskussion mit Opfern der chemischen Kriegsführung kennen. Seine halbblinden Augen tränten beständig. »Wir hatten als Kinder die Revolution gesehen und wurden deshalb zu schnell erwachsen«, sagte er. »Mit 16 ging ich in den Krieg. Ich war zu jung, um zu verstehen, was Krieg bedeutete. Mein Bruder erzählte mir, wir würden gebraucht. Also meldete ich mich.« Das Senfgas verbrannte seine Lungen und nahm ihm das Augenlicht. Später wurde seine Netzhaut acht Mal operiert, das Leben von Hassani-Sadi teilte sich in Phasen, während derer er mit einem Auge ein wenig sehen konnte, und in Phasen völliger Dunkelheit. Mehr noch als nach gesunden Augen sehnte er sich nach etwas anderem: »Es gab damals eine Ehrlichkeit zwischen uns Jungs, eine Reinheit. Danach habe ich große Sehnsucht.«

Der Krieg hat die Iraner geeint, aber er wurde auch zum Werkzeug bitterer Spaltungen.

Revolutionsgardisten und Basij-Milizionäre kehrten von der Front mit einem verhängnisvollen Machtanspruch zurück. Sie sahen sich durch ihr Opfer quasi geheiligt, empfanden sich als moralische Autorität, deren Aufgabe es sei, die Revolution gegen alles zu verteidigen, was sie selbst als Bedrohung definierten.

Und sie erklärten sogar die Kriegstoten zu ihrem Besitz.

Der Märtyrerkult wurde zu einem Herrschaftsinstrument, dessen plakativer, sichtbarer Teil vielleicht noch der harmlosere war: Zahllose Straßen, Plätze, U-Bahn-Stationen wurden nach Gefallenen benannt und Hauswände drei Stockwerke hoch mit ihren fotografisch genauen Porträts bemalt. Entscheidender war der Märtyrerkult als Ideologie. Indem er den Bogen schlug zwischen den realen Toten des 20. Jahrhunderts und der Tragödie von Kerbela im siebten Jahrhundert verlieh sich der Machtapparat der Islamischen Republik eine religiös-militärische Legitimierung – zulasten aller anderen Elemente in Irans hybridem System, zulasten der demokratischen, republikanischen Anteile, aber auch zulasten der traditionellen Geistlichkeit.

Man könnte es als einen zweiten Akt der Enteignung bezeichnen: So wie zuvor die Revolution den Vielen, den Namenlosen und den Apothekern aus der Hand genommen wurde, geriet nun auch der Krieg, die große nationale Anstrengung, in den Besitz einer herrschenden Minderheit. Die »Stiftung der Märtyrer und Kriegsinvaliden« zählt heute zu den mächtigsten Komplexen im Staatsgefüge, ein Imperium mit mehreren Hundert Unternehmen.

Während der Amtszeit des Reformpräsidenten Mohammad Khatami (1997–2005) zeigte sich erstmals, dass ein wachsender Teil der Gesellschaft von der Kriegsrhetorik nichts mehr wissen wollte. Als die Basij-Miliz damals Studentenheime überfiel, war das nicht nur eine brutal ausgetragene politische Kontroverse. Die Milizionäre reaktivierten die Gewalt, die sie selbst im Krieg erfahren hatten, und sie taten es nicht zufällig in jenem Moment, als sie ihr Opfer nicht mehr angemessen gewürdigt sahen. Der Name Basij bedeutet in seiner persischen Langfassung *sazman-e basij-e mostaz'afin* »Organisation zur Mobilisierung der Unterdrückten«; sie wurden zu Beginn aus den unterprivilegierten Schichten rekrutiert und nun selbst zum Arm von Unterdrückung.

Mit dem Präsidenten Mahmud Ahmadinedschad kam diese Gattung Kriegsheimkehrer quasi an die Macht. Nun wurden symbolische Märtyrergräber sogar auf dem Campus der Universität angelegt, eine Siegerpose. So nachteilig die Ahmadinedschad-Zeit von vielen Iranern empfunden wurde: Sie hat ein Gewaltpotenzial

Aschura in Isfahan

Muharram in Schiraz, kostenlose Ausgabe heißer Milch

Muharram, auch Autos werden mit dem Porträt von Hussein geschmückt

Muharram, Kind bei Ali-Asghar-Zeremonie

Muharram, dörfliche Prozession mit Fotos von Soldaten,
die im Iran-Irak-Krieg gefallen sind

Besucher vor dem Grab von Kyros dem Großen

Grabturm Gonbad-e Ali, 11. Jahrhundert

Qazvin, Kaufmann in seinem Laden

Herrenhaus in Kaschan, Darstellung aus dem 19. Jahrhundert

Jüdischer Friedhof in Teheran

Anhängerinnen der Grünen Bewegung, 2009

Khomeini

Shalamcheh, Schülerinnen auf dem Gelände der Gedenkstätte für Märtyrer des Iran-Irak-Kriegs

Mit Facebook-Events gegen Hinrichtungen; ehrenamtliche Mitarbeiter der Imam-Ali-Gesellschaft

Moschee in Schiraz, Fliese mit Darstellung einer christlichen Kirche

Landarbeiter in der Provinz Fars

Kurdistan, Mädchenklasse mit Autorin

Ausflugspark in Kurdistan

Am Ortsrand von Nain

Neujahrsfigur Haji Firuz

Fatemeh Sadeghi

Teppichknüpferinnen in einer Fabrik

Teheran, Wandbild

Auf der Tabiat-Brücke in Teheran

Teherans jüngster Bezirk: Apartmentblöcke am künstlichen See

eingebunden, das sonst womöglich geputscht hätte. Das Vermächtnis dieser Zeit ist allerdings ein weiterer Machtzuwachs der Revolutionsgarden; sie bilden einen militärisch-industriellen Komplex, der aggressiv seine Interessen verteidigt – und zu diesem Zweck eine Atmosphäre von ewigem Krieg aufrechterhält, die »Widerstandskultur« genannt wird.

Es ist nicht alles falsch an diesem Begriff. Der Westen hat seinen indirekten Krieg gegen Iran lange weitergeführt, und aus den USA wurde mehrfach mit direktem Krieg gedroht. Meine iranischen Freunde lebten immer wieder in latenter Angst, dies könne tatsächlich geschehen. Ohne eine derartige Politik des Westens wäre es dem Regime schwergefallen, eine Ideologie zu schaffen, die das Land im nervösen Zustand ständiger Kampfbereitschaft halten soll. Und wie immer in der Weltgeschichte lenkt ein äußerer Feind davon ab, für eine bessere Ordnung im eigenen Haus zu sorgen: Die Suggestion ständiger Bedrohung soll gerade die Ärmeren einbinden, deren Hoffnung auf soziale Gerechtigkeit durch die Revolution nicht erfüllt wurde.

Es ist schwer zu sagen, wo genau die Trennlinie verläuft zwischen der berechtigten Sorge um Irans Souveränität einerseits und Paranoia und geschürtem Verfolgungswahn andererseits. Überall ausländische Intriganten zu wittern, ist nicht nur ein herausstechender Zug des Regimes; Briten zu verdächtigen gilt als alter Volkssport unter Iranern, über den sie sich selbst amüsieren mit einem geflügelten Wort, das der Serienheld einer Komödie der 1970er-Jahre, »Onkel Napoleon«, ständig im Mund führte: *Kar, kar-e engilissihast*, »Daran ist der Engländer schuld!«. Er kann auch am Scheitern einer Ehe schuld sein.

Die Hardliner in Justiz und Sicherheitsbehörden kreieren wiederum systematisch ausländische Infiltranten, indem sie zum Beispiel Iraner mit ausländischen Pässen unter politischen Generalverdacht stellen. An den Anhängern der Baha'i-Religion zeigt sich, dass das Ausländischmachen eines vermeintlichen Gegners älter ist als die Islamische Republik: Früher galten Baha'i als russische Agenten; heute gereicht ihnen zum Verhängnis, dass sich ihre Weltzentrale im israelischen Haifa befindet.

Auf der anderen Seite ist die Angst, in erneute Abhängigkeit von einer Großmacht zu geraten, eine ernsthafte Größe, bis in militärstrategische Debatten hinein. Artikel 146 der Verfassung verbietet »die Einrichtung jeglicher ausländischen Militärbasen in Iran, und sei es für friedliche Zwecke«. Als die Regierung im Rahmen des Syrienkriegs einmal russischen Kampfflugzeugen erlaubte, von einem iranischen Luftwaffenstützpunkt zu starten, zeigten die alarmierten Reaktionen im Parlament und in der Bevölkerung: Der Patriotismus von heute ist dem Slogan »Weder Ost noch West« aus den Tagen der Revolution noch ähnlich.

Solange allerdings mächtige Kreise der Islamischen Republik überzeugt sind, dass sie die Kriegsrhetorik für den Erhalt ihrer Macht brauchen, wird Historikern in Iran eine kritische Aufarbeitung des realen Kriegs gegen den Irak verwehrt sein. Hätte er nicht bald nach der Befreiung von Khorramshahr beendet werden können? Im Juni 1982 waren Iraks Truppen von iranischem Boden vertrieben; Saddam Hussein bot einen Waffenstillstand an. Viele Iraner denken heute, ihr Land hätte damals Frieden schließen sollen. Doch Khomeini war erst sechs Jahre später bereit, den »Giftkelch« einer Einigung zu akzeptieren.

Dass für Khomeinis Sturheit (oder weil er den Krieg zur eigenen Machtsicherung brauchte), so viele junge Iraner gestorben sind, darf bis heute nicht offen ausgesprochen werden. Da verläuft, was in Iran »eine rote Linie« genannt wird. Und selbst das stille Nachdenken darüber ist schmerzlich für alle jene, die den Gründungsvater der Republik weiter in Ehren halten möchten.

Am frühen Morgen eines Werktags war es still auf dem Teheraner Friedhof Behesht-e Zahra, einem der größten Friedhöfe der Welt. An seinem Eingang stehen zwei tröstende Sätze aus dem Koran:

»Denkt nicht, dass jene, die auf dem Weg Gottes gefallen sind, tot seien. Sie leben bei Gott, und er sorgt gut für sie.« Ein Teil des Friedhofs ist den Toten des Iran-Irak-Kriegs vorbehalten. Auf vielen Gräbern steht eine Glasvitrine mit Fotos und Utensilien, die von der Liebe und der religiösen Inbrunst der Angehörigen zeugen.

Ein alter Mann in abgetragenem Jackett, die Hose auf den Schuhen hängend, hielt mir in der Morgensonne eine Pappschachtel mit ein paar Datteln hin, eine Geste der Trauer um einen Verstorbenen. Am Grab stand die Schwester des Toten, sie lud mich ein, auf einer kleinen Steinbank Platz zu nehmen, dann las sie mir die Leviten: die Unterstützung des Westens für Saddam Hussein, der deutsche Beitrag zu seinen Chemiewaffen.

Der Tote, ein Lehrer, starb im sechsten Kriegsjahr, in der unglückseligen Verlängerungsphase, und hinterließ zwei kleine Kinder, ihre Fotos sah ich im Schaukasten des Grabs. »Denken Sie bitte nicht, dass sein Tod schlimm ist für uns«, sagte die Schwester. »Wir sind glücklich, dass er zum Märtyrer wurde.« Niemand hatte diese Familie ausgesucht für das Gespräch mit einer Ausländerin; es war eine Zufallsbegegnung.

Der alte Mann hatte mir zur Dattel ein Bildchen geschenkt, es zeigte Khomeini und einen Lichtstrahl, der in eine Höhle fiel. Die Aufschrift lautete *moraghebeh dar khalwat*, sinngemäß: Beschützer in der Einsamkeit.

Es gibt eine Front der Erinnerung, sie reicht vom Regime bis hinein in einen Teil der Märtyrerfamilien. Und es gibt eine zerklüftete Landschaft von Erinnern; der Krieg und der Terror jener Zeit trieben manchen ins Exil, zerrissen Familien auf Dauer. Was aber nahezu alle Iraner verbindet, in der Gegenwart und womöglich auch in Zukunft, ist der Satz: Wir standen allein.

Es hat sich tief in Irans kollektives Gedächtnis eingegraben, dass Saddam Hussein erst gestürzt und gerichtet wurde, als er dem Westen nicht mehr zupass war. Die Regierungen jener Länder, die ihm Komponenten für seine C-Waffen lieferten, haben sich bei Iran nie entschuldigt. Stattdessen bevormundete der Westen Iran wegen seines Nuklearprogramms – als hätte es für dessen Wiederaufnahme keinen politischen Kontext gegeben. Was im Krieg geschah, das bleibt eine »verweigerte Wahrheit«, wie es ein iranischer Buchtitel ausdrückt, und die internationale Politik misst aus Sicht der Iraner weiter mit zweierlei Maß.

Javad Zarif, der als Außenminister die Nuklearverhandlungen führte, errang eine so hohe Popularität, weil er diesem verbreiteten Gefühl eine Stimme verlieh, die scharf war, aber nicht revanchistisch.

»Vielleicht hat der Westen das alles vergessen, aber unser Volk hat es nicht vergessen. Unsere Leute erinnern sich, wie die Raketen auf uns niederregneten und wir keinerlei Mittel der modernen Verteidigung hatten. Wir bettelten darum, wir bettelten, und wir bekamen nichts. Und das wird uns niemals, niemals wieder passieren.« Zarif wies mit diesen Worten die US-amerikanische Kritik an einem neuen iranischen Raketenprogramm zurück.

Eine Mittelstreckenrakete eigener Entwicklung bekam den Namen des Schlachtfelds, das ich besucht hatte: Shalamcheh.

In jüngerer Zeit, mit wachsender Distanz zum Krieg, zeigt sich eine neue Vielfalt der Erinnerungskulturen. Manche tragen eine nationale, andere eine persönliche und humanistische Handschrift. Im Teheraner »Haus der Künstler« fiel mir ein Bildband in die Hände, der 2015 mit Hilfe des Roten Kreuzes erschien. Der Fotograf Mehdi Monem war fünf Jahre für die staatliche Nachrichtenagentur IRNA an der Front und besuchte in den folgenden Jahrzehnten immer wieder die Kriegsversehrten. Dies war bereits sein zweiter Band ›War Victims‹. Monems Arbeiten nahmen mich sofort gefangen, wegen ihrer respektvollen und durchaus islamischen Bildsprache.

Frauen, die eine Beinprothese trugen, nahmen sie für den Fotografen in den Arm, da es unwürdig gewesen wäre, dafür den

Tschador hochzuziehen. In anderen Fällen benutzte Monem Vorhänge, Spiegelungen oder Bildausschnitte, um Versehrten ihre Intimität zu lassen. Mütter hielten ein Kind, und dabei war von ihnen nur ein Armstumpf zu sehen oder eine künstliche Hand.

Um weibliche Würde in einer Extremsituation ging es auch in dem Memoirenband ›Da. Djang yek zan‹, ›Der Krieg einer Frau‹. Zahra Hosseini, Jahrgang 1963, eine iranische Kurdin, erzählt vom Krieg, wie es gewöhnlich nur Männer tun: Sie selbst und ihre Unerschrockenheit stehen 686 Seiten hindurch im Mittelpunkt. Vom ersten Kriegstag an, da ist sie sechzehn, wäscht sie in Khorramshahr die Leichen, pflegt Verwundete, drängt dann an die Front, nimmt an Gefechten teil, wird schwer verwundet. Sie ist eine Seyyedeh, eine Nachfahrin des Propheten, und bezieht aus diesem Umstand eine geradezu aristokratische Leidensbereitschaft.

Nie verzichtet sie auf ihren Tschador, zieht ihn nur einmal aus, in einer Schlüsselszene: Als sie an der Front einen Gefallenen bergen will, dessen Körper schon zu verwesen beginnt, weigern sich ihre männlichen Helfer, die Leiche anzufassen. Als Zugeständnis an die Schwäche der Männer zieht sie ihren Tschador aus und hüllt damit die Leiche ein.

Jede schiitische Leserin erkennt an dieser Stelle eine Parallele zur Legende von Zeinab: In der Wüste von Kerbela gehen die Frauen über das Schlachtfeld und sammeln die abgetrennten Gliedmaßen der Getöteten ein. ›Der Krieg einer Frau‹ wurde ein Beststeller und errang Irans höchstdotierten Literaturpreis.

Als der Irak im Sommer 2015 dem einstigen Kriegsgegner die Gebeine von einhundertfünfundsiebzig Kampftauchern übergab, wurde aus der Anteilnahme ein nationales Großereignis. Ein Beerdigungszug, der die mit Flaggen drapierten Särge durch Teheran begleitete, wurde von örtlichen Medien auf über eine Million Menschen geschätzt. Die meisten waren jung, Nachkriegsgeborene, und viele von ihnen hatten kurz zuvor auf denselben Straßen die internationale Einigung im Nuklearstreit gefeiert.

Beim Hochamt für die Kampftaucher wollte jeder dabei sein, von den Hardlinern der Basij-Miliz bis zu regimekritischen Cineasten. Eine Reformer-Zeitung schrieb über die Beerdigung: »Märtyrer-Taucher in einem Meer von Tränen«. In den sozialen Medien kursierte ein vermutlich letztes Bild der Gefangenen; sie waren angeblich mit verbundenen Händen lebendig begraben worden. Ein schwarzweißes Emblem, nur die Zahl einhundertfünfundsiebzig zeigend, avancierte zum nationalen Symbol, sogar bei den »rich kids«, die auf Instagram sonst nur Sportwagen und schöne Körper ausstellen.

Was der Krieg für den künftigen Iran bedeuten kann, zeigen zwei Museen in Teheran. Sie stehen, ohne vollends gegensätzlich zu sein, für zwei Optionen, mit Traumata und Erinnerung umzugehen: nationalistisch oder universalistisch.

Das »Museum der Heiligen Verteidigung und der Förderung der Widerstandskultur« ist der Schlussstein der staatlichen Kriegsikonografie. Ein gewaltiger Komplex im nördlichen Teheran, gebaut, um eine Jugend zu beindrucken, die den Krieg nicht kennengelernt hat und blutverschmierten Tüchern nicht mehr viel abgewinnen kann. Alles hier ist groß, clean und Hightech. Draußen stehen Panzer und ballistische Raketen; bei Nacht soll die Lasershow über einem künstlichen See »aufregende« Marineoperationen vergegenwärtigen. Mit fünfundvierzigtausend Quadratmetern Ausstellungsfläche will das Museum »das fünfgrößte der Welt« sein; eine Landkarte erinnert an die einstige Ausdehnung des Persischen Reiches.

Die Märtyrer-Museen alter Art hatten noch persönliche Dinge ausgestellt, Brillen, Bücher, Taschentücher. Hier geht es nicht mehr um Individuen, sondern um das Kollektiv: eine religiös inspirierte Nation. Die »Heilige Verteidigung« begann nicht 1980, sondern mit Imam Hussein und Zeinab, sie ging weiter mit den Kämpfen um Unabhängigkeit im 20. Jahrhundert, und sie ist heute nicht zu Ende. Konkrete Informationen zum Iran-Irak-

Krieg werden kaum vermittelt; eher sollen die Besucher, das sind vor allem Schulklassen und Jungmilizionäre, durch sensorische Eindrücke gefesselt werden. Ein Bombensimulator vermittelt den Horror in einem fiktiven Stadtviertel. Von einem eiskalten Bunker (kurdische Berge) wechselt man in einen feuchtheißen (Persischer Golf). Eine schwankende Pontonbrücke, wie sie bei Shalamcheh durch das braune Schwemmland führte, wurde aus Edelstahl nachgebaut.

Ausländische Besucher bekommen junge Guides zur Seite, Männer wie Frauen, mit selbstbewusstem Auftreten, gutem Englisch und effizientem Zeitmanagement. Sie repräsentieren gleichsam den Geist des Ortes, die Fortschrittlichkeit der iranischen Nation. Zur dargestellten Widerstandskultur zählt auch dies: ein Atomkraftwerk, ein Satellit, eine Radaranlage, operierende Ärzte.

Am Ausgang eine Replik der Moschee von Khorramshahr; die Heldenstadt darf nicht fehlen. Eine Multimediashow visualisiert Zerstörung und Wiederaufbau. Von etwas derart Schickem kann das echte Khorramshahr nur träumen.

Ein älterer Taxifahrer, der mich in der Nähe des Museums aufnahm, sagte ungefragt: »Krieg ist nicht gut.« Es war seine Art, mir zu verstehen zu geben, dass ihm allein schon die Größe dieses Komplexes verdächtig erschien.

Vom Norden mit seinen Stadtautobahnen nach Süden, ins alte Zentrum von Teheran. Das Peace-Museum steht im Stadtpark; Frauen drehen dort Runden auf rot lackierten Leihfahrrädern, und Rentner spielen in fadenscheinig gewordenen Rippenhemden Tischtennis. Das Museum ist ein bescheidener Bungalow; vor dem Eingang ein steinerner Helm, auf dem eine Taube sitzt, und eine kalligrafische Skulptur mit dem persischen Wort für Frieden.

Als ich den Bungalow vor einigen Jahren zum ersten Mal betrat, handelte es sich um eine Begegnungsstätte von Überlebenden der Giftgasangriffe; sie hatten sich in der »Society for Chemical Weapons Victims Support« organisiert, einer NGO. Die treibende

Kraft dahinter war der Arzt Shahriar Khateri, ein schmaler, agiler Mann, dem ich nicht ansah, dass er selbst ein Versehrter war. Er hatte sich als Schüler an die Front gemeldet und geriet mehrfach in die Nähe chemischer Angriffe. Später studierte er Medizin und befasste sich mit den Folgen chemischer Kriegsführung.

Vor anderthalb Jahrzehnten erlebte Khateri auf einer Tagung in der Schweiz, wie wenig selbst die internationale Expertenwelt über das Leid der iranischen C-Waffen-Opfer wusste. »Aber es gab Interesse, mit uns zu arbeiten«, erzählte mir Khateri, »auch in der Forschung. Weil es für die Regierung aufgrund ihrer Isolation schwierig war, internationale Beziehungen aufzubauen, gründeten wir 2003 eine NGO. Wir waren Ärzte, Anwälte, Journalisten und Betroffene.«

Iran ist heute das größte Labor der Welt, um die Folgen chemischer Kriegsführung zu untersuchen – nicht nur wegen der großen Zahl der Opfer, sondern auch wegen eines zuvor wenig bekannten Phänomens: die Spätwirkung bei Veteranen und bei Zivilisten, die vom Angriffsort weit entfernt waren und nur niedrige Dosen abbekamen. Khateri und seine Kollegen bemerkten, dass im Westen Irans normal erscheinende Atemwegserkrankungen von seltsamen Symptomen begleitet wurden, wie Hornhautablösung, verrottende Zähne oder Demenz.

Reihenuntersuchungen in den Grenzprovinzen bestätigten den Verdacht: Es gibt eine Sekundärvergiftung durch Senfgas, potenziell tödlich. »Wir wissen heute, dass die Latenzzeit vierzig Jahre beträgt«, sagte Khateri. Auch sein eigenes Schicksal war deswegen ungewiss.

Im Ersten Weltkrieg starben neunzigtausend Menschen an Giftgas; die Zahl iranischer Opfer könnte eines Tages höher sein. So sehr hat die Ächtung chemischer Waffen durch das Völkerrecht versagt. Das Ausmaß dieser Tragödie war im kleinen Peace-Museum spürbar, und auch: Dass es keinen anderen Weg gibt, als die Ächtung wirksamer zu machen, die Ächtung jeden Kriegs. »Wir

Iraner sind stigmatisiert als Leute, die den Krieg lieben«, sagte Khateri. »Aber ich kann Ihnen versichern: Wir hassen den Krieg.«

Die Wände des Museums zeigten in Wort und Bild die Gemetzel der Welt, beginnend im belgischen Ypern, April 1915, wo die Deutschen gegen Frankreich die erste C-Waffe der Geschichte einsetzten, Senfgas. Dann Stalingrad, Dresden, Guernica, Tokio, Vietnam, die von Agent Orange entstellten Kinder. Ihnen zur Seite mit verätzten Augen die iranischen Kinder von Sardascht, der vergessenen Kleinstadt.

Der Arzt Khateri arbeitete neuerdings in Den Haag bei der »Organisation für das Verbot chemischer Waffen«. Sie wurde knapp zehn Jahre nach Ende des Iran-Irak-Kriegs gegründet und soll die Einhaltung der Chemiewaffen-Konvention überwachen. Khateri war nun dort angelangt, wo sich das Völkerrecht ständig der Manipulation durch Macht und Politik erwehren muss.

Auch das Peace-Museum braucht den Rückhalt des Regimes; sonst könnte es keinen Tag existieren. Über manches war hier nur mit gedämpfter Stimme zu sprechen: Dass die Islamische Republik die Kriegsführung des Syrers Baschar al-Assad gegen sein eigenes Volk unterstützte und seinen Einsatz von Chlorgas nur lahm verurteilt hatte.

In einer anderen Frage konnten friedensbewegte Veteranen hinter den Kulissen Einfluss nehmen: bei den Nuklearverhandlungen. Sie warfen ihr Ansehen in die Waagschale, um Gegner des Abkommens im Machtapparat umzustimmen. Als sich die Versehrten nach der Unterzeichnung bei Außenminister Javad Zarif bedankten, kamen dem Diplomaten die Tränen.

Einen der Veteranen traf ich im Peace-Museum wieder; ich erkannte ihn an seinen hängenden Augenlidern: Hassan Hassani-Sadi, der Mann mit der Sehnsucht nach Reinheit. Er hielt als Zeitzeuge einen Vortrag vor einer Gruppe von Frauen. »Meiner Seele geht es gut, wenn ich etwas tun kann«, sagte er zu mir, »so halte ich das Übel, die Schmerzen, unten.« Er deutete mit den Händen nach oben und nach unten, ohne dass sein Blick den Händen folgte.

Als sich die Besucherinnen, alle in Schwarz, von ihm verabschiedeten, sprachen sie gemeinsam einen Vers für den Propheten und seine Familie. Das ist in Iran eine religiöse Formel der Bekräftigung, und jeder hier wusste, was sie in diesem Fall bedeutete.

Umkämpfte Bilder. Über Ästhetik, Propaganda und Narzissmus

Iran ist ein Land der Bilder. Von den Reliefs in Persepolis bis zu den großformatigen politischen Wandgemälden heutiger Tage: Allem Visuellen wird höchste Bedeutung beigemessen. Das gilt für die Politik wie für die Gesellschaft, für das Regime wie für die Opposition, für den Kommerz und natürlich für die Kunst.

Wer meint, der Islam verbiete Bilder (und Skulpturen), wird in Iran rasch eines Besseren belehrt. Die Islamische Republik ist geradezu eine Republik der Bilder, und ohne des Persischen mächtig zu sein, bekommt jeder Reisende allein durch optische Eindrücke ein Gespür für die Widersprüchlichkeit und Komplexität des Landes. Denn seine Bilderwelten sind umkämpfte Landschaften; hier zeigen sich neue Spielräume der Gesellschaft ebenso wie Strategien ungebrochenen Machterhalts.

Die Fassaden am Vali-Asr-Platz, einem zentralen Teheraner Kreisverkehr, sind eine prominente Bühne nationaler Bilderpolitik. Einer Wechselausstellung ähnlich überspannen Kunststoffwände eine sechsstöckige Hausfront, jeweils für einige Wochen. In einer frühen Phase der Verhandlungen über das Nuklearprogramm durchquerte auf einem derartigen Großbild eine Menschenmenge mit Porträts von Khomeini und Revolutionsführer Khamenei in Moses-Manier wogende Meeresfluten. »Unser Wille teilt die Wasser!«, verhieß die Aufschrift. Auftrumpfender Nationalstolz, verhieß der erste Blick. Aber das Motiv hatte eine gewisse Ambiguität, es deutete auch Isolation und schwere Zeiten an.

Danach war die Fassade für kurze Zeit nackt, entblößte ein hässlich verfallendes Gebäude. Dann kam der nächste große Aufschlag: ein Leichenberg, auf den US-Soldaten ihre Nationalflagge pflanzten. Das Bild griff die imperialistische Politik Amerikas an, aber wieder gab es eine zweite Ebene: Kritik an der Annäherungspolitik der Regierung von Hassan Rohani. Mittlerweile war die Nuklearvereinbarung unterzeichnet, und die Hardliner im Machtapparat widersetzten sich vehement weiteren Zugeständnissen.

Die Bildpolitik an diesem Teheraner Kreisverkehr war Teil des Kampfs zweier Linien in der iranischen Außenpolitik.

Obwohl die Fotomontage mit ihren grausigen Details den Platz dominierte, schien niemand die Propagandawand zu beachten. Die Passanten widmeten ihre Aufmerksamkeit lieber einem Händler, der auf dem Trottoir Kinderschuhe feilbot, die einen quietschenden Ton erzeugten.

Als ich vor mehr als einem Jahrzehnt zum ersten Mal vor einem Märtyrer-Gemälde auf einer Teheraner Hauswand stand, meinte meine iranische Begleiterin: »Wir sehen diese Bilder gar nicht mehr; sie sind für uns wie Bäume.« Ich fand das damals einen bemerkenswerten Satz. Immerhin war der junge Tote vier Stockwerke hoch, vor blauem Himmel und weißen Wolken, die das Paradies andeuteten, zu seinen Füßen blutrote Tulpen, Symbol des Martyriums. Mittlerweile sind die Bilder auch für mich ein wenig wie Bäume geworden, Teil einer Stadtlandschaft, einer unverwechselbar iranischen Ästhetik, wie die schlanken Silhouetten schwarz gekleideter Studentinnen.

Märtyrertum, Antiamerikanismus und Israelfeindlichkeit waren die Motive der spektakulärsten Großbilder früherer Zeiten. Hundertdreißig von ihnen finden sich in der Onlinebibliothek der Harvard-Universität; die Propagandakunst der Islamischen Republik ist ein so eigenes Genre, dass sie wissenschaftliches Interesse erregte. Sofern die Gebäude, auf die sie einst gemalt wurden, nicht der Bauwut zum Opfer fielen, sind die Bilder auch ein visuelles

Archiv früherer Phasen der Islamischen Republik. Politiker, die im Machtkampf nach der Revolution durch Attentate umkamen, blicken hier und da noch aus verwitterten Porträts, garniert mit Khomeini-Zitaten, die jungen Iranern eher kryptisch erscheinen müssen.

Die farbenstarke realistische Wandmalerei, die gleich nach der Revolution entstand, war weniger von islamischer Kunst geprägt als von den Traditionen der lateinamerikanischen und europäischen Linken – so wie auch manche damaligen Lieder eher kubanisch klangen. Der Stil der Gemälde ist eines der letzten Zeugnisse, aus welch einer breiten Bewegung die iranische Revolution hervorgegangen ist.

Die Sprache der Kunst wurde früh als Waffe entdeckt, als Instrument, um die eigenen Leute zu motivieren und den Gegner zu demütigen. Der Klassiker dieses Genres ist die Bemalung der ehemaligen US-Botschaft: die Freiheitsstatue mit Totenschädel. Westliche Medien machten daraus über viele Jahre ein Symbolbild für Iran. Die Exbotschaft ist heute ein Ort, wo Hardliner gelegentlich ihre Anhänger versammeln, zu Kundgebungen von bescheidener Größe. Die gegen Amerika gerichtete Malerei im Hintergrund dient der Selbstvergewisserung gerade in Zeiten einer vorsichtigen Annäherung an die USA. Und vor allem geht es hier erneut um die Produktion eines Bildes, das in den iranischen und den ausländischen Medien Wirkung entfalten soll. Wie anderswo in der Welt setzt sich in Iran eine lautstarke Minderheit so in Szene, dass der unbedarfte Betrachter sie völlig überschätzt.

Eine sonnenverblichene Teheraner Hauswand, von der US-Bomben mit einem Schweif von Stars and Stripes herabregnen, haben wir gleichfalls schon in unzähligen Fernsehberichten gesehen. Manchmal könnte man denken, Westmedien und iranische Hardliner hätten einen Kooperationsvertrag geschlossen.

Ein Prophetenwort, wonach die Engel kein Haus betreten, an dem sich Bilder von beseelten Wesen befinden, wird in Iran als ein sogenanntes schwaches *hadith* betrachtet, das heißt, seine Überlieferungskette gilt als nicht ausreichend belegt. Die schiitischen Religionsgelehrten haben gegen Porträts und Skulpturen nichts einzuwenden, solange sie nicht auf sexuelle Erregung abzielen.

Im Hinblick auf die beiden Lordsiegelbewahrer der Islamischen Republik gilt sogar geradezu ein Bildergebot, ein Bilderzwang: Die Porträts von Khomeini und von Ali Khamenei sind Pflicht in jedem öffentlichen Gebäude, in jedem Restaurant und selbst im kleinsten Café. Ein ungleiches Paar: Khomeini düster, der dunkle Blick in die Ferne gerichtet, seitlich am Betrachter vorbei; ein Unerreichbarer mit einer Aura von Einzigartigkeit. Khamenei hingegen schaut den Betrachter stets direkt an, durch eine große dicke Brille, die ihm einen Anstrich von Harmlosigkeit verleiht. Khamenei ist seit dem Tod des Übervaters 1989 im Amt und wuchs nie in dessen Schuhe hinein. Die Bilder bringen das zum Ausdruck, obwohl sie stets in gleicher Größe auf gleicher Höhe hängen.

Natürlich gibt es Iraner, die diese Bilder aus Liebe aufhängen, zumal zu Khomeini. Andere drücken ihre Distanz durch Ironie aus: In einem minimalistisch dekorierten Isfahaner Café hingen K. u. K. in Goldrahmen.

Bilder und Skulpturen von Wesen, die eine Seele besitzen, machen einen Ort religiös »unrein«, hatte Khomeini geschrieben. Unrein bedeutet: Der Ort ist nicht zum Gebet geeignet. Streng genommen dürften also die Porträts von Khomeini und Khamenei überall hängen außer in Moscheen. In der Tat markieren die Bilder der wichtigsten religiösen Führer gerade den säkularen Raum – eine der vielen Paradoxien der Islamischen Republik.

Doch wird in Iran bekanntlich jede Regel zuweilen verletzt, und so finden sich durchaus Bilder von K. u. K. in einigen Moscheen. Hängen sie dergestalt, dass die Gläubigen sie beim Gebet sehen könnten, müssen sie allerdings zu diesen Zeiten abgedeckt werden. Märtyrerbilder hingegen, so hatte schon Khomeini entschieden, sind in Moscheen erlaubt.

In einem ärmeren Wohngebiet kann sich plötzlich hinter einem Müllcontainer die Aussicht auf einen betörend grünen Wald mit Rehen eröffnen, eine Verschönerungsmaßnahme seitens der Stadtverwaltung. Andernorts halten lächelnde junge Menschen dem Betrachter ihre Zeugnisse entgegen: schulischer Erfolg als Vorbild. Die Besitzer von Privathäusern, deren Genehmigung erforderlich ist, bevor die Arbeit an einem Großbild beginnen kann, bevorzugen heute statt der einstigen Todesmetaphorik die lichteren Motive.

Selbst Khomeini darf gelegentlich ein Lächeln zeigen, obwohl die klassisch-düstere Variante weiter überwiegt. Es zählt indes auch das Umfeld des Porträtierten: Zeigt ein Foto einen Kontext von Armut, etwa einen mageren Schneider in einer Werkstatt, und an der Wand hinter dem Mann klebt ein Bild von Khomeini, dann hat dieses Foto in Iran kaum eine Chance auf Veröffentlichung. Denn es könnte als Sozialkritik, als Anklage gegen den Staatsgründer verstanden werden.

Um eine kompromittierende Nähe zu anderen Gegenständen zu vermeiden, sind die K. u. K.-Porträts in öffentlichen Gebäuden meist etwas isoliert angebracht. In der Teheraner Vahdat-Halle, dem einstigen Opernhaus, hängen die beiden so hoch unter der Decke, dass es unmöglich ist, gleichzeitig das Geschehen auf der Bühne und die Konterfeis der Führer zu sehen.

Wer an die Macht der Bilder glaubt, glaubt auch an die Macht des Verbergens. Auf Anweisung der Justiz war es iranischen Medien lange verboten, eine Äußerung oder ein Bild des früheren Präsidenten Mohammad Khatami zu bringen. Ihm wurde seine Unterstützung der Demokratiebewegung des Jahres 2009 nicht verziehen.

Seine Anhänger beantworteten das Verbot mit Bilderfluten im Netz, die wiederum zur Sperrung einiger Websites führten. Oder es wurden online Fotos gezeigt, auf denen man sah, wie offline, etwa an einer Universität, Khatami-Bilder hochgehalten wurden.

In den Staatsmedien erschien Khatami auf Gruppenfotos manchmal verpixelt, und jeder Iraner wusste: ein verpixelter Kleriker kann nur Khatami sein.

Wie einflussreich der Expräsident trotz seiner Verbannung aus dem öffentlichen Raum geblieben war, zeigte sich im Jahr 2016 bei den Wahlen zu Parlament und Expertenrat. Khatami rief durch ein Video im Netz dazu auf, die Listen der Reformer und Moderaten zu wählen. Zahlreiche Iraner fertigten nun eigene Videos, in denen sie nur die Lippen bewegten, dazu lief der Ton von Khatami. Auf einem Wahlplakat waren nur die blassen Hände des Geistlichen abgebildet, und jeder wusste Bescheid.

Denn zur Lebenskunst in Iran gehört, dass das Sehen in besonderer Weise trainiert ist. Ausblenden, was einem nicht passt, und sei es noch so groß. Andererseits die Zeichen erkennen, das Geheime, das Unvollständige, das Indirekte lesen können.

Ein Bild kann Rehabilitation bedeuten.

Wenn politische Häftlinge entlassen werden oder auf Hafturlaub sind, werden Fotos ins Netz gestellt, um zu zeigen: Freunde und Getreue sind zum Hausbesuch gekommen. Wir sehen nur ein paar steif Dasitzende mit Teegläsern, doch es handelt sich um ein wichtiges Signal. Nach dem Amtsantritt von Präsident Rohani im Jahr 2013 tauchten plötzlich wieder Bilder jener Reformpolitiker auf, die zuvor durch Schauprozesse und erzwungene Geständnisse gedemütigt worden waren. Sie hatten sich verborgen gehalten, nun signalisierten ihre Bilder, dass sie der veränderten Atmosphäre trauten.

Mit einem Bild lässt sich auch die Isolation Verfolgter durchbrechen.

Zwei Dutzend iranische Menschenrechtler und Journalisten versammelten sich in einem Wohnzimmer, in ihrer Mitte stand auf dem Teppich ein großes, gerahmtes Schwarzweißfoto. Darauf die ehemalige Führung der Baha'i-Gemeinde. An einem Jahrestag ihrer Verhaftung wurde das Wohnzimmerbild aufgenommen, ein stummes Zeichen der Solidarität mit einer religiösen Minderheit, über deren Verfolgung zu sprechen ein Tabu ist.

Zwei Jahre später erneut ein Bild. Faezeh Haschemi, eine bekannte Frauenrechtlerin und die Tochter von Expräsident Ali Akbar Haschemi Rafsandschani, hatte mit einer Angehörigen der Baha'i-Führung zeitweise eine Gefängniszelle geteilt. Nun, da die Zellengenossin einen kurzen Hafturlaub hatte, kam Frau Haschemi zu ihr »zum Tee«. Ein Foto des Besuchs löste einen Sturm der Entrüstung aus, aber diesmal wandten sich auch zahlreiche Stimmen gegen die Isolation der Baha'i.

Zwei Bilder hatten geholfen, das Unaussprechliche sagbar zu machen.

Die virtuelle und die herkömmliche Realität sind in Iran vielfältig verknüpft. Regimekritische Graffiti und Street Art werden über das Netz publik gemacht, bevor sie entfernt werden können. Oder die Schrift auf einer Wand verweist auf einen Youtube-Link, unter dem Brisantes zu finden ist. Manches klingt nach einem Katz-und-Maus-Spiel mit den Überwachungsbehörden – etwa wenn Frauen für einen Moment ihr Kopftuch ablegen und die Szene auf dem Facebook-Account einer Exiliranerin veröffentlichen. Aber weil in Iran die roten Linien ständig wandern, kann im nächsten Moment die Repression zuschlagen, womöglich in einem unpolitischeren Fall: wenn sich ein Modell aufgetakelt bei Instagram ausstellt.

Weil das Visuelle als so eindrücklich empfunden wird, kann die Ahndung so scharf sein, jedenfalls überall da, wo der Staat auf seiner Hoheit als Kontrollinstanz besteht.

Ein Geschäft für Gemälde in bester Lage auf dem Vali-Asr-Boulevard gehörte ganz offensichtlich nicht dazu. Es gab auf zwei Stockwerken Kitsch aller Art, darunter halb entblößte laszive Frauengestalten und verführerisch posierende junge Mädchen vom Typ Südländerin. Westlicher Orientalismus, iranisch kopiert. Auf meine Frage, ob es keine Probleme gäbe mit solchen Bildern, lachte der Verkäufer nur und sagte: Ohne Rahmen lassen sie sich rollen.

Staatliche Politik wird von westlichen Beobachtern oft missverstanden, weil sie annehmen, es gäbe für alles eine politische Begründung, und zwar nach dem Muster: Liberale gegen Hardliner. Der smarte Teheraner Bürgermeister Mohammad Bagher Ghalibaf, ein früherer Pilot der Revolutionsgarden, wollte sich einfach bei unterschiedlichen Wählerschichten beliebt machen, als er zunächst Märtyrerbilder großflächig plakatieren ließ und später moderne Kunst. Es handelte sich um Werke von Picasso, Warhol, Pollock und anderen aus jener berühmten Sammlung, die Kaiserin Farah Diba einst zusammengekauft hatte.

Die wertvolle Kollektion des Teheraner Museums für Zeitgenössische Kunst sollte später auf internationale Tournee gehen, passend zur Selbstdarstellung des neuen Iran: als eine Kulturnation, die dem Westen auf Augenhöhe begegnen will und einen Gegenpol zum kunstfeindlichen sunnitischen Extremismus darstellt.

Weil im zurückliegenden Jahrzehnt im Irak, in Syrien und in Mali wiederholt Altertümer zerstört wurden, hat im Westen die Vorstellung neue Nahrung erhalten, es gebe im Islam ein generelles Bilderverbot. Im Koran steht nichts Derartiges. Seit Beginn des Islam besteht lediglich Einigkeit, dass Gott nicht dargestellt werden darf. Muslimische Künstler haben zunächst auch den Propheten gezeichnet; erst im 15. Jahrhundert wurde es üblich, ihn ohne Gesichtszüge darzustellen.

Die berühmten persischen Miniaturen mit ihren figürlichen Darstellungen waren keine Ausnahmeerscheinungen in einer sonst bilderlosen muslimischen Welt, doch sie erzählen von einer besonderen künstlerischen Blüte zwischen dem 13. und dem 16. Jahrhundert. Zu den begünstigenden Faktoren zählte die Förderung durch die Fürstenhöfe: ein Mäzenatentum, das sich im Einzelfall durchaus mit jenem in Florenz vergleichen lasse, meint die Islamwissenschaftlerin und Kunsthistorikerin Silvia Naef.

Die iranische Kunst nahm zentralasiatische, fernöstliche und später europäische Einflüsse auf und blieb dennoch lange etwas Eigenständiges. Erst im 20. Jahrhundert überwog immer mehr westliche Machart. Unter Künstlern begann etwa ab 1940 eine Debatte, deren Pendant in der Politik bekanntlich zur Revolution führte: die Suche nach einer Modernität, die etwas anderes sein sollte als eine (schlechte) Nachahmung des Westens. Was in der Malerei damals im Zuge solcher Identitätsfindung entstand, sei es kurz vor der Revolution oder als staatlich geförderter »islamischer Stil« direkt danach, das wird heute von iranischen Kunstexperten »Neo-Traditionalismus« genannt. Der Begriff ist auch ein Hinweis darauf, dass es in der Islamischen Republik durchaus eine kritische Reflexion der eigenen Entwicklung gibt.

Aber in der Kunst scheinen wie in der übrigen Gesellschaft zwei entscheidende Fragen aus der Zeit vor der Revolution immer noch offen: Was ist genuin iranisch, und wie westlich wollen wir sein?

Ich wollte darüber mit dem Maler Iman Afsarian sprechen. Er bewohnt ein altes zweistöckiges Haus am Ende einer Sackgasse, ein Refugium im sonst so nervösen Teheran. Ein Innenhof mit Wasserbecken führt zum Atelier. Afsarian malte realistische Bilder, stets ohne Menschen. Großformatige melancholische Stillleben: Hauswände, Vorhänge, ein alter Herd, eine Reihe Stühle, die auf jemanden warteten.

Wir setzten uns auf die abgewetzten Holzstühle des Ateliers.

Afsarian war Anfang vierzig, ein freundlicher, zurückhaltender Intellektueller. Er redigierte auch die Malereisektion eines angesehenen Kunstmagazins. Auf meine Frage, was Moderne in Iran bedeute, sagte er: »Dazu sammele ich gerade Beiträge für ein siebenhundertseitiges Buch!« Mir eine Antwort von wenigen Sätzen zu geben, erschien ihm unseriös. Dann versuchte er es doch.

»Irans Begegnung mit dem Westen bestand aus vielen Niederlagen; das waren einschneidende Erfahrungen – die Iraner fühlten sich wie Behinderte. Entscheidend war dabei das Gefühl von Zeit:

Bei uns schien sie stehen geblieben, während sie im Westen voranschritt. Wie gingen wir mit diesem Unterschied um? Reza Schah schickte einen Maler zum Studium in den Westen, er kam zurück und erklärte, seine Bilder seien kubistisch. Aber er kopierte nur und machte ein paar schräge Linien. Auf diese Weise wollte er den Zeitunterschied kompensieren; er wollte die lange Entwicklung überspringen, die im Westen den Kubismus hervorgebracht hatte.«

Afsarian schwieg einen Moment und holte Tee aus der Küche. Dann fuhr er fort: »Die iranischen Techniker wissen heute, dass sie hinter dem Westen zurückliegen. Aber die Künstler haben nicht dieses Gefühl; sie ignorieren den Schmerz, nicht auf der Höhe des Westens zu sein.«

Ich fragte ihn, warum die Iraner überhaupt so sehr nach Westen blickten: »Er ist für alle östlichen Gesellschaften immer noch ein Gegenpol. Die Leute fühlen sich klein und wollen die Aufmerksamkeit des Westens erringen.«

Afsarian war ein politischer Mensch, in Studententagen sogar ein Aktivist, aber er wollte aus seinen Bildern die Politik heraushalten. Und er amüsierte sich darüber, wie seine Bilder im Westen gedeutet wurden. Etwa, dass darin wegen eines islamischen Verbots keine Menschen vorkämen. Ein Bild, auf dem man eine Wand mit einem alten Gemälde und einer Steckdose sah, hatte ein Kunstkritiker in Deutschland als Zusammenkommen von Tradition und Moderne verstanden. Natürlich war es lächerlich anzunehmen, in Iran sei eine Steckdose ein Zeichen von Modernität. Für jemanden, der das Land kannte, drückte Afsarians Bild eher Nostalgie aus, vielleicht nach der stickigen Wohnlichkeit des Elternhauses.

»Ich male für Iraner, nicht für andere«, sagte Afsarian. »Und ich will hinter die Moderne zurückgehen, um die Lücke zu füllen, die wir nicht mehr ignorieren dürfen. Meine Bilder sind eine Reaktion auf eine zerstörerische Modernisierung.«

Im Teheraner Golestan-Palast, der einstigen Residenz der Qadscharen, kann man durch erschöpfend viele Säle wandern und immer wieder aufs Neue sehen, wie sich der damalige Iran mit europäischen Einflüssen ästhetisch auseinandersetzte, ohne sich ihnen so ganz zu unterwerfen wie später im 20. Jahrhundert.

Die *Tekiyeh*, die Passionsspieltheater aus der Qadscharen-Zeit, stehen wegen ihres erstaunlich hybriden Bilderschmucks heute auf dem Besuchsprogramm vieler Touristen. Die Keramikkacheln zeigen keineswegs nur einschlägig schiitische Szenen, sondern auch europäische Landschaften mit Brücken und Kirchtürmen. Die Künstler hatten solche Dinge meist nicht mit eigenen Augen gesehen, sondern kopierten von europäischen Gemälden. Solche Dekorationen aus der Qadscharen-Ära finden sich auch an Moscheen und heiligen Schreinen. Es ist für einen Iraner keine Besonderheit, in einem Gebäude zu beten, an dessen Außenmauern auf bunten Kacheln kleine dörfliche Kirchen zu sehen sind, in direkter Nachbarschaft von Abolfazl zu Pferd.

Wer vor einer solchen Bilderwelt steht, muss sich nicht lange fragen, warum Iran so scharf gegen sunnitische Extremisten vorgeht. Deren Säuberungsfuror fände in Iran reichlich Anlässe, nicht nur an den historischen Stätten, sondern auch in einer religiösen Sinnlichkeit und Gegenständlichkeit, die puristischen Islamauffassungen fremd ist.

Während andernorts selbst Halbreliefs von den Wänden geschlagen wurden, weil sie vermeintlich gegen das Götzenverbot verstoßen, stehen in Iran zahllose Stein- und Bronzeskulpturen im öffentlichen Raum. In Museen sind Wachsfiguren beliebt, um vergangene Epochen und historische Persönlichkeiten zu vergegenwärtigen, und wer die Figuren fertigt, setzt großen Ehrgeiz daran, sie möglichst lebensecht erscheinen zu lassen. Selbst dem Revolutionsführer kann man derart begegnen, als Insasse einer Museumszelle des Savak-Geheimdienstes. Ich sah Besucher, die das künstliche Blut an der Zellenwand küssten. Nur Khomeini ist, soweit ich weiß, völlig unkopierbar.

Im Spiegelsaal des Golestan-Palastes steht Irans berühmter Maler Kamal-ol-Molk als Wachsfigur vor seiner Staffelei; er malt hier noch einmal sein bekanntestes Werk: Schah Nasr ed-Din im Spiegelsaal. Auf dem Gemälde ist der Saal allerdings weiter, höher, spiegelnder als in der leicht verstaubten Wirklichkeit. Womöglich geht es vielen Iranern ähnlich, wenn sie auf ihre alte Geschichte blicken, die ihnen vom heutigen Standpunkt postrevolutionärer Erschöpfung aus so lichtdurchflutet erscheint.

Kamal-ol-Molk gilt als Begründer einer modernen iranischen Malerei. Es war kein Zufall, dass er die Moderne auch politisch fördern wollte und sich 1906 der Bewegung für die Konstitutionelle Revolution anschloss. Aus der Schule, die er einrichtete, gingen angesehene Maler und Malerinnen hervor, denen neuerdings ein Museum gewidmet ist. Dies alles atmet die Normalität eines großen Landes. Die Zeit, da die Islamische Republik auf Kriegsfuß mit der Vergangenheit stand, ist vorbei.

Allerdings scheint es manchmal, als sei der ästhetische Reichtum früherer Epochen heutzutage abgelöst worden durch eine kleinteiligere obsessive Beschäftigung mit Schönheit – am eigenen Körper. Nirgendwo werden so viele Nasen operiert wie in Iran, auch männliche Nasen, und nirgendwo anders im Mittleren Osten wird so viel Geld für Make-up ausgegeben. Äußerlichkeiten sind wichtig, manchmal ins Skurrile gesteigert: bei den maskenhaft geschminkten Gesichtern mancher Frauen oder den geschmacklos möblierten opulenten Apartments.

Vielleicht liegt es an den langen Jahren der Isolation, dass Iran vernarrt scheint in Selfies. Wir setzen uns jetzt in Szene!, scheint das ganze Land zu sagen; fortgesetzt sieht man Paare, Familien, Gruppen, selbst kleine Kinder, die für ein Selbstbild seltsame Verrenkungen machen. Nach dem sogenannten Nukleardeal brachte eine Zeitung zu einer Collage von westlichen und iranischen Politikerköpfen die Schlagzeile: »Die Nach-Deal-Welt: Selfie mit Iran!« Ein Regisseur komponierte einen ganzen Film ausschließlich aus

Selfies, und Psychologen diagnostizierten, wozu es ihrer kaum bedurft hätte: steigenden Narzissmus.

Die beiden wichtigsten schiitischen Märtyrer, Imam Ali und Imam Hussein, werden stets als Inkarnation männlicher Schönheit dargestellt, mit leuchtendem Blick, sanft gewelltem langen Haar und einer Halsmuskulatur wie aus dem Fitnesscenter. Die Bilder werden im Trauermonat Muharram als Großgemälde auf Rädern über die Straßen gezogen, sogar auf Motorhauben gesprüht. Ein Hussein mit Kajal-untermaltem Schmelzblick und Popstar-Appeal geht der Geistlichkeit zu weit, doch der Volksislam ignoriert ihre Ermahnungen.

Als ich einmal für die Verlängerung meines Visums ein Bild mit Kopftuch brauchte, ließ ich mich in einem Laden auf der Teheraner Revolutionsstraße fotografieren. Auf dem Foto, das ich nach einer Stunde abholen konnte, war ich um zwanzig Jahre verjüngt und hatte die Haut einer Puppe. »Retouch«, sagte der Verkäufer fröhlich, koste nichts extra und werde automatisch gemacht. Wo immer Porträtbilder einer Belegschaft oder Organisation veröffentlicht werden, haben alle Frauen dasselbe imaginäre Alter.

Von iranischen Bilderwelten lässt sich nicht erzählen, ohne die Armada von Familienfotos zu erwähnen, die in nahezu jeder bürgerlichen Wohnung auf einer Anrichte stehen. Gerahmt die Lebenden, die Toten und die Gegangenen; Zeugen einer melancholischen Selbstvergewisserung.

Hier werden Familien vereint, die in Wirklichkeit zerrissen sind. Junge Gesichter unter Doktorhüten, auf einem Campus Tausende Kilometer entfernt; strahlende Enkel auf Babydecken mit Stars-and-Stripes-Motiven. Wie viele einsam wirkende ältere Damen haben mir vor ihrer Fotowelt versichert, sie selbst hätten ihre Kinder gedrängt zu gehen und nie mehr zurückzukommen?

Bilder als Ersatz für Nähe (manchmal werden sie geküsst) und als Surrogat für entgangenes Glück. In einem Haus gab es ein altes

Liebespaar. Die beiden hatten, als sie jung waren, nicht heiraten dürfen, wegen familiärer Vorbehalte. Ein halbes Jahrhundert später, beide waren nun verwitwet, fanden sie endlich zusammen. Auf ihrem Hochzeitsfoto waren sie so faltenlos wie in ihrem damals nicht gelebten Leben.

Der Anruf

Als der Anruf kommt, sitzt A. am Steuer. Es ist, als veränderte sich auf einen Schlag die Luft im Wagen. Anspannung ist mit Händen zu greifen. Ein junges Leben kann scheitern in einem solchen Moment, alle Ambitionen können zunichte werden.

Ich höre, wie A. sofort das wenige, was er weiß, preisgibt: »Sie schreibt ein Buch.« Spült die Angst alles raus? Später sagt er: »Sie wissen sowieso alles.«

Die Atmosphäre im Wagen ist klamm nach dem Anruf. Wir schweigen, bis A. sagt: »Lass uns was reden.« Ich erzähle eine Anekdote, wir lachen beide übertrieben. Seine Angst und meine sind von unterschiedlicher Natur: Ich sorge mich um ihn, er sorgt sich um sich selbst. Und beide versuchen wir, unsere Unruhe vor dem anderen zu verbergen.

Sie haben gesagt, sie wollen ihn später sehen, sie würden wieder anrufen. Was tun bis dahin? Irgendwie Sicherheit aufbauen für A., eine kleine Sicherheit gegen jene, die ihn im Auftrag der Sicherheit verdächtigen. Wir suchen den Mann, der uns über drei Ecken in Kontakt gebracht hat, ein Mensch in einem Regierungsbüro. Er könnte helfen, aufklären, wir müssen ihn sehen, dringend, aber auch er hat eine Sicherheit, die nun Verdacht schöpft und Fragen stellt. Wir verwickeln uns in Prozeduren, vielleicht machen wir alles schlimmer beim Versuch, es besser zu machen, aber wie soll man das wissen?

Sie haben noch nicht wieder angerufen.

Ich frage A., ob ich ihn zum Verhör begleiten solle; eine naive Frage. »Man tut, was sie sagen. Wenn sie dich sehen wollten, würden sie es sagen.« Als sie anrufen, haben wir in einem Coffeeshop gerade etwas zu essen bestellt. A. steht sofort auf und nimmt die Wagenschlüssel. Höflich sein, sie nicht warten lassen. Am Telefon hatte er gesagt, wo er ist, anscheinend haben sie darüber gelacht, denn ich hörte auch A. lachen, ein gehorsames Lachen. Auf einen Zettel kritzelt er die Adresse, zu der er bestellt wurde. Die Angst verbirgt sich nicht mehr.

Warten. Fotos im Smartphone löschen, Adressen ins Klo werfen, wie in schlechten Filmen. Als geschätzt fünfundvierzig Minuten Verhör vorbei sein könnten, wähle ich A.'s Nummer. Das Telefon ist abgestellt.

Soll ich die Adresse, die er aufgeschrieben hat, an jemanden schicken, für den Fall, dass ich das später nicht mehr kann? Ich schreibe die Nachricht und lösche sie wieder. Wenn sie meine Nachrichten lesen, könnten sie A. des Geheimnisverrates beschuldigen.

Und dann ist er plötzlich wieder da. Das Verhör war in einem Privathaus, er habe Tee bekommen und sei nicht bedroht worden. Auf seinem eng sitzenden schwarzen T-Shirt hat der Schweiß weiße Salzkrusten hinterlassen. A. schlingt ein Stück Kuchen hinunter, sofort ein zweites, ohne hinzusehen.

Sie haben ihn nach geschäftlichen Kontakten ins Ausland gefragt und ob er Verwandte im Ausland habe. Er solle sich für Rückrufe bereithalten, haben sie gesagt. Später rufen sie wieder an. A. sagt mir nicht, was sie sagen. Es scheint jetzt erst mal alles in Ordnung zu sein.

Esthers Vermächtnis. Das beinahe normale Leben von Juden in Iran

In der kleinen Synagoge der Stadt Hamedan lässt sich Zeitgeschichte am Muster der Teppiche ablesen. Die älteren zeigen einen Davidstern, die neueren nur die Menora, den siebenarmigen Leuchter. Sie wurden nach der Revolution geknüpft; der Staat half bei ihrer Anschaffung, er hilft auch, die kleine Synagoge zu erhalten. Und da sich auf der Flagge Israels ein Davidstern befindet, ist ein heutiger Teppichknüpfer gut beraten, ein anderes schönes Muster zu wählen.

So diffizil geht es zu in iranisch-jüdischen Angelegenheiten: Ein Davidstern in historischem Kontext, auch auf alten Türen, ist politisch neutral; ein neu gefertigter Davidstern wäre es nicht.

Hamedan, westlich von Teheran gelegen, ist eine der ältesten Städte Irans und deshalb ein guter Ort, um ein Gespür dafür zu bekommen, wie lange Juden bereits auf iranischer Erde leben: etwa zweitausendsiebenhundert Jahre. Irgendwann während dieser langen Zeit haben die Menschen in Hamedan eine Legende angesiedelt, die wir aus dem biblischen Buch Esther kennen. Der Überlieferung zufolge war Esther die jüdische Gattin des persischen Herrschers Xerxes im fünften Jahrhundert vor Christus. Sie hielt die Hand über die Juden des Reiches und schützte sie vor dem Mordkomplott eines übelwollenden Hofbeamten. Diese Wendung zum Guten feiern Juden weltweit beim alljährlichen Purim-Fest.

Es handelt sich hier nicht unbedingt um historische Fakten, doch enthält die Legende ein bemerkenswertes Detail: Einer jüdischen Königin im alten Persien wurde so viel Einfluss zugeschrieben, dass ein adliger Hofbeamter mit seiner ganzen Sippe hingerichtet wurde, weil er – modern gesprochen – ein krasser Antisemit war.

Neben der kleinen Synagoge von Hamedan steht ein höherer Kuppelbau: Er gilt als Mausoleum von Esther und ihrem gleichfalls heldenmütigen Cousin Mordechai. Ein betagter Gemeindediener schob für mich die schwere Steintür der Grabkammer zur Seite. Er sprach ein Französisch von altmodischer Eleganz; es entstammte der Schah-Zeit, wie die Teppiche mit Davidstern. Hamedan war einst ein Zentrum jüdischen Lebens; heute bestand die Gemeinde nur noch aus fünf Familien, sagte der alte Mann.

Eine so kleine Minderheit könnte sich bedroht fühlen. Doch um Zutritt zur Synagoge und zum Grabheiligtum zu bekommen, hatte ich nur eine Klingel drücken müssen, wenige Schritte von einer belebten Marktgasse entfernt. Jüdische Einrichtungen bedürfen in Iran keiner Bewachung, anders als in Europa.

1948, als Israel gegründet wurde, lebten in Iran etwa hunderttausend Juden. Zur Zeit der Revolution 1979 waren es noch achtzigtausend. Viele wohlhabende Säkulare zogen nun in die USA, fromme Arme emigrierten nach Israel. Dorthin auszuwandern, bedarf heute, anders als im ersten Jahrzehnt nach der Revolution, keiner klandestinen Fluchtwege mehr, und aus Israel locken weiterhin großzügige finanzielle Prämien. Aber die etwa zehntausend Juden, die nach allen politischen Stürmen gegenwärtig noch in Iran leben, wollen bleiben.

Sie leben in Sicherheit; als Bürger sind sie indes nicht gleichberechtigt. Höhere Posten in Politik, Militär und Verwaltung bleiben ihnen verwehrt. Dafür genießen sie Kultfreiheit, verfügen über koschere Metzgereien und Restaurants, jüdische Bibliotheken und staatliche Hilfe beim Unterhalt der Synagogen. Davon gibt es dreizehn allein in Teheran, wo die meisten Juden leben; es sind teils prächtige Bauten. Die Gemeinde in der Hauptstadt besitzt außerdem vier Schulen, zwei Kindergärten, ein Altenheim und ein Hundert-Betten-Krankenhaus.

Nach der Konstitutionellen Revolution von 1906 schrieben Juden mit an der neuen Verfassung; seitdem haben sie einen Quotensitz im Parlament. Auch Zoroastrier und Christen (Armenier, Assyrer) haben dort eigene Vertreter. Aus religiösen Gründen werden in Iran also nicht etwa die Juden verfolgt, sondern zwei andere Gruppen: Muslime, die zum Christentum konvertierten; sie können sich nur heimlich in sogenannten Hauskirchen, Wohnungen, treffen. Und die Baha'i, denen nicht verziehen wird, dass sie sich als Nachfolgereligion des Islam betrachten; ihnen ist sogar höhere Bildung verwehrt.

Was die Juden betrifft, verweist die iranische Führung hingegen gerne auf das alte Band, das Iraner und Juden verbindet. Es geht zurück auf Kyros den Großen, den Begründer des persischen Weltreiches. Als er im Jahr 539 v. Chr. Babylon einnahm, befreite er die Juden aus der sprichwörtlichen Babylonischen Gefangenschaft, die ein halbes Jahrhundert gedauert hatte, und erlaubte ihnen die ungehinderte Ausübung ihrer Religion. Sein Dekret wird durch einen Tonzylinder, den sogenannten Kyros-Zylinder, beglaubigt; er wurde bei Ausgrabungen im 19. Jahrhundert gefunden und wird von Iranern gern als älteste Human-Rights-Erklärung der Menschheit bezeichnet. Ein Teil der befreiten Juden kehrte nach Jerusalem zurück, wo auf Geheiß von Kyros der Bau des Zweiten Tempels begann; andere blieben.

Seitdem ist Iran für Juden Heimat, nicht Diaspora. Ihre Sprache war immer persisch, und sie bewahrten an manchen Orten wie in Isfahan den ursprünglichen Dialekt der Stadt. Durch jüngere Forschungen weiß man, dass in die religiösen Vorstellungen des Judentums Lehren von Zarathustra eingingen, jenem altiranischen Propheten, den manche als ersten Monotheisten bezeichnen.

Neben langen Epochen friedlichen Zusammenlebens gab es

auch dunkle Zeiten. Ab dem 16. Jahrhundert, nachdem das Schiitentum Staatsreligion geworden war, galten Juden als kultisch »unrein«. Sie sollten sogar bei Regen die Häuser nicht verlassen, damit das Grundwasser nicht verunreinigt wurde. Im 18. und 19. Jahrhundert kam es zu Morden, Vertreibungen, Zwangsbekehrungen. Pogrome nährten sich oft vom Gerücht, Juden würden Kinder rituell töten.

Der deutsch-iranischen Islamwissenschaftlerin und Theologin Katajun Amirpur verdanke ich den Hinweis, dass auch die geschätzte klassische persische Literatur keineswegs frei von antijüdischen Ressentiments war.

Und doch gab es immer auch gegenteilige Kräfte: Juden waren in der iranischen Kultur verwurzelt, und sie wurden anders als im arabischen Raum nie gedrängt, das Land zu verlassen. Eine Minderheit beteiligte sich sogar an der Revolution gegen den Schah; einige waren Kommunisten. Als Soldaten im September 1978, am »Schwarzen Freitag«, unter Demonstranten jenes Blutbad anrichteten, von dem mir der Apotheker am Märtyrerplatz erzählt hatte, waren nur die Ärzte des jüdischen Krankenhauses furchtlos genug, die Verletzten aufzunehmen.

Dennoch wurde der Vorsitzende der jüdischen Gemeinde ein Opfer der Hinrichtungswelle nach dem Sieg der Revolution. Er war ein prominenter Unternehmer, der dem Schah nahestand. In Panik entsandte die Gemeinde eine Delegation zu Khomeini, um ihm die Loyalität der Juden zu versichern. Khomeini antwortete mit einem Satz, der wenig später als Schutzformel an allen Synagogen stand: »Wir erkennen an, dass unsere Juden mit diesen gottlosen Zionisten nichts zu tun haben.« Dieses Arrangement gilt bis heute.

Es ist gewiss nicht alles gut im Leben iranischer Juden. Doch ist dieses Leben besser als von der Außenwelt angenommen – und vor allem anders. Wie die Christen halten sich Juden von allem Oppositionellen vorsichtshalber fern. Die Gemeinde ist zur Kooperation mit Staat und Regierung gezwungen; sie muss gewissermaßen eine Haltung systembejahender Neutralität einnehmen. Das hat wenig mit Religion zu tun und viel mit den politischen Eigentümlichkeiten der Islamischen Republik.

Welche Verstrickungen dieser Status mit sich bringt, zeigt bereits die Frage, wie die Zahl von Juden in Iran beziffert wird. Obwohl der letzte Zensus weniger als zehntausend ermittelte, sprechen Regierung wie Gemeinde gern von zwanzig- oder fünfundzwanzigtausend. Die Gemeinde profitiert von der überhöhten Zahl, weil sich daran die finanzielle Subvention durch das Innenministerium bemisst. Die Regierung hat wiederum an einer möglichst hohen Zahl ein politisches Interesse. Die Islamische Republik schmückt sich heutzutage mit ihren Juden: Sie passen in das neue Image als gemäßigte Regionalmacht in einem radikalisierten (sunnitischen) Umfeld.

Auch der Quotensitz im Parlament hat jene Doppelgesichtigkeit, die so vielem in Iran eigen ist. Die Wahl dieses Abgeordneten führt die Gemeinde autonom durch, sie hat selbst die Urnen, und es steht jedem jüdischen Bürger frei, ob er sich daran beteiligt oder ob er, wie andere Iraner, seine Stimme für eine politische Liste abgibt. Das klingt gut. Nur: Welcher jüdische Kandidat akzeptabel ist, das muss mit der Regierung im Vorhinein abgesprochen werden. Und manchmal werden zusätzlich ein oder zwei schwache Konkurrenten aufgestellt, damit das Ganze demokratisch wirkt.

Über Jahre musste sich die Gemeinde auch mit einem Oberrabbiner arrangieren, den viele nicht als ausreichend kompetent erachteten. Er gab politische Erklärungen ab, die manchmal vom Staat vorformuliert waren. In religiösen Fragen wandten sich Gemeindemitglieder an eine andere, inoffizielle Autorität.

In der Amtszeit von Hassan Rohani hat sich manches entspannt. Der Präsident erwarb sich Vertrauen durch einige demonstrativ projüdische Gesten. Gleich zu Beginn schickte er Glückwünsche zum Neujahrsfest Rosch ha-Schana in alle Welt, später subventionierte er das jüdische Krankenhaus und gab den Sabbat schulfrei (er fällt in Iran auf den Wochenbeginn). Diese Regelung hatte es bereits in der ersten Zeit nach der Revolution gegeben; dass sie abgeschafft wurde, war für viele Juden ein Grund zu gehen. Nun erfüllte Rohani einen Wunsch, den die Gemeinde vergeblich an alle seine Vorhänger herangetragen hatte.

Arash Abaie war ein zierlicher, jugendlich wirkender Mann Anfang vierzig, der sich als jüdischen Aktivisten bezeichnete. Vor gut zwei Jahrzehnten, als die meisten Rabbiner und Religionslehrer emigriert waren, zählte Abaie zu den jungen Autodidakten, die in die Bresche sprangen. Es war eine Bildungsbewegung von Laien, aus der Not geboren. »Jemand sagte zu mir: ›Geh in diese Synagoge da und gib Unterricht.‹ Ich hatte so was noch nie gemacht.«

Abaie war Ingenieur in einem privaten Unternehmen. Bei der Einstellung hatte er dem Chef gesagt, er sei Jude und könne samstags nicht arbeiten. Das wurde problemlos akzeptiert; sein Gehalt war entsprechend reduziert. Seine Kollegen dachten vermutlich, er hätte wie so viele Iraner noch einen anderen Job. Das war nicht ganz falsch; Abaie hielt zwar die Sabbatruhe, aber ansonsten unterrichtete er in jeder freien Minute jüdische Religion und Hebräisch, an mehreren Schulen und sogar an einer Universität.

Die jüdischen Schulen folgen außer in Religion demselben Lehrplan wie staatliche Schulen, und viele jüdische Eltern bevorzugen Letztere, weil sie besser seien, sagte Abaie. Die jüdischen Kinder der staatlichen Schulen bekamen bei ihm freitags, wenn in Iran schulfrei ist, Extrakurse.

Persischsprachige Lehrbücher zum Judentum werden in Iran gedruckt.

Jeden Donnerstag fuhr Abaie nach Qom, in die Stadt der schiitischen Kleriker, um dort an einer Universität Judentum zu lehren. Das war spektakulär. Sein Kontakt mit Qom ging auf die Amtszeit des Reformpräsidenten Khatami zurück, dem der Dialog der Religionen am Herzen lag. Damals entstand zunächst ein Forschungsinstitut für interreligiöse Fragen; 2005 wurde daraus die »University of Religions and Denominations«, kurz URD. Eine einzigartige Einrichtung in Iran, die ich später selbst in Augenschein nehmen würde.

An der »Fakultät für abrahamitische Religionen«, wo Abaie lehrte, befassen sich Masterstudenten und Doktoranden mit Judentum und Christentum. Zusätzlich gibt es Kurse über die sonst oft geächteten nicht-monotheistischen Religionen, über Buddhismus und Hinduismus.

Es ist an der URD also normal, dass Schiiten Judaismus lehren. Aber während ihre Kollegen, die Christentum unterrichten, einige Monate im Vatikan verbringen, um sich weiterzubilden, können die Judaismus-Dozenten nirgends hinfahren: Israel ist für sie tabu, und die jüdischen Einrichtungen im Westen haben auch meist irgendwelche Beziehungen zu Israel. »Darum wollten sie von uns lernen«, sagte Abaie.

Zunächst kam er für einzelne Vorträge, seit einigen Jahren lehrte er nun offiziell und bezahlt als Gastdozent in Qom. Er gab Kurse für Geistliche und für Theologen im Masterstudium und unterrichtete zusätzlich jüdische Mystik. In allen Kursen saßen Frauen wie Männer. Auf meine Frage nach der Atmosphäre in den Seminaren sagte Abaie: »Wer zu mir kommt, zeigt dadurch bereits, dass er auch Religionen außerhalb des Islam als wahr anerkennt. Die anderen kommen erst gar nicht.«

Seine Bezahlung war gering, trotzdem machte Abaie die Arbeit gerne. »Die Fragen, die mir in Qom gestellt werden, sind für mich eine Herausforderung zum weiteren Forschen und Lernen. Manche, die in Judaismus promovieren, wissen theoretisch mehr als ich – aber ich vertrete die Praxis und die Tradition.«

Juden können im Staatsdienst arbeiten, zum Beispiel Lehrer an einer staatlichen Schule sein, aber sie dürfen keine Leitungsposition einnehmen. Deshalb müssen sogar die jüdischen Schulen einen muslimischen Rektor haben. Dies seien gutwillige, kooperative Leute, versicherte mir Abaies Schwester Elham. Sie war Computeringenieurin und hatte bei der Computerisierung der jüdischen Schulen geholfen.

Gegenwärtig arbeite sie wegen der Kinder nicht, sagte Frau Abaie, und ihr Ton klang ein wenig entschuldigend. Offenbar ist bei Jüdinnen Erwerbsarbeit so angesehen wie bei den meisten Iranerinnen. »Die Generation unserer Mütter blieb lieber zu Hause, aber heute ist mindestens die Hälfte berufstätig.«

Innerhalb der Gemeinde kann von Gleichberechtigung nicht die Rede sein. Im zwölfköpfigen Teheraner Vorstand ist nur eine einzige Frau. Der Sitz im Parlament ging bisher immer an einen Mann, und eine Kantorin haben iranische Synagogen noch nicht gesehen. Nur die Verwaltung des Krankenhauses wurde einige Jahre von einer Frau geleitet.

Familiäre Angelegenheiten dürfen die religiösen Minderheiten nach dem Recht ihrer jeweiligen Religion regeln. Nach der jüdischen *halacha*, wie sie in Iran praktiziert wird, ist für Frauen eine Scheidung noch schwerer zu erwirken als nach islamischem Recht. »Das ist fast unmöglich«, sagte Elham Abaie. »Es liegt an unseren Rabbinern. Nur sie könnten etwas ändern.«

Gemischte Ehen von Juden und Muslimen sind extrem selten. Die Rabbiner trauen keine gemischten Paare; die jungen Leute werden von der Gemeinde geächtet, manchmal sogar von den Eltern verstoßen. Eng zusammenstehen, lautet die Devise. Deshalb kennen iranische Juden auch keine unterschiedlichen Glaubensströmungen, haben weder Reformer noch Ultraorthodoxe.

Sabbatfeierlichkeiten und Antisemitismus

Es war an einem Freitag, wenn nach Anbruch der Dunkelheit der Sabbat beginnt, als mich die Studentin Elyan Musazadeh einlud, den Abend bei ihrer Familie zu verbringen. Die Musazadehs waren Mittelklasse-Iraner mit vier Kindern, einer Eigentumswohnung und einer kleinen Firma, die Schuhe und Taschen herstellte. In der jüdischen Gemeinde waren sie nicht aktiv.

Ich betrat ein typisch iranisches Wohnzimmer mit fast dreißig Sitzgelegenheiten. »Wir haben niemals so viele Gäste«, amüsierte sich Elyan, »aber die Mutter will es so.« Am Türrahmen zu jedem Zimmer hing eine Mesusa, die jüdische Schriftkapsel. Draußen vor der Wohnungstür war keine angebracht worden. Man muss den Nachbarn ja nichts auf die Nase binden.

Als ich ankam, machten sich Elyans jüngere Schwestern gerade für die Synagoge fertig; ihr kleiner Bruder und der Vater waren schon vorausgegangen. Elyan und ihre Mutter blieben lieber zu Hause. Die jüngeren Mädchen probierten vor dem Flurspiegel verschiedene Tücher, Schuhe und Stiefel; offenkundig machte man sich schick für die Synagoge.

Bevor sie das Haus verließen, es wurde jetzt dunkel, eröffnete die Mutter den Sabbat. Sie legte sich dafür einen dünnen Schal übers Haar, zündete zwei Kerzen an und nahm vom Küchenbord einen gerahmten Gebetstext in Hebräisch. Sie sprach das Gebet mit lauter Stimme, dabei mit dem Ton des Fernsehers konkurrierend. Ihn auszuschalten war es jetzt zu spät – am Sabbat sollen keine elektrischen Geräte benutzt werden. »Das macht nur der Vater«, erklärte Elyan. Anscheinend war es sein Vorrecht, die Regel zu brechen.

Alle hatten ihr Haar frisch gewaschen, denn in den nächsten 24 Stunden wurde nicht geduscht. Auch kein Internet benutzt.

Musazadeh, das bedeutet übersetzt: die Nachkommen von Moses; es schien mir ein typisch jüdischer Name zu sein, aber ich irrte mich. Auch iranische Muslime können so heißen, denn sie verehren Moses gleichfalls als Propheten. Aber ihr Vorname, sagte Elyan, sei jüdisch, er bedeute »Licht Gottes«; sie werde von Kommilitonen häufig neugierig auf den Namen angesprochen und erlebe keine feindseligen Reaktionen.

Religiöse Minderheiten sind manchmal an den Namen erkennbar, aber genauso oft eben nicht. Familiennamen wurden in Iran erst Anfang des 20. Jahrhunderts eingeführt und häufig von Orten oder Berufen abgeleitet. Es gibt hebräische Vornamen, die von Muslimen benutzt werden, etwa David, von ihnen Davud ausgesprochen. Ebrahim (Abraham), Soleiman (Salomon), Eschaq (Isaac) oder Yaqub (Jacob) verweisen gleichfalls auf ein geteiltes religiöses Erbe. Und alte persische Namen sind heute bei Juden ebenso in Mode wie bei den übrigen Iranern.

Elyan hatte viele muslimische Freunde, manche noch aus der Schulzeit, sie kamen zu ihr nach Hause und sie ging zu ihnen. Sie erzählte das völlig beiläufig, für mich ein Beleg, dass die Auffassung, Juden seien »unrein«, heute ausgestorben ist. Unterdessen war Frau Musazadeh ins Nebenzimmer gegangen, um Fotos von einem Familienausflug zu holen; die Bilder waren in Susa, in der Provinz Khuzestan, aufgenommen worden: vor einem Grab, das dem biblischen Propheten Daniel zugeschrieben wird. Der Schrein wird von iranischen Juden und Muslimen gleichermaßen gerne besucht.

Ein Wandkalender im Flur erregte meine Neugier. Auf einem einzigen Blatt zeigte er die Komplexität iranischen Lebens. Für jeden Tag vier verschiedene Daten, vier Monatsnamen, vier Jahreszahlen. Der gregorianische Kalender, der muslimische Mondkalender, der iranische Sonnenkalender und als Viertes der jüdische Kalender, demzufolge wir bereits im sechsten Jahrtausend leben. Im Mittelteil standen Empfehlungen, welcher Abschnitt der Tora zu lesen sei. Am Fuß des Blatts warben ein jüdischer Zahnarzt und eine koschere Pizzeria.

Als die Synagogen-Gänger zurückkamen, setzten wir uns zu Tisch. Herr Musazadeh, ein ruhiger, zurückhaltender Mann mit grauem Vollbart, sagte nicht viel. Die Mutter hatte sich nun zu ihrer ärmellosen Lurexbluse erneut den Schal übers Haar gelegt. Der Vater sprach ein Gebet, alle sagten Amen, und er trank den ersten Schluck von einem hochprozentigen Weißwein, den die Familie selbst auf dem Balkon gekeltert hatte. Das Glas wurde herumgereicht, ich bekam es als Ehrengast nach dem Vater; danach nahm jeder einen winzigen Schluck, auch der kleine Sohn benetzte die Lippen.

Es folgten Trauben und Bananen. Ein mit religiösen Motiven besticktes Tuch, das Brot abdeckend, wurde gelüftet; der Vater brach die dünnen Fladen und gab jedem ein Stück. Anschließend Fisch, obligatorisch am Sabbat; es war Thunfisch aus der Dose, dazu ein Salat aus Roter Bete und Apfel. Dann Gebäck und Tee. Als ich den Abschied einläuten wollte, sagte Elyan: »Aber nein! Es gibt doch noch Abendessen!« Auch dies war wie bei anderen iranischen Abendeinladungen: Wenn man satt ist, kommt erst das Essen.

Die Mutter machte sich mit Hilfe der jüngeren Töchter in der Küche zu schaffen. Eigentlich war wegen der Sabbat-Regeln alles vorgekocht, aber der Reis schmeckte doch besser frisch! Der Junge spielte währenddessen um die zahlreichen Stühle herum Fußball, während sich der Vater vor den Fernseher setzte und über dem Regelbruch einnickte.

Als alle erneut am Tisch saßen, gab es Huhn im Gemüseeintopf. »Eintopf muss sein am Sabbat«, sagte Elyan. Ihre jüngste Schwester sollte bald ins Bett: Sie ging auf eine öffentliche, also muslimische Schule. Obwohl sie aufgrund der neuen Regelung am Sabbatmorgen hätte zu Hause bleiben können, wollte sie den Unterrichtsstoff lieber nicht versäumen. Elyan wählte ihre Vorlesungen an der Universität nach Möglichkeit so, dass der Samstag frei blieb. »Ich fühle mich unbehaglich, wenn ich am Sabbat aus dem Haus muss.«

Auf einer Anrichte lag eine zweisprachige Tora. Elyan las sie in der persischen Übersetzung. Der Vater sprach als Einziger in der Familie gut hebräisch. In Israel zu leben, hatte ihn gleichwohl nie gereizt. Und Amerika? Ein Onkel lebte in New York, sie hatten ihn besucht. Das Leben dort sei ihr zu hektisch, sagte die Mutter.

Den ganzen Abend über erwähnte niemand den Holocaust. Die Musazadehs schienen mein Deutschsein nicht mit der Erinnerung an den Judenmord zu verknüpfen. Der Vater fragte mich nur einmal, ob ich Jiddisch verstünde.

Am Nachmittag, vor dem Beginn der Sabbatruhe, war ich mit ihm und Elyan zum jüdischen Friedhof von Teheran gefahren. Im Wagen von Herrn Musazadeh hing am Rückspiegel eine vergoldete Miniatur-Torarolle; auf dem Armaturenbrett klebte das zerknitterte Foto eines Rabbiners früherer Zeiten, der als Heiliger galt.

Das große Friedhofstor stand offen. Mein Blick fiel als Erstes auf ein Mahnmal, es gedachte der jüdischen Gefallenen im Iran-Irak-Krieg. Die Regierung von Hassan Rohani hatte es aufstellen lassen, von Nationalflaggen flankiert – eine Geste an die iranischen Juden, dass ihre Märtyrer gleichermaßen zählten. Einer von ihnen war nicht im Krieg, sondern bei den Kämpfen für die Revolution gefallen. Das Denkmal erinnerte entfernt an die Klagemauer, auf dem Sandstein war ein siebenarmiger Leuchter zu sehen, und die Beschriftung nannte Namen und Herkunftsorte der Gefallenen. »Das ist gut«, sagte Elyan, »sie haben etwas für unser Land getan.«

Der Friedhof war gepflegter und schöner, als ich erwartet hatte. Es gab auf Youtube Videos, die nur Verfall und umgestürzte Grabsteine zeigten; offenkundig antiiranische Propaganda. Zwischen Pinien sah ich zahlreiche Sarkophage aus weißem oder schwarzem Marmor, kunstvoll beschriftet, mehr in Persisch als in Hebräisch. Ältere Grabsteine zeigten oft den Davidstern. Der Friedhof wurde 1936 angelegt, unter Reza Schah. Das Grab von Chaim Moreh, einem blinden Gelehrten, stammte aus jener Zeit; es war das bedeutendste der Anlage. Auf seinem schwarzen Sarkophag lagen frische Blumen.

Innerhalb des Friedhofsgeländes lebte eine Wärterfamilie, die nach dem Rechten sah. Es waren Muslime.

Wir kamen am Grab von Elyans Großvater vorbei, ihm hatte eine koschere Metzgerei gehört. Herr Musazadeh hielt auch an der Grabstätte eines früheren Lehrers inne und legte für einen Moment die Hand auf den Stein. Als wir uns dem Zaun des Friedhofs näherten, sah ich die Gräber, derentwegen ich vor allem gekommen war: Sie gehörten Holocaust-Flüchtlingen.

Flache rötliche Steinplatten lagen in Reihen, wie bei Soldatengräbern. Die Namen darauf klangen polnisch, manche deutsch. Jede Platte trug eine Nummer, die höchste war dreiundsechzig. Manche Gräber gehörten Kindern, siebenjährigen, zehnjährigen. Die meisten Platten zeigten als Todesdatum nur eine Jahreszahl: 1942.

In jenem Jahr waren Zehntausende erschöpfter und unterernährter Flüchtlinge in Teheran angekommen. Sie hatten eine furchtbare Odyssee hinter sich; meist aus Polen, einige aus Deutschland stammend, waren sie vor der Wehrmacht durch Osteuropa und die Sowjetunion geflüchtet, drei Jahre lang, und fanden nun in Iran ein zeitweiliges Asyl. In den Trecks, denen auch christliche Polen angehörten, waren knapp tausend jüdische Kinder, meist Waisen. Sie wurden später international als die »Teheran-Kinder« bekannt.

Die Jewish Agency, die damals die jüdische Einwanderung nach Palästina betrieb, nahm diese Kinder in ihre Obhut und organisierte Anfang 1943 ihren Transport auf dem See- und Landweg nach Palästina. Achthunderteinundsechzig Kinder trafen schließlich dort ein. Sie hatten in vier Jahren mehr als zwanzigtausend Kilometer hinter sich gelegt.

Die rötlichen Steine, vor denen wir standen, zeugten von jenen, die bereits zu entkräftet waren, um sich im iranischen Asyl erholen zu können. Es gab einige größere Grabsteine für erwachsene Flüchtlinge, die offenkundig in Teheran geblieben waren und später verstarben. Vor einigen Jahren hatte die polnische Regierung das Areal mit einem Zementsockel befestigen lassen, nicht ansehnlich, aber haltbar.

An den gewöhnlichen Grabstätten waren an diesem Freitagnachmittag zahlreiche Menschen, die ihrer Angehörigen gedachten. Auf meine Bemerkung, die toten Flüchtlinge hätten niemanden, der sie besucht, antwortete Elyan tröstend: »Jeder, der hier betet, betet für alle auf dem Friedhof.«

Am Ausgang stand ein großes Wasserbecken. Wir wuschen nicht nur unsere Hände, sondern reinigten auch die Schuhsohlen. In grüne Plastikbecher füllte man Wasser, machte damit eine Pfütze auf dem Boden und trat hinein. Damit die Atmosphäre des Friedhofs nicht in die Wohnung getragen wurde.

Elyan und ihr Vater hatten die Geschichte der Teheran-Kinder nicht gekannt. Obwohl die jüdischen Waisen damals auch die Fürsorge der iranischen Gemeinde erfuhren, war mit der nachfolgenden Generation darüber anscheinend wenig gesprochen worden. Der Holocaust, die Schoah, war für die iranischen Juden anders als für die europäischen ein geografisch fernes Ereignis; sie waren nie bedroht.

Unter den übrigen Iranern ist das Wissen erst recht begrenzt. Es gibt wenig persischsprachige Literatur über den Judenmord – so wenig, dass sich vor einigen Jahren ein jüdisch-iranischer Frauenarzt in Los Angeles daranmachte, die Lücke zu füllen. Ardeschir Babaknia schrieb als engagierter Laienhistoriker ein vierbändiges Werk über den Holocaust in Farsi, das über private Kanäle auch in den Iran gelangte.

Aber selbst die Geschichte eines Judenretters, eines iranischen Oskar Schindler, ist vielen Iranern nicht geläufig.

Abdol-Hossein Sardari, ein Nachfahre der qadscharischen Königsfamilie, hatte in Genf Jura studiert und wurde 1940 Leiter der iranischen Vertretung im besetzten Paris. Noch war Schah Reza an der Macht, er pflegte gute Beziehungen zu Nazi-Deutschland, lehnte aber die Judenverfolgung ab. Sardari machte sich diesen doppelten Umstand zunutze: Er stellte für Hunderte Juden in Paris iranische Pässe aus sowie andere Dokumente, mit denen sie sicher durch das besetzte Europa reisen konnten. In seinem Schriftverkehr mit den NS-Behörden erfand der Diplomat sogar eine vermeintlich jahrhundertealte persische Juden-Spezies namens »Djuguten«, die mit den europäischen Juden rassisch nicht verwandt sei.

Wie vielen Juden Sardaris Mut und Geschick das Leben rettete, wissen wir nicht genau; Schätzungen reichen bis zu zweitausend. Zum Schutz der Verfolgten setzte er auch sein Privatvermögen ein. Nach dem Krieg drängte sich Sardari nicht nach Anerkennung. Später verarmte er durch die iranische Revolution und starb vereinsamt irgendwo in England. Erst 2004 verlieh ihm das Simon-Wiesenthal-Zentrum posthum eine Auszeichnung.

Drei Jahre später wurde die Geschichte des Judenretters Vorlage für eine Serie im Staatsfernsehen – zu einer Zeit, als Mahmud Ahmadinedschad Präsident war und den Holocaust bekanntlich »einen Mythos« nannte. Nichts ist in diesem Land unmöglich.

Ahmadinedschads Nachfolger Rohani und sein Außenminister Javad Zarif bemühten sich, ostentativ ein neues Kapitel zu beginnen und bezeichneten den Judenmord mehrfach als historische Tragödie. Zumindest Zarif wurde dafür vom rechten Spektrum in Iran heftig gerügt. Die Bewertung der Schoah ist zum Bestandteil des inneriranischen Machtkampfes geworden, und die Hardliner wissen in dieser Frage den Revolutionsführer auf ihrer Seite. Weniger tote Juden, so die krude Logik, bedeute eine Schwächung Israels, weil die moralische Begründung seiner Existenz dadurch quasi vermindert würde. Schwer zu sagen, was dabei Überzeugung ist und was bloße Taktik. Eine feindselige Stimmung gegenüber dem Westen und gegenüber Israel ist aus Sicht der Hardliner ein Lebenselixier der Islamischen Republik. Sie pflegen für innenpolitische Zwecke die rituelle Doppellosung »Tod Amerika! Tod Israel!« fast unabhängig von der jeweiligen Außenpolitik.

Antisemitismus ist nach internationalen Studien, etwa durch die US-amerikanische »Anti-Defamation League«, in Iran weniger verbreitet als in arabischen Ländern, aber es gibt ihn natürlich, und er verquickt sich mit Kritik an Israels Politik gegenüber den Palästinensern. Zwei sogenannte Holocaust-Karikaturenwettbewerbe waren dafür ein Beispiel. In beiden Fällen war ein weiteres Element der Auslöser: westliche Schmähdarstellungen des Propheten Mohamed, erst in Dänemark, dann im Pariser ›Charlie Hebdo‹.

Ich traf den Verantwortlichen für die Wettbewerbe, Massud Schodschai Tabatabai, im Teheraner »Haus der Karikaturen«, dessen Direktor er war. Tabatabai, selbst Maler und Grafiker, erklärte mir seine Motive so: »Wir sind im Krieg, in einem Krieg der Bleistifte. Der Westen stellt unsere Religion in Frage, also stellen wir in Frage, was dem Westen heilig ist.« Das Thema Holocaust schien dabei nur ein Instrument zu sein. »Ich bezweifle nicht, dass es den Holocaust gab«, sagt Tabatabai. »Es gab Auschwitz, es gab die Gaskammern. Aber die Zahl der Opfer wurde übertrieben, im Interesse der Zionisten.« Auf den Wettbewerbspostern stapelten sich Stahlhelme mit Hakenkreuz und mit Davidstern übereinander. Die Gleichsetzung von israelischer und NS-Politik war ein Lieblingsmotiv, auch bei nicht-iranischen Zeichnern. Manche Beiträge verwendeten uralte antisemitische Stereotype, etwa vom Blut trinkenden Juden.

Tabatabai zeichnete auch für ›Kayhan‹, das publizistische Flaggschiff der iranischen Hardliner. Er war als junger Freiwilliger im Iran-Irak-Krieg gewesen. Dessen Opfer hielt er in hohen Ehren. Für die Opfer des Holocaust empfand er nichts.

Über die unappetitlichen Wettbewerbe wurde in westlichen Medien weitaus mehr berichtet als in iranischen. Als Ahmadinedschad 2006 vom Holocaust-Mythos sprach, hatte der damalige jüdische Parlamentsvertreter den Präsidenten öffentlich kritisiert: das sei »eine Beleidigung aller jüdischen Gemeinschaften der Welt«. 2016, beim zweiten Wettbewerb, zog es die Gemeinde vor, ihn nicht durch Kritik aufzuwerten; immerhin hatte sich die Rohani-Regierung bereits distanziert. Und doch kam dann ein Nachspiel: Ein leitender Beamter des Kulturministeriums zeichnete die Gewinner jenes Wettbewerbs aus, mit dem die Regierung angeblich nichts zu tun haben wollte. Und dieser Mann war kein Geringerer als der Direktor des Museums für Zeitgenössische Kunst, der Herr über Picasso, Warhol, Pollock.

War das womöglich ein Kniefall vor den Hardlinern, um für anderes mehr Spielraum zu haben? Jedenfalls kann in Iran hinter der nächsten Ecke alles immer anders aussehen, als man eben noch dachte. Auf diesem schmalen Grat balanciert auch die jüdische Gemeinde.

Die Feindschaft zwischen Iran und Israel hat ursächlich mit Religion wenig zu tun. Das junge Israel betrachtete Iran zunächst als natürlichen Verbündeten: Der erste Regierungschef David Ben Gurion wollte die Feindschaft seitens der arabischen Staaten durch eine »Allianz der Peripherie« kompensieren, ein Bündnis mit nicht-arabischen Partnern. Und Iraner und Israelis einte nicht zuletzt ihr Überlegenheitsgefühl gegenüber den Arabern.

Mohammed Reza, der letzte Schah, holte zahlreiche israelische Experten ins Land, für Bewässerung, Flugzeugbau, Offizierstraining – und für den Geheimdienst: Irans berüchtigter Savak wurde vom Mossad mit aufgebaut. Hier setzte in den 1960er-Jahren Khomeinis Agitation an, oszillierend zwischen Befreiungsrhetorik und Antisemitismus: »Ist der Schah etwa ein Jude?«

Obwohl auch die iranische Monarchie Israel diplomatisch niemals voll anerkannt hat, lebten mehrere Tausend israelische Geschäftsleute mit ihren Familien in Teheran, schreibt Yossi Alpher, damals der Iran-Verantwortliche des Mossad. Die Kooperation währte fast zwei Jahrzehnte; manche Israelis glaubten gar, damit erfülle sich – siehe Kyros und Esther – eine biblische Prophezeiung.

Nach der Revolution ging im Stillen noch manches weiter. Ministerpräsident Menachem Begin bemühte sich um Teherans neue Führung; Khomeini, in der Praxis pragmatischer als in seinen Reden, wollte auf israelische Technologie nicht ganz verzichten. Vermittelt durch Israel verkaufte das Pentagon 1985/86 Iran sogar heimlich einige Waffen: die ominöse »Iran-Contra-Affäre«.

Erst in den veränderten politischen Koordinaten nach dem Ende der Sowjetunion entbrannte offene Feindschaft. Irans Stellung war nun gestärkt, und Israel konnte seine militärische Überlegenheit in der Region nicht mehr als unangefochten betrachten. Premier Jitzchak Rabin, der den Frieden mit den Arabern suchte, verkündete 1992 eine drastische Wende: »Der Iran muss als Feind Nummer eins identifiziert werden.« Wenig später wurde Iran erstmals beschuldigt, binnen fünf Jahren im Besitz der Atombombe zu sein.

Als 2015 die Vereinbarung über das iranische Nuklearprogramm geschlossen wurde, standen Israels Likud-Regierung und die jüdische Gemeinde Irans auf diametral gegensätzlichen Positionen. Premierminister Benjamin Netanjahu bekämpfte das Abkommen mit allen Mitteln und warf Iran sogar vor, »einen weiteren Holocaust« zu planen. Die iranischen Juden hatten hingegen von Beginn an für eine Einigung geworben, auch bei der US-Regierung. Der Streit um den Nukleardeal erwies sich auch als Katalysator für Veränderungen im Verhältnis zwischen Israel und der Diaspora. In den USA wurde offenbar, dass die Mehrheit der amerikanischen Juden eine israelische Außenpolitik dieser Art nicht mehr unterstützt.

Die iranischen Juden haben sich in der Vergangenheit häufig von Israels Palästina-Politik distanziert. Der Verdacht, dies sei erzwungene Anpassung ans Regime, trifft sie heute weniger als früher. Denn es gibt nun ähnlich klingende jüdische Stimmen in anderen Teilen der Welt. Die iranische Führung wiederum betreibt ihre rhetorische Palästina-Solidarität, um zu demonstrieren, dass der revolutionäre Antiimperialismus der frühen Tage nicht gänzlich erloschen ist. Tatsächlich haben Iraner für die Angelegenheiten der Palästinenser nie eine große Leidenschaft empfunden.

Nach dem Nukleardeal durfte erstmals seit der Revolution der Reporter einer jüdischen, proisraelischen US-Tageszeitung nach Iran kommen. Larry Cohler-Esses vom New Yorker ›The Forward‹ schrieb nach seiner Reise: »Gewöhnliche Iraner, mit denen ich sprach, haben keinerlei Interesse, Israel anzugreifen.« Einige hochrangige Geistliche und Beamte hätten ihm gegenüber Distanz zur offiziellen Anti-Israel-Politik erkennen lassen. Und auch solche, die den jüdischen Staat rundweg ablehnten, würden eine Zwei-Staaten-Lösung akzeptieren, sofern die Palästinenser ihr in einem Referendum zustimmten.

Noch einmal ein Sabbat, diesmal in Isfahan. Und dies war nicht irgendein Samstag, sondern Aschura, der Höhepunkt des schiitischen Trauermonats. Auf dem Imam-Platz sammelten sich Tausende von Muslimen zur Parade: Trommeln, Kettenschläger, Lehm in Gesichtern. Zehn Minuten Fußweg davon entfernt waren in der Keter-David-Synagoge etwa hundert Männer und zwei Dutzend Jungen in naturweiße Gebetsschals gehüllt. Die Frauen saßen auf der Balustrade, sie trugen ihre Straßenkopftücher. Durch bunte Glasfenster fiel ein weiches Licht in die Halle.

Einige Männer sangen, die Jungen liefen umher, spielten mit ihren Schals und krähten mit hellen Stimmen frisch gelernte hebräische Verse. Ein kleiner Junge kletterte auf einen Plastikstuhl und durfte eine Zeile aus der Tora vorlesen. Dies war keine sterbende Gemeinde. Die Isfahaner Juden, es waren etwa eintausendsechshundert, hatten genug Kinder, um sich zu erhalten.

Nach dem Ende des Gottesdiensts trat ich auf die Straße. Immer noch strömten Menschen zum Imam-Platz. Vor der Synagoge wurden mir *Nasri* in die Hand gedrückt, die schiitischen Wohltätigkeitssnacks, Safranreis mit Zimt.

Ich empfand die friedvolle Parallelität zweier religiöser Ereignisse als kostbaren Moment.

Das imperiale Syndrom. Vielvölkerstaat und Ariermythos

Was ist Iran – und wer ist Iraner? Nur selten gibt jemand darauf eine so gleichmütige Antwort wie der Dichter Sohrab Sepehri. »Mein Stammbaum reicht vielleicht bis zu einer Dirne in Buchara zurück.«

Iran hat eine lange Geschichte als Vielvölkerstaat. All seine Nachbarn sind als Staaten in ihren jetzigen Grenzen kaum einhundert Jahre alt. Die Iraner konnten sich hingegen etwas Großem, Bleibendem zugehörig fühlen. Das prägte sie, aber es machte sie auch anfällig für mythische Auffassungen von dem, was sie sind und woher sie kommen.

Im Teheraner Nationalmuseum steht eine Granitstatue von Darius I., der das Persische Reich zum Zeitpunkt seiner größten Ausdehnung regierte; es reichte damals von Ägypten bis Indien. Die Statue, die Darius zum Geschenk gemacht wurde, ist beschriftet mit den damals drei offiziellen Sprachen – Altpersisch, Elamisch, Babylonisch –, und auf ihrem Sockel werden die vierundzwanzig Völker des Reichs in völliger Gleichberechtigung dargestellt.

Eine Landkarte, die eine Vorstellung vermittelt von der gewaltigen Größe des damaligen Reichs, erfreut sich bei Iranern großer Beliebtheit. Allerdings ist bei vielen in Vergessenheit geraten, was das Geheimnis dieser Größe war: ein ethnisch neutraler Expansionismus. An dessen Stelle ist im Laufe des 20. Jahrhunderts ein Nationalismus getreten, der auf die antike Karte eine Folie modernen Denkens gelegt hat und einen aus Europa importierten Begriff – als gäbe es eine persische Nation, seit Urzeiten.

Daraus ist ein weiterer, bei uns besonders verbreiteter Irrtum entstanden: Iraner und Perser seien Synonyme. Dabei gibt es in der persischen Sprache kein Volk namens Perser, denn das Wort bezeichnet dort nur die Bewohner einer einzigen Provinz, einst Pars genannt, heute Fars. Und tatsächlich hat nur etwa jeder zweite Iraner Persisch als Muttersprache.

Mindestens achtunddreißig Millionen Iraner sprechen zu Hause eine von neun oder zehn anderen Sprachen. Zu ihnen zählen Türkisch/Aserbaidschanisch, Arabisch, Kurdisch, Lorisch, Balutschi und Turkmenisch. Daneben gibt es kleinere Minderheitensprachen wie Armenisch oder Assyrisch. Masanderanisch und Gilaki, am Kaspischen Meer gesprochen, werden von manchen als Mundarten, von anderen als Sprachen bezeichnet.

Über die Größe der ethnischen Minderheiten veröffentlicht die Regierung keine Zahlen. Wir müssen uns also mit Schätzungen verschiedenster Institute behelfen, aus denen sich grob folgendes Bild ergibt: Perser fünfzig bis sechzig Prozent, Aserbaidschaner ungefähr zwanzig Prozent, Kurden zehn Prozent, Loren sechs Prozent, Araber zwei Prozent, Balutschen zwei Prozent, Turkmenen ein Prozent.

Ferner sind drei bis fünf Millionen Afghanen in Iran, einst Flüchtlinge, viele nun bereits in zweiter Generation, doch meist ohne geregelten Status.

Die Minderheiten leben keineswegs nur in den Regionen, die ihren jeweiligen Namen tragen, wie Kurdistan oder Aserbaidschan. Irans Ethnien- und Sprachenkarte ähnelt einem verwirrend gemusterten Teppich. Ein Grund dafür ist die nomadische Vergangenheit des Landes: Mit den Herden reisten auch die Sprachen ihrer Besitzer in neue Räume. So zieht sich zum Beispiel vom Nordwesten bis zum Persischen Golf eine Siedlungslinie turksprachiger Völker; die zu ihnen gehörenden Qaschqai leben in Dörfern bis vor den Toren Isfahans.

Wie der Staat die Minderheiten behandelt, ist also kein Randthema, sondern betrifft das Herz des Landes.

In der Verfassung der Islamischen Republik heißt es in Artikel 15: »Die gemeinsame Sprache und Schrift des iranischen Volkes ist Persisch. Offizielle Urkunden, Schriftwechsel und Texte sowie Lehrbücher müssen in dieser Sprache und Schrift abgefasst sein. Der Gebrauch der einheimischen Sprachen und Dialekte in der Presse und in anderen Medien wie auch der Unterricht der entsprechenden Literatur in den Schulen ist jedoch neben der persischen Sprache frei.« Artikel 19 der Verfassung sichert allen ethnischen Gruppen gleiche Rechte zu. Die Realität ist davon weit entfernt. Bis heute wird den Minderheiten Unterricht in der Muttersprache vorenthalten – aus übertriebener Angst vor Separatismus und wegen eines mythischen Verständnisses von Nation, das sich mit der Idee kultureller Autonomie schlecht verträgt.

Grüne Hügel der Dissidenz – das Beispiel Kurdistan

Es war Frühjahr, als ich nach Kurdistan fuhr. Wiesen und Felder empfingen mich mit einem überwältigenden Grün. Ich reiste in Sammeltaxis, die weite Strecken zurücklegen. Mein Ziel war Sanandadsch, die Hauptstadt der iranischen Provinz Kurdistan. Mein Fahrer auf dem letzten Stück der Strecke schien wie aus dem Bilderbuch entstiegen: Pluderhose und Kittel aus schwerem Stoff, breite Bauchbinde, kühn drapierter Kopfschmuck. Der Mann war älter, sein Gesicht gegerbt, die Wimpern so dicht und schwarz, als sei er geschminkt. Meine folkloristischen Betrachtungen endeten abrupt, als wir in Sanandadsch eintrafen. Die Stadt wirkte modern, und sie war voller Polizei.

Tatsächlich trugen nur ältere Männer noch die volle kurdische Kluft. Die Jungen bevorzugten Jeans; die mittlere Generation kombinierte Pluderhose mit Oberhemd. Die meisten Frauen kleideten sich kaum anders als modebewusste Teheranerinnen, und aus den Kopftüchern schauten oft blond gefärbte Haare hervor.

Auf den Straßen der Innenstadt stand alle fünfzig Meter ein Polizist. Manche liefen in einschüchternden Dreiergruppen, die ganze Breite des Bürgersteigs einnehmend. Anderswo in Kurdistan hatten am Morgen Unruhen begonnen, und die Drohgebärden sollten verhindern, dass sich Sanandadsch anschloss. Abends fuhren Uniformierte auf Mopeds herum, der Beifahrer auf dem Soziussitz mit einem langen Knüppel bewaffnet.

An älteren Häusern waren noch Einschusslöcher aus der Zeit der Kämpfe in den ersten Jahren nach der Revolution zu sehen. Viele Kurden hatten damals auf einen Autonomiestatus gehofft; ihre kritische Haltung zur neuen islamischen Regierung war mit Waffengewalt und Hinrichtungswellen beantwortet worden. Während des Iran-Irak-Kriegs hatten dann beide Staaten jeweils die Kurden der anderen Seite unterstützt, um den Gegner zu destabilisieren.

Für die chronische Unübersichtlichkeit der Auseinandersetzungen bei den Kurden diesseits und jenseits der Grenze hat der kurdische Autor Bachtyar Ali in seinem Roman ›Der letzte Granatapfel‹ die Metapher geprägt, es handele sich um ein Schachspiel, »bei dem du nicht wirklich weißt, welche Figuren dir gehören«, weil sie »vor deinen Augen die Farbe wechseln«. In jüngster Zeit operieren bewaffnete Kämpfer von der autonomen kurdischen Zone in Irak aus; sie haben keine Basis in der kurdischen Zivilgesellschaft Irans und stehen im Verdacht, von Saudi-Arabien unterstützt zu werden.

Trotz der Drohgebärden von Polizei und Revolutionsgarden empfand ich Sanandadsch als eine freundliche Stadt. Die Großherzigkeit, die ich aus anderen Regionen Irans kannte, wurde in Kurdistan noch übertroffen. Die Geschäftsinhaber bestanden darauf, mir zu schenken, was ich kaufen wollte, und wenn ich meinerseits auf dem Bezahlen bestand, steckten sie mir die dreifache Menge in die Tüte.

Überall wurde der örtliche kurdische Dialekt gesprochen, *sorani*; zugleich beherrschte jeder Persisch, die einzig erlaubte Schulsprache in Kurdistan. Immerhin gab es private Sprachschulen, die das Schreiben des Kurdischen vermittelten, in persisch-arabischer Schrift. Der Kontrast zwischen Muttersprache und Amtssprache ist für die iranischen Kurden nicht so groß wie für die türkischen, denn Persisch und Kurdisch haben gemeinsame Wurzeln. Auch das Wort Kurdistan, »Land der Kurden«, ist persisch.

Einige Monate nach meinem Aufenthalt in Sanandadsch kam Präsident Rohani zu Besuch, begann seine Rede mit ein paar Sätzen in Kurdisch und verkündete, an der örtlichen Universität dürfe nun kurdische Sprache und Literatur gelehrt werden. Tatsächlich konnten sich wenig später Studenten dafür einschreiben; das weckte Hoffnungen bei anderen Minderheiten.

Eine kurdische Mittelstandsfamilie lud mich zum Mittagessen in ihr Haus. Drei Generationen saßen um das Tischtuch, das in traditioneller Manier auf dem Teppich ausgebreitet war.

Die Ältesten in der Runde hatten als Kinder die Republik von Mahabad erlebt, einen kurzlebigen kurdischen Staat auf iranischer Erde. Er entstand nach dem Ende des Zweiten Weltkriegs 1945/46 mit Unterstützung der Sowjetunion – sie hatte damals Truppen in Iran – und umfasste wenig mehr als die Stadt Mahabad, etwa drei Autostunden nördlich von Sanandadsch. Der Ministaat besaß ein Parlament und eine Armee, führte Kurdisch als Amtssprache ein, druckte kurdische Schulbücher und Zeitungen. Nach einem Jahr, als die Sowjetunion unter westlichem Druck ihre Unterstützung zurückzog, wurde die aufständische Republik von der Zentralregierung überwältigt, der Anführer öffentlich gehenkt. »In jedes Haus haben sie damals einen Soldaten gesetzt«, erinnerte sich an unserem Tischtuch eine alte Frau.

Ein anderer Teil der Familie war aus Sulaimanya zu Besuch, aus dem autonomen Irakisch-Kurdistan; dort ließ sich eher Geld verdienen als diesseits der Grenze.

Erst nach mehreren Stunden Essen und Plaudern wurde mir bewusst: Hier saßen Schiiten und Sunniten, die Familie war konfessionell gemischt, und niemand machte Aufhebens davon. »Wir sind alle Kurden. Das ist viel wichtiger.«

Ich fragte in die Runde, was der größte Unterschied sei zwischen den Kurden und den übrigen Iranern, und bekam drei selbstbewusste Antworten. Wir sind älter als die Iraner. Wir sind gastfreundlicher als sie. Und uns sind die Menschenrechte wichtiger.

Tatsächlich hatte die Demokratiebewegung von 2009 in Kurdistan große Unterstützung gefunden; die Kurden wollten nicht nur für sich selbst mehr Rechte.

So selbstgewiss in diesem bürgerlich-mittelständischen Milieu die eigenen Vorzüge gezeichnet wurden – zum Abschied fiel ein messerscharfer Satz des Hausherrn: »Wenn ich mit einer kurdischen Hose in ein gutes Restaurant in Teheran gehe, werde ich nicht bedient. Die Perser mögen unsere Kultur nicht.«

Am Abend besuchte ich den Bildhauer Hadi Zia od-Dini. Seine Werkstatt befand sich im Seitenflügel eines alten Palastes. Von Zia od-Dini stammen Skulpturen diverser Helden der kurdischen Geschichte; er selbst erwies sich als eher introvertierter Zeitgenosse. Während er die Arbeit an einer Gipsbüste fortsetzte, sagte er mir, er schätze Käthe Kollwitz. Als ich od-Dinis Kreidezeichnungen sah, verstand ich die Nähe zu Kollwitz sofort. Ein ähnlicher Humanismus, dem leidenden, geschundenen Menschen zugewandt. Stämmige Frauengestalten, von Arbeit gezeichnet; eine junge Schwangere, deren leerer Blick die ganze Geschichte erzählte.

Kunst müsse sich der Sprache einfacher Menschen bedienen, sagte der Bildhauer, und sei deshalb von Politik nicht zu trennen. Viele hätten in Sanandadsch mit dem Gefängnis Bekanntschaft gemacht; ob er selbst darunter war, ließ er offen – so halten es

Exgefangene häufig in Iran. Seine Werkstatt diente als Verkaufsraum; alle Frauenskulpturen, die Brust, Haare, Beine zeigten, waren nur »zum privaten Gebrauch«. Auch eine klagende Mutter, die Hände wie zum Gebet erhoben, den Kopf in den Nacken geworfen, durfte nicht öffentlich aufgestellt werden. »Weil eine Märtyrermutter glücklich aussehen muss?«, fragte ich. »Nein«, antwortete der Bildhauer. »Weil es eine kurdische Mutter ist, die einen kurdischen Märtyrer beweint.«

Von Zia od-Dini stammte auch eine Statue im Stadtzentrum: ein Mann in kurdischer Kluft, der seine Arme in die Luft reckt – ob aus Freude oder aus Verzweiflung war schwer zu sagen. Offiziell heißt der Platz Azadi-Platz, Freiheitsplatz. Viele Einheimische benutzen einen anderen Namen, sie nennen den Platz nach einem Märtyrer aus den ersten Tagen der Revolution.

Zwei Sorten Tote, immer wieder. Die Ferdausi-Straße im Zentrum war gesäumt von Porträts offizieller Märtyrer: Kurden, die im Krieg gegen den Irak gefallen waren; zwischen den jungen Gesichtern das Foto des Revolutionsführers. Die Kriegserfahrung, in Iran für so vieles benutzt, diente in Kurdistan der Beschwörung nationaler Einheit.

Mystizismus ist im kurdischen Religionsverständnis tief verankert. In Sanandadsch, mehrheitlich sunnitisch, gab es angeblich 60 *khaneqah*, Sufi-Konvente; sie waren von außen nicht leicht zu erkennen. Die Khaneqah, die ich schließlich fand, war ein alter Ziegelbau ohne besondere Merkmale. Durch die Küche der Familie, die dort wohnte, ging man in einen Versammlungsraum mit hoher Decke. Mein Blick fiel als Erstes auf ein großes Schwarzweißfoto, es zeigte einen abgemagerten Mann mit glühendem Blick, ein Scheich, der nichts mehr gegessen habe, wurde mir gesagt, um einen höheren spirituellen Zustand zu erreichen.

Der Konvent gehörte zur *Qadiriya*, einer internationalen Bruderschaft, die ich aus Westafrika kannte. In Kurdistan war die Qadiriya eine der beiden Hauptströmungen der Sufis; sie hatte

Mitglieder auf beiden Seiten der iranisch-irakischen Grenze. Der Meister der Gruppe in Sanandadsch erklärte mir, er habe anders als schiitische Sufis kaum Probleme mit dem Staat, dafür aber mit radikalen Sunniten, die aus dem Irak einsickerten. In den kurdischen Dörfern traten neuerdings Salafistenprediger auf; einmal kamen sie zum Streitgespräch in den Konvent. »Als sie gingen, sagten sie zu mir: ›Du bist kein Muslim.‹« Die Klage der Regierung über eine Zunahme von sunnitischem Extremismus war anscheinend nicht aus der Luft gegriffen. »Wir leben in dunklen Tagen«, sagte der Meister.

Anderntags konnte ich an einer Frauenzeremonie teilnehmen. Der Raum mit der hohen Decke füllte sich mit weiblichen Mitgliedern der Bruderschaft, meist mütterliche Gestalten mittleren Alters. Sie brachten Gebetsketten in leuchtenden Farben mit, passend zur Kleidung. Chiman, eine jüngere Frau, die sich später als Vorbeterin erweisen würde, setzte sich für einen Moment neben mich, um mir das Gefühl der Fremdheit zu nehmen, und schenkte mir ihre neongrüne Gebetskette aus transparenten Plastikperlen, an der ein kleines Bild des Hunger-Scheichs hing. Während sie noch einen Blick auf ihre elektronischen Nachrichten warf, begannen einige Frauen, sich rhythmisch zu wiegen. Die Ungleichzeitigkeit würde sich später fortsetzen, jede hielt es nach eigenem Gusto. Die Zeremonie dauerte mehrere Stunden, und es ging mir ein wenig wie am Sabbat-Abend bei den Musazadehs: Wenn ich dachte, jetzt sei es zu Ende, sagte jemand: »Aber nein, wir fangen gerade an.«

Am Mikrofon, wo sonst der Meister saß, rezitierte Chiman mit kräftiger Gesangsstimme in Arabisch. Alle wiegten sich nun im Rhythmus. Der Raum war vom Licht des späten Nachmittags erfüllt, durch die großen Fensterscheiben sah man Bäume. Später standen die Frauen im Kreis, zehn von ihnen schlugen die *daf*, eine Handtrommel, und als sich der synkopische Rhythmus beschleunigte, fiel eine erste Frau mit einem kleinen Freudenschrei in Trance.

Sie stand in der Mitte des Kreises, ihr Kopf schlug unkontrolliert auf und ab, das Kopftuch löste sich, flog zu Boden und gab hüftlanges Haar preis, das nun mit einem schwer zu beschreibenden Geräusch durch die Luft fegte. Bald folgten andere Frauen; eine fiel zu Boden und blieb einen Moment wie bewusstlos liegen. Eine Jüngere sprang auf und ab, den Blick nach oben gerichtet, die Arme in einer Willkommensgeste geöffnet, als wollte sie ein Licht, das vom Himmel fällt, umarmen.

Die Leiterinnen der Zeremonie standen bereit, um die Ungestümsten aufzufangen oder mit ihren Armen einzuhegen, damit sie sich selbst und andere nicht verletzten. Während ein Teil der Frauen noch in Trance war, verabschiedeten sich andere, nahmen ihre Handtaschen, winkten.

Zum Schluss stellten sich alle in Gebetsrichtung auf; eine Frau schluchzte lauthals; andere fächelten ihr Luft zu. Eine Alte ging an den Wandregalen mit religiösen Büchern entlang, bestrich die Bücher mit der Hand und küsste zwischendurch ihre Finger. Nach mehr als drei Stunden trennten sich die Frauen erschöpft, durchgeschwitzt und in gehobener Stimmung. Sie hatten sich ihre Religion angeeignet, wie ich es bei Musliminnen noch nie gesehen hatte.

Auch wenn für mich zunächst die Unterschiede zwischen Kurdistan und dem übrigen Iran hervortraten, ist die kurdische Gesellschaft auch in sich überaus vielfältig. Die Heterogenität, die unser Blick auf Iran oft vernachlässigt, kennzeichnet auch jedes einzelne Teil im Mosaik des Vielvölkerstaats.

Die letzte Station meiner kurdischen Begegnungen stellte das unter Beweis. Ich verbrachte einige Tage mit vier Heranwachsenden, die ihren kurdischen Patriotismus mit Widerstand gegen alles Etablierte verbanden. Sie waren um die achtzehn, hatten gerade Abitur gemacht und nannten sich spöttisch »die nihilistischen Teenager«. Sie hatten Nietzsche gelesen, in Farsi, und sagten darüber beiläufig: »Natürlich war der Text zensiert.« Ich fragte, woran sie das bemerkt hätten. »Es war nicht wirklich Nietzsches Stil.«

Durch ihr Heimatstädtchen gingen die vier mit den verhaltenen Bewegungen von Jugendlichen, die sich darin gefallen, Außenseiter zu sein. Hazhir, der Kopf der Gruppe, trug eine extravagante Brille, sie war zerbrochen und mit Klebeband geflickt; dazu schulterlanges Haar, zur Hälfte rotblond gefärbt. Auf seinem schwarzen T-Shirt hielt die Jungfrau Maria einen Totenschädel und darüber stand »Lucky Bastards«. Das war ziemlich viel für die kurdische Provinz. Die nihilistischen Teenager sagten Sätze, die man in Iran besser niemandem persönlich zuordnet.

»Wir haben hier so viel Islam, da fängt man an, Gott zu hassen.«

»Ich glaube nicht, dass ein Buch über meinen Weg bestimmen kann, auch nicht der Koran.«

»Die Eltern sollen nicht für das Kind entscheiden, ob es Muslim wird oder nicht. Freiheit muss im eigenen Haus beginnen. Die meisten Leute hier wiederholen nur das Leben ihrer Eltern.«

Wenn die Eltern von ihnen verlangten, dass sie beteten, dann entzogen sie sich stumm. Untereinander sagten sie: »Wir brauchen Gott nicht. Und wir wollen das Paradies im Diesseits, nicht im Jenseits.«

In Hazhirs Auto, einer alten Karre, fuhren wir an einem wolkenverhangenen Morgen in die Berge nahe der Grenze zum Irak. Auf den höchsten Kuppen lag noch Schnee. Wir folgten den endlosen Windungen einer grauen Schotterpiste. Immer wieder stoppten uns Kontrollposten, manche waren in halb verfallenen vorzeitlichen Festungen untergebracht.

Unser Ziel Oraman Takht lag an einem steilen Hang, die flachen Häuser waren von derselben bräunlichen Farbe wie der Fels. Ein urkurdisches Dorf, in dem ein Heiliger gelebt hatte, den manche gar für Zarathustra hielten. Deswegen hatten mich die nihilistischen Teenager hergebracht; sie liebten alles Vorislamische, und ihr Hunger nach Anderssein verband sich mit der Wertschätzung für seltsame alte Kulte.

Wir schlossen uns einer Gruppe betagter Kurdinnen mit weißen Kopftüchern an, die sich hüftsteif über den steinigen Pfad zum Schrein quälten. An quer gespannten Leinen und an den Ästen von Bäumen hingen sonnenverblichene Bänder und Stoffstreifen in ganzen Büscheln, wohl Zeugnisse von Gelübden. Hinter einer stabilen Gittertür mit Vorhängeschloss befand sich die eigentliche Attraktion von Oraman Takht: ein nachwachsender Stein, von dem alljährlich in einer religiösen Zeremonie ein Stück abgelöst wurde.

Der Stein hinter dem Gitter sah aus wie ein kleiner schlafender Bär. Es war nicht zu erkennen, dass ihm kürzlich etwas Nennenswertes abgeschnitten worden war. »Aber doch«, korrigierte mich eine der alten Kurdinnen, »es ist schon wieder zugewachsen.« Sie beschrieb den grauweißen Stein als eine Art Teig, der immer wieder aufgeht, solange in der Welt gegen das Böse gekämpft werden muss.

Später hielten wir noch an einer kleinen Bergmoschee. Es war Nachmittag, und der Hüter der Moschee lud Hazhir ein, den Gebetsruf zu machen – diesen Langhaarigen, mit der extravaganten Brille und dem Lucky-Bastard-Shirt! Hazhir lehnte höflich ab. An diesem Tag der endlosen Schotterpiste hörten wir alle Musik durch, die wir auf unseren Smartphones hatten. Nur die arabische Musik, die ich dabeihatte, konnten die nihilistischen Teenager nicht ertragen. »Wir hassen diese Sprache.«

Das Selbstbewusstsein der Aserbaidschaner

Von Kurdistan waren es sechs Stunden Fahrt nach Tabriz, der größten Stadt Aserbaidschans. Aus einer Gegend, in der ich auf der Straße ausschließlich Kurdisch gehört hatte, reiste ich nun in einen Landesteil, wo der gesamte Alltag in einer Turksprache abgewickelt wird, dem Aserbaidschanischen, auch Azeri genannt. Wer einmal eine solche Erfahrung gemacht hat, wird sich fortan hüten, alle Iraner Perser zu nennen.

Im Norden jenseits der Landesgrenze liegt der Staat Aserbaidschan, dessen Gebiet bis 1813 zu Iran gehörte. Auf iranischer Seite erstreckt sich heutzutage die Region Aserbaidschan über drei Provinzen. Azeri und Türkisch teilen sich achtzig Prozent des Vokabulars, und da es kaum iranische Medien in Azeri gibt, schauen viele Aserbaidschaner türkisches Satellitenfernsehen, auch die Kinder. Statt in der Schule erweitern sie das Vokabular ihrer Muttersprache durch einen Auslandssender. Immerhin wurde Tabriz neuerdings eine Akademie der Sprache und Literatur Aserbaidschans zugesagt.

Anders als in Kurdistan gibt es in Aserbaidschan keine starke Bewegung für kulturelle Selbstbestimmung. Ich hörte vereinzelt radikale Rhetorik, etwa von einem Kioskverkäufer, der mir ungefragt vorhielt: »Hier ist nicht Iran. Hier ist Südaserbaidschan!« Ein Student vertraute mir hingegen an, er würde einen Liebesbrief eher auf Persisch schreiben, weil es gefühlvoller sei als Azeri.

Für das Sprachproblem im Unterricht finden sich oftmals flexible Lösungen. An den Universitäten, von denen Tabriz sieben hat, fragen manche Dozenten zu Beginn einer Vorlesung, ob alle Azeri verstünden. Ist das der Fall, wird die Vorlesung in Azeri gehalten. Das ist nicht erlaubt, aber – typisch iranisch – ein geduldeter Regelbruch. Schulbücher sind ausschließlich in persischer Sprache verfasst, doch erklären die Lehrer vieles mündlich in Azeri.

Weder die Repression noch das Gefühl von Unterdrückung sind also mit den Zuständen in Kurdistan vergleichbar, und der Grund dafür ist nicht allein die größere Zahl der Aserbaidschaner. Sie haben vielmehr einen besonderen Status, weil sie die Geschichte, die Kultur und Gesellschaftspolitik Irans stets wesentlich mitbestimmt haben.

Auf einige dieser berühmten Gestalten blickt man im »Museum der Konstitutionellen Revolution«: schnauzbärtige Pioniere der Freiheit, behängt mit Patronengürteln, auf dem nächsten Bild in Ketten. Eine Bronzebüste erinnert an die Bauerntochter Zeynab Pasha, eine Pionierin der Frauenbewegung: »Sie ignorierte die Tradition ihrer Zeit und griff zu den Waffen ...« In einen Teppich wurde 1909 das Lob auf die erkämpfte Verfassung in Azeri geknüpft. Aus Tabriz kam die erste Karikaturenzeitung Irans, die Stadt brachte wichtige Philosophen, Musiker und Regisseure hervor, und ein modernes Mausoleum ist allein den Dichtern der Region gewidmet.

Aserbaidschaner leben heute in vielen Städten Irans. Und während Kurden und Araber in führenden Funktionen immer noch etwas Besonderes sind, zumal wenn sie den Sunniten zugehören, sind hochrangige aserbaidschanische Politiker Normalität. Sogar Khamenei, der Revolutionsführer, zählt dazu. Seine Eltern stammen aus dem Dorf Khameneh, genauso wie die Eltern eines Mannes, der sein erbitterter Gegner wurde: Mir Hussein Mussawi, ehemals Premierminister und später Präsidentschaftskandidat im Hausarrest. Aserbaidschaner auf allen Seiten.

Je weiter man in der Geschichte zurückgeht, desto öfter stößt man auf die prägende Rolle der Turkstämmigen. Zwei Dynastien aserbaidschanischer Herkunft, Safawiden und Qadscharen, haben Iran mit kurzer Unterbrechung vierhundert Jahre lang regiert, vom frühen 16. bis zu Beginn des 20. Jahrhunderts. In Isfahan bewundern Touristen das Musikzimmer im Ali-Qapu-Palast; sein Name – hohe Pforte oder hohe Schwelle – ist türkisch.

Wie konnte es dann dazu kommen, dass »Turki« heutzutage als Synonym für Rückständigkeit benützt wird, besonders von jenen Iranern, die sich selbst Perser nennen? Wie entstand der Mythos einer persischen, gar arischen Nation, der nach drei Jahrtausenden Vielvölkerstaat heute noch Anlass für rabiate Geschichtsdebatten in iranischen Internetforen ist?

Wie der Ariermythos entstand

Ariya – das war alten Quellen zufolge die Selbstbezeichnung von Persern und einigen anderen Volksgruppen, die vor mehr als vier Jahrtausenden von Norden her nach Indien und auf die iranische Hochebene wanderten. Der französische Orientalist Abraham-Hyacinthe Anquetil-Duperron (1731–1805) stieß auf den Begriff in der ›Avesta‹, der ältesten Sammlung zoroastrischer Texte, die er als Erster in eine europäische Sprache übertrug. Aus dem Französischen kam die Bezeichnung »arisch« dann ins Deutsche. Später meinte der Romantiker Friedrich Schlegel, »ariya« sei mit dem deutschen »Ehre« verwandt. Am Ende wurde arisch bekanntlich zum Synonym für nicht-jüdisch.

Zu seiner unseligen Karriere verhalf dem Wort die vergleichende Sprachwissenschaft, nämlich die Entdeckung, dass Griechisch, Latein, Sanskrit und Persisch gemeinsame Wurzeln haben; das brachte den Begriff der indoeuropäischen Sprachen hervor. Im 19. Jahrhundert verwob sich diese Erkenntnis mit den aufkommenden völkischen Ideologien: Die indoeuropäische Sprachenfamilie galt nun als Beweis für die Wanderung einer bestimmten Rasse aus Indien durch Iran nach Europa. So geriet die Erfindung der arischen Rasse in die Schriften von Orientalisten über Indien und Iran – und wurde dort von westlich gebildeten Einheimischen dankbar aufgegriffen. Hindus der höheren Kasten verlangten nun, als Arier wie Europäer behandelt zu werden; ein Privileg, das den unteren Kasten nicht zustehen sollte.

In der iranischen Literatur taucht der Begriff *nejad-e ariyayi*, arische Rasse, vor Beginn des 20. Jahrhunderts nicht auf, schreibt Reza Zia-Ebrahimi, der in London über den iranischen Nationalismus forscht. Doch bereits während des Ersten Weltkriegs hätten einige Intellektuelle Deutsche und Iraner als »gemeinsame Rasse« bezeichnet; das passte zur weitverbreiteten Abneigung gegen Briten und Russen, die Irans Wunsch, neutral zu bleiben, ignoriert hatten.

Mit Schah Reza wurde die Arierideologie ab 1925 Staatspolitik – und die Angelegenheit nahm nun eine erneute Wendung, die für das Thema Vielvölkerstaat bedeutsam ist. Reza verband den Rassemythos nämlich mit persischem Ethnozentrismus: Alle Iraner waren nun arische Perser; nicht-persische Sprachen wurden in Unterricht und Medien verboten, selbst auf dem Schulhof. Die kulturelle Vielfalt zu eliminieren, das diente dem Aufbau eines modernen Staates, wie Reza ihn verstand: homogen, zentralistisch, autoritär.

Sein säkularer Nationalismus rückte die vorislamische Geschichte in den Mittelpunkt, das verhalf religiösen Minderheiten, vor allem Juden und Baha'i, zu mehr Schutz; das eigentliche Ziel war indes, den Einfluss der schiitischen Geistlichen zurückzudrängen. Als ein Emporkömmling, der mit Hilfe der Briten an die Macht gekommen war, wollte Reza sich zudem von der Vorgängerdynastie der aserbaidschanischen Qadscharen absetzen und seiner brandneuen Pahlavi-Dynastie einen Anstrich historischer Größe und ethnischer Höherwertigkeit verleihen.

In den Schulbüchern wurden Araber und Mongolen nun zu nicht-arischen Invasoren. Bald erfuhr das Rassedenken direkte Förderung durch das nationalsozialistische Deutschland, etwa mittels einer »Deutsch-Persischen Gesellschaft« und des persischsprachigen Kanals von Radio Berlin.

Sympathien für die Nazis, für ihre Ideologie und Ästhetik waren damals im Nahen und Mittleren Osten verbreitet. 1932 gründete ein christlicher Journalist die »Syrische Sozial-Nationalistische Partei«, die für ein Großsyrien und eine syrische Rasse eintrat.

Als Schah Reza sich 1934 beim Völkerbund ausbat, sein Land in den westlichen Sprachen nicht mehr Persien zu nennen, sondern Iran, verlangte er einerseits etwas Selbstverständliches: Ein Land so zu bezeichnen, wie es sich selbst bezeichnet. Doch verhehlte der Kaiser nicht, dass er vom Aufstieg des Nationalsozialismus zu profitieren gedachte. »Weil Iran die Geburtsstätte und der Ursprung der Arier war, ist es natürlich, dass wir aus diesem Namen einen Vorteil ziehen möchten.« Schließlich bezeuge die Bedeutung, die neuerdings der arischen Rasse zukomme, »die Großartigkeit der Rasse und Zivilisation des alten Iran«.

Die Belohnung folgte 1936: Die Iraner wurden durch ein Dekret von den Nürnberger Rassegesetzen ausgenommen; sie waren nun offiziell reinblütige Arier.

Und so seltsam es ist: Viele Iraner glauben an etwas Derartiges immer noch.

Markante Stereotype im Denken von heutigen Iranern stammen aus der Epoche von Reza Schah, haben mehrere Generationen und eine Revolution überlebt. Dazu zählt das Ressentiment gegenüber Arabern. Die »arabischen Invasoren« wurden in den 1930er-Jahren zum Sündenbock, sie waren schuld, dass Iran nicht mehr so leuchtete wie einst. Barfüßige, unzivilisierte Kameltreiber, ohne Interesse an Bildung und Wissenschaft, Heuschrecken und Eidechsen essend, so sahen die Araber selbst bei angesehenen Literaten wie Sadegh Hedayat aus. Manche Intellektuelle setzten Ehrgeiz daran, das Persische von arabischen Lehnwörtern zu reinigen.

Selbst von religiösen Iranern ist heutzutage zu hören, die Araber hätten außer dem Islam nichts von Wert im Gepäck gehabt. Zugleich wird das frühe Persien auch aus menschenrechtlicher Sicht idealisiert, ein Garten Eden ohne jegliche Willkürherrschaft. Solche Praktiken seien erst mit den arabischen, mongolischen, türkischen Eindringlingen gekommen.

Mit dem Rückgriff auf die vorislamische Epoche und der Selbstbeschreibung als »große Zivilisation« ließ sich natürlich auch ein regionaler Machtanspruch begründen. Mohammed Reza, der letzte Schah, nannte sich »Licht der Arier«, ein bis dato unbekannter Titel. Er erfand eine neue »Königliche Zeitrechnung«, beginnend mit der Herrschaft von Kyros dem Großen 559 vor Christus; allerdings konnte diese sich nicht durchsetzen und hinterließ nur auf manchem Grabstein der 1970er-Jahre futuristisch wirkende Todesdaten. Der Schah erklärte es damals sogar zu einem »Zufall der Geografie«, dass Iran im Mittleren Osten liege und nicht in Europa. »Wir sind eine asiatische arische Macht, deren Mentalität und Philosophie jener der europäischen Staaten nahesteht, vor allem Frankreich.«

Für den britischen Historiker Reza Zia-Ebrahimi deutet ein solcher Satz auf die tiefere Ursache des Arierdenkens: Minderwertigkeitskomplexe und »der verzweifelte Wunsch, etwas anderes zu sein als ein bloßer Orientale«. Die Iraner hätten die westlichen Vorurteile gegenüber der östlichen Welt verinnerlicht. Während der Nationalismus in den formell kolonisierten Staaten dazu diente, sich von Vorherrschaft zu emanzipieren, sollte er Iran dazu verhelfen, zu den Vormächten aufzuschließen. »Es war eine Strategie, um die traumatische Begegnung mit Europa und seiner Modernität zu managen. Wenn die Iraner als Arier dazu bestimmt waren, einen höheren Rang innerhalb der Nationen einzunehmen, hatten sie eine Abkürzung zur Modernität gefunden.« Hatte es nicht so ähnlich der Maler Iman Afsarian ausgedrückt, als wir über die Kunst sprachen?

Anscheinend war der Ariermythos für die iranische Identitätsfindung so wichtig, dass er selbst nach den NS-Vernichtungslagern keiner ernsthaften Überprüfung unterzogen wurde. Das gelte sogar für akademische Kreise, schreibt Zia-Ebrahimi. Der junge Historiker legt sich gern mit seiner Zunft in Iran an: Deren Geschichtsschreibung, obzwar mit wissenschaftlichem Anspruch, unterscheide sich wenig vom volkstümlichen »Selbstbedienungs-Nationalismus« der iranischen Straße. Veraltete Bücher würden laufend nachgedruckt; neuere kritische Darstellungen, die eher aus dem Ausland kommen, fänden wenig Leser.

Das beste Beispiel für die irrigen Vorstellungen, die sich auf diese Weise halten konnten, sind nationalistische Annahmen über die Rolle der persischen Sprache: Persisch habe sich nach der arabischen Eroberung in Konkurrenz zum Arabischen und gar in Distanz zum Islam behauptet, als Träger einer höherwertigen Kultur. Das sei »eine romantische Idee«, kontert der angesehene Wiener Iranist Bert G. Fragner spöttisch. In Wirklichkeit blieb Arabisch lange die bevorzugte Sprache für Philosophie und Wissenschaft, bezeugt durch keinen Geringeren als den berühmten iranischen Arzt und Gelehrten Ibn Sina, den wir Avicenna nennen. Er schrieb im 11. Jahrhundert fast alles in Arabisch.

Persisch, so Fragner, etablierte sich aber neben dem Arabischen, wurde die Lingua franca eines wachsenden Raumes und transportierte schließlich selbst den Islam weiter nach Norden und Osten, bis den Mongolen im 13. Jahrhundert das Persische »als Sprache des Islam schlechthin« erschienen sei. Und es waren dann türkische und mongolische Herrscher, die Persisch so pflegten und verbreiteten, dass es zur Verwaltungssprache wurde von Anatolien bis Indien, sogar nach China hinein.

So wie die Sprache auf dieser langen Reise viele Einflüsse aufnahm, manche behielt, andere unterwegs wieder ablegte wie nutzlos gewordene Gewänder, so ist ganz Iran heute eine Synthese früherer Entwicklungen, eine große kosmopolitische Arena. Doch nur wenige betrachten ihr Land auf diese Weise. Auch bei den Reformkräften überwiegt die Vorstellung, die iranische Nation sei eine unveränderliche Größe, die immer wieder auferstand, weil sich alle Invasoren ihrer *jazebeh*, ihrer verführerischen Kraft, irgendwann unterwerfen mussten.

Wie kommt es, dass ein Nationalismus, der so sehr mit der Ideologie der Pahlavi-Ära verknüpft war, die Revolution überlebte?

Angst vor dem Verlust von Grenzregionen

Nur für eine kurze Phase verfielen die Revolutionäre 1979 in ein gegenteiliges Extrem: Sie verachteten das vorislamische Erbe, einige Ultras wollten gar Persepolis zerstören. Der Begriff Nation war nun negativ besetzt, denn – wie Khomeini unterstrich – der Islam kennt keine Nationalstaaten, sondern nur die muslimische Weltgemeinde. Ein praktizierender Muslim zu sein, war wichtiger als ethnische Zugehörigkeit. Die Benutzung nicht-persischer Sprachen wurde folglich legalisiert und das Recht auf Nichtdiskriminierung in die Verfassung geschrieben.

Doch der egalitäre Ansatz schwächte sich aus machttaktischem Kalkül bald ab. Wie in Kurdistan schlug die neue Regierung auch anderswo den Wunsch nach kultureller Autonomie nieder. Etwa bei den Turkmenen, einer mehrheitlich sunnitischen Volksgruppe im Nordosten Irans; die links orientierte intellektuelle Führung einer bäuerlichen Bewegung wurde dort buchstäblich vernichtet. Und bereits im Krieg gegen den Irak wurde außer mit Religion wieder mit Nationalgefühl mobilisiert.

Der Umgang mit Persepolis erscheint rückblickend als Gradmesser der Veränderung. Nach dem Krieg sprach Ali Khamenei, damals Staatspräsident, zunächst vorsichtig vom künstlerischen Wert der Stätte, verurteilte jedoch den Expansionismus des Persischen Reichs noch als »grausame Größe«. Der Nachfolger im Präsidentenamt, Ali Akbar Haschemi Rafsandschani, holte die vorislamische Epoche dann 1991 mit einem Persepolis-Besuch offiziell ins Geschichtsbewusstsein der Islamischen Republik zurück. Mehr Machtpolitiker als Revolutionär erkannte Rafsandschani die symbolische Bedeutung von Persepolis für die Zukunft Irans.

Während meines Aufenthalts in Khuzestan, der Ölprovinz am Persischen Golf, hatte ich eine arabische Familie besucht, um zu erfahren, welche Hoffnungen die Araber mit der Revolution verknüpft hatten.

Auf dem grob gemauerten Haus in einer Seitenstraße von Khorramshahr wurde gerade ein neues Stockwerk hochgezogen, für die nächste Generation. Die Wohnung der Eltern war nur mit Teppichen und einem Wandschrank möbliert. Die Mutter hatte keine Schulbildung und nahm an unserem politischen Austausch nicht teil, unterbrach ihn nur ab und an mit einem frommen Segenswunsch für mich und legte mir dabei stets ein Stück geschälten Apfel auf den Teller.

Der Vater, ein rundlicher, kerniger Typ mit leuchtendem Blick, brannte darauf, zu erzählen. Er war erst Nasserist, hatte sogar seinen ersten Sohn nach Gamal Abdel Nasser benannt, wurde dann Kommunist und unterstützte schließlich (»natürlich!«) die Revolution. »Die Araber glaubten, mit Khomeini würden wir gleiche Rechte bekommen.« Sie besetzten das US-Konsulat in Khorramshahr, aus dem die Amerikaner geflüchtet waren, machten daraus ein arabisches Zentrum und druckten acht Monate lang zwei arabischsprachige Magazine. »Eines Tages fuhren dreißig Delegierte von uns zu Khomeini nach Teheran. Sie hatten eine lange Liste mit Forderungen. Wir wollten Schulunterricht und Gerichtsverhandlungen in Arabisch und kulturelle Autonomie.«

Ich fragte ihn, was Khomeini dazu gesagt hatte. Er antwortete: »Einige unserer Leute wurden getötet.« Keine einzige Forderung sei anerkannt worden. »Und ich habe in meinen sechzig Lebensjahren in meiner Heimatstadt keinen arabischen Gouverneur gesehen und keinen arabischen Freitagsprediger.«

Mein Gastgeber hatte eine warme Ausstrahlung, eine geradezu physische Herzlichkeit, die mich an meine Reisen in arabischen Ländern erinnerte. Bevor ich die Familie verließ, hörten wir uns gemeinsam ein Stück von Abdel Halim Hafez an, dem ägyptischen Sänger, eine Berühmtheit in der arabischen Welt. Die Familie lauschte stumm und ergriffen dem schmelzend-melancholischen Lied, und dann sagte jemand, was in jeder arabischen Familie in diesem Moment gesagt werden muss: dass bei Abdel Halims Tod 1977 Dutzende Mädchen Selbstmord begangen hätten, vielleicht sogar Hunderte.

Ich dachte an die jungen Kurden, die diese Musik nicht hatten hören wollen, im selben Land. Auch das bedeutet Vielvölkerstaat: Jeder hegt seinen eigenen Schmerz.

Die Araber in Khuzestan hatten im Krieg an vorderster Front für Iran gekämpft. Saddam Hussein, der Khuzestan annektieren wollte, hatte keinen Erfolg mit seiner Propaganda, er werde die iranischen Araber »befreien«. Heutzutage gibt es einige versprengte separatistische Gruppen in Irans Südwesten, aber sie rechtfertigten nicht das Misstrauen, das der Staat gegenüber der Gesamtheit der Araber hegt.

Die Gefahr, grenznahe Regionen zu verlieren, kam in der Geschichte Irans immer mehr von außen als von innen. Schon das Osmanische Reich hatte versucht, Aserbaidschan von Iran abzutrennen. Nach dem Zweiten Weltkrieg gab es ähnliche Bemühungen von Seiten der Sowjetunion. Auch der Westen hat mehrfach versucht, die ethnische Karte zu spielen, um das Regime in Teheran zu destabilisieren.

2014 veröffentlichte das Washingtoner »Institute for Strategic and International Studies« eine Datensammlung über »interne Spannungen in Iran«; sie enthielt eine detaillierte vielfarbige Landkarte mit den Siedlungsgebieten aller Minderheiten. Die Überschrift lautete: »Irans ethnische Verwundbarkeit bei Nuklearschlägen«. Zuvor, noch unter US-Präsident George W. Bush, wurden vierhundert Millionen Dollar für »verdeckte Operationen« in Iran bereitgestellt, im Rahmen einer Strategie von »regime change«. Von den US-Geldern profitierte sogar eine terroristische Gruppe in einer besonders sensiblen Minderheitenregion: Balutschistan, im Südosten Irans, an der Grenze zu Pakistan.

Die Region, mehrheitlich von Sunniten bewohnt, ist das Armenhaus des Landes. Hier herrscht noch ein Analphabetismus, wie ihn Iran sonst nicht mehr kennt. Viele Menschen sind auf den Drogenhandel angewiesen, um etwas zu verdienen, und in der Folge wird in Balutschistan die Todesstrafe besonders häufig vollstreckt. Die Balutschen sprechen eine eigene Sprache, sie sind ethnisch wie religiös eine Minderheit, und auch ihre Geistlichen leiden unter Repressalien.

Dennoch empfinden die Balutschen Iran als ihre Heimstatt; das ist anders jenseits der Grenze, auf pakistanischer Seite, wo ein größerer Teil der Balutschen lebt. Dort kämpft eine Unabhängigkeitsbewegung bereits seit vielen Jahren gegen die Regierung in Islamabad. Die bewaffneten *Jundallah*-Kämpfer pakistanischer Herkunft haben den Konflikt über die Grenze nach Iran exportiert. Förderung erhielten sie dabei zeitweise aus den USA durch die erwähnten Gelder der Bush-Ära, heute aber vor allem aus Saudi-Arabien, das an allen empfindlichen Fronten Irans zu zündeln versucht.

Um sich als eine Kraft zu gerieren, die für Bürgerrechte kämpft, änderten die Jundallah-Kämpfer ihren Namen von »Armee Gottes« in »Volks-Widerstandsbewegung von Iran«: damit es nach einem internen Kampf gegen die Regierung in Teheran aussieht.

Zu Balutschistan gehört die Küstenregion von Makran, sie zieht sich durch Iran und Pakistan und verfügt über zwei Häfen von geostrategischer Bedeutung. In einem US-amerikanischen Streitkräftejournal wurde eine Landkarte publiziert, die in dieser Region ein »Freies Balutschistan« als eigenen Staat aufwies – Gedankenspiele, die in Teheran den Verdacht erhärten, dass der Westen weiterhin eine Politik der Balkanisierung verfolgt. Über den Hafen Tschabahar, der an diesem südöstlichsten Küstenabschnitt liegt, entwickeln Iran, Indien und Afghanistan neuerdings gemeinschaftlich bessere Handelswege zwischen Zentralasien und dem Arabischen Meer. Balutschistan wird davon profitieren.

Es ist übrigens kein Zufall, dass die Balutschen ebenso wie viele

Kurden und Turkmenen Sunniten sind. Im 16. Jahrhundert, als die Mehrheit im sunnitischen Iran auf Betreiben der Safawiden-Herrscher allmählich schiitisch wurde, behielten sie ihre angestammte Konfession. Warum das so war, dazu hat der kanadische Soziologe Mahdi Darius Nazemroaya eine interessante These entwickelt: Als Bewohner von Grenzregionen waren die Minderheiten relevant für die Landesverteidigung und seien deshalb nicht bedrängt worden. Stabilisierung durch Vertrauen – waren die Safawiden, die zuvor viel Territorium eingebüßt hatten, im Umgang mit dem Vielvölkerstaat klüger als heutige Regenten?

Bisher hat ein auf Sicherheit fokussiertes Denken die Teilhabe für Minderheiten verhindert. Künftig könnte sich das umkehren: Wer Sicherheit will, muss mehr Teilhabe anbieten. Denn Araber, Kurden und Balutschen lassen sich im Internetzeitalter nicht mehr davon abhalten, sich zu verständigen. Und radikal-sunnitische Gruppen, die von außen eindringen, können vom Staat nicht ohne Kooperation mit den heimischen Sunniten bekämpft werden. Deren genauer Anteil an der Bevölkerung ist nicht bekannt; die häufig genannten neun bis zehn Prozent könnten eine zu niedrige Schätzung sein.

In früheren Jahrhunderten wies Irans Gesellschaft trotz schiitischer Mehrheit prominente sunnitische Persönlichkeiten auf. Nach der Revolution wurde das anders, obwohl sie zunächst mit einem panislamischen Anspruch antrat. Dieses Versäumnis wird heute allmählich erkannt. 2015 wurde erstmals ein sunnitischer Botschafter ernannt, ein Kurde.

Ein neues Bekenntnis zu seiner Multi-Ethnizität könnte für Irans Anspruch auf eine regionale Führungsrolle sogar vorteilhaft sein. Denn zu der Region, in der Iran die Nummer eins sein will, gehören nach eigener Auffassung nicht nur der Nahe und Mittlere Osten, sondern die Türkei, der Kaukasus, Zentralasien, Afghanistan und Pakistan. Und anders als zur Zeit des letzten Schahs, der sein Land aus ideologischen Gründen aus dem Mittleren Osten hinausdefinieren wollte, hat Iran seit dem Ende der Sowjetunion tatsächlich erneuten Einfluss in jenen kaukasischen und zentralasiatischen Regionen gewonnen, die historisch mit Iran verbunden waren.

Dass Iran ein Anrecht auf eine Führungsrolle hat, versteht sich quasi von selbst – bei der Elite der Islamischen Republik genauso wie bei der säkularen Opposition im Exil. Die Iraner seien »selbstbezüglich«, sagt der iranische Philosoph Ramin Jahanbegloo, sie sähen sich stets als Mitte der Welt. »Wenn Iraner über Araber, Afghanen, Japaner, Chinesen und manchmal sogar über Bürger des Westens nachdenken, dann holen sie aus ihrem Inneren das hervor, was wir ›das imperiale Syndrom‹ nennen können. Iraner behalten immer im Gedächtnis, dass sie (...) über ein Imperium herrschten, während die anderen primitive Existenzen waren, die in Höhlen lebten.«

Für viele Iraner, die im Westen leben oder mit dem Westen in engem Kontakt stehen, heißt die Chiffre für ihre Selbsterhöhung immer noch: persisch. »Persian Parade« nennen die US-Iraner ein Spektakel, bei dem sie alljährlich im Frühjahr über die Madison Avenue in New York ziehen, um nichts weniger zu feiern als »unseren Beitrag zur menschlichen Zivilisation«. Man mag dies ebenso wie das Arierdenken als bloßen Spleen betrachten, aber manchmal treten Auswüchse hervor wie bei jenem achtzehnjährigen Deutsch-Iraner in München, der seine seelischen Probleme mit Hitler-Verehrung kompensierte und neun junge Migranten erschoss, die für ihn »Kanaken« waren. Als dies geschah, erinnerte ich mich an eine Episode, die ich Jahre zuvor in Teheran erlebt hatte: Bei einem Freundschaftsspiel zwischen der deutschen und der iranischen Fußballmannschaft zeigten Iraner im Stadion zur deutschen Nationalhymne den Hitlergruß – eine Form von völlig irregeleitetem Respekt für den Gast.

Weniger in Iran selbst, aber zumindest in der Diaspora erheben sich neuerdings junge Stimmen, die solchem Denken den Kampf ansagen. Die Berufung auf Ariertum und Persertum sei mit einer »inklusiven demokratischen Zukunft« Irans unvereinbar, schreibt Alex Shams, ein Chicagoer Anthropologe und Blogger. Für den großen multikulturellen Raum, der von persischer Sprache beeinflusst wurde, ohne ethnisch persisch zu sein, verwendet Shams das Adjektiv »persianate«, eine in jüngerer Zeit entstandene Vokabel, die leider keine Entsprechung im Deutschen hat.

Beeta Baghoolizadeh, eine Historikerin mit iranischen Wurzeln an der Universität von Pennsylvania, hat sich eines anderen Themas angenommen, das ins Selbstbild vieler Iraner nicht passen will: Sie hielten Sklaven.

Iran lag an gleich drei Routen für den Sklavenhandel über See und Land; er begann bereits vor Ankunft des Islam. Nach Iran kamen vor allem Haussklaven, mehr Frauen als Männer, sagt Baghoolizadeh. Im 19. Jahrhundert war ihrer Darstellung zufolge *bardehdari*, Sklavenhaltung, noch weit verbreitet, in Teheran, Isfahan, Maschhad, überall dort, wo es große wohlhabende Kaufmannsfamilien gab. Am Hof wurden Kinder von Sklaven betreut, wie Fotos belegen. 1929 schaffte ein königliches Dekret die Sklavenhaltung endgültig ab. Bereits zu diesem Zeitpunkt begann die Sichtweise, es hätten sich doch eigentlich nur Ausländer, Araber zumal, am Geschäft mit Sklaven beteiligt. Heute ist der eigene Anteil an dieser Geschichte aus dem Bewusstsein weitgehend verdrängt.

Zum iranischen Neujahrsfest gibt es ein populäres Figürchen zu kaufen, vom Genre lustiger Neger: ein Schwarzer mit Kulleraugen und breitem Lachmund, auf dem Kopf eine rote spitze Mütze mit Goldquaste. Das ist Haji Firuz, Herold des Frühlings. Gelegentlich sah ich ihn leibhaftig auf einer Straße, ein Spaßmacher mit geschwärztem Gesicht, er spricht mit komischem Akzent, um seinen »Herrn« zum Lächeln zu bringen, wie es im klassischen Sermon von Haji Firuz heißt. Es gab einen Eunuchen dieses Namens am Hof des Qadscharen-Schahs Nasr ed-Din, das könnte der Ursprung dieser Figur sein. Lieber wird in Iran erzählt, es handle sich um einen alten zoroastrischen Brauch, und das Feuer habe das Gesicht von Haji Firuz geschwärzt.

Am Persischen Golf leben heutzutage dunkelhäutige Iraner, deren Vorfahren nicht allein Sklaven waren, sondern auch Händler oder Perlentaucher. Für alle, die aus dem Süden stammen, sind sie ein vertrauter Anblick. Iraner aus anderen Regionen sagen hingegen verwundert: Wir haben Schwarze?

Auch dies ist Vielvölkerstaat: Niemand kennt das ganze Land.

Die Entschuldigung

Am Frühstücksbüfett des Hotels fand ich die Tassen nicht, vielleicht standen sie ungünstig, wahrscheinlicher ist jedoch, dass meine Augen noch schlafmüde waren. Ich fragte also einen Kellner, wo die Tassen seien, und beschwor damit eine Szene herauf. Zunächst reagierte eine Iranerin, die dem Büfett am nächsten saß und den halblaut geführten Dialog gehört hatte. In wesentlich lauterem Ton wies sie den Kellner zurecht: Wieso stünden die Tassen so, dass eine Ausländerin sie nicht finden würde?!

Der Kellner flüchtete sich in ein entschuldigendes Gemurmel, aber nun hatte der gesamte Frühstücksraum, vornehmlich mit Iranern besetzt, von der Angelegenheit Kenntnis genommen, und die Kommentare nahmen Fahrt auf. Wie stehen wir da, wenn in unseren Hotels die Tassen vor den Ausländern versteckt werden! Hat sich die Hoteldirektion denn keine Gedanken gemacht, welchen Eindruck das auf die Westler macht? Wieso ist dieses Management überhaupt so unfähig?

Von allen Seiten wurde nun entschuldigend zu mir herüber genickt und mit Gebärden Richtung Zimmerdecke (das Management, die da oben, der Staat, das System) angedeutet, wo die Schuldigen säßen, die mich in diese unverzeihliche Lage gebracht hätten.

Mein Tassenmissgeschick hatte einen typischen Reflex ausgelöst: Wo immer eine tatsächliche oder vermeintliche Rückschrittlichkeit ihres Landes einem Ausländer ins Auge stechen könnte, empfinden Iraner Scham und Schande. Und sogleich entsteht ein Wir und ein Sie. Wir, das sind die guten Iraner, die den Ausländer (in diesem Fall mich) umarmen, in seine Rolle schlüpfen, seinen Blick einnehmen. Und dieser Blick richtet sich dann empört auf jene, welche die Schande verursacht haben. Sie, die anderen.

»Habt ihr denn keine vernünftigen Toiletten!«, ruft eine Iranerin in einem staatlichen Museum aus, denn sie weiß, dass die Westler Stehklos nicht mögen. Sie selbst allerdings würde eine Sitztoilette nach Möglichkeit meiden, denn sie findet sie insgeheim unhygienisch.

Vater I: Eine verbotene Liebe

Bei unserer ersten Begegnung sprachen wir nicht über den Vater.

Fatemeh Sadeghi war mir als Sozialforscherin und Feministin empfohlen worden, und mich interessierte zunächst nicht, was die meisten anderen in ihr sahen: die Tochter. Die Tochter eines furchtbaren Richters. Eines Mannes, der in der Frühzeit der Islamischen Republik Hunderte, vermutlich Tausende zum Tode verurteilt hatte.

Fatemeh wohnte in einem älteren Apartment im Norden von Teheran, wo die Berge nah sind und die Straßen bereits steil werden. Keine Luxusgegend. Auf einem niedrigen Glastisch warteten aufgeschnittene Granatapfelhälften.

Sie war Mitte vierzig, wirkte jünger; Kapuzenjacke, schmale Brille, jungenhafte Ponyfrisur. Als Politikwissenschaftlerin hatte sie an der Azad-Universität in Karadsch, nahe Teheran, unterrichtet. Seit neun Jahren unterlag sie nun einem Lehrverbot – weil sie gegen den Zwang zur Verschleierung protestiert hatte. Seitdem hielt sie sich mit Honoraren für Essays und Übersetzungen über Wasser.

Ich würde erst später verstehen, wie das alles zusammenhing: ihre geistige Unabhängigkeit, ihr Mut und dieser Vater. Bei meinem ersten Besuch sprachen wir nicht von ihm, und dieser Bericht soll der Chronologie treu bleiben.

Fatemeh hatte mehrere Jahre lang die Lebenswelt von jungen religiösen Frauen erforscht, den sogenannten Tschadoris. Sie würden aus westlicher Sicht zu Unrecht für unterwürfig gehalten, sagte sie. »Der Tschador ist so wenig mit Unterstützung des Regimes identisch wie das verrutschte Kopftuch Regimekritik bedeutet.«

Sie entdeckte in der jungen Generation, auch wenn diese sich modern gab, »einen überraschenden inneren Konservatismus«. Vorehelichen Sex hatten sowohl die nachlässig Verschleierten wie die Tschadoris, aber beide Gruppen, sagte Fatemeh, lebten in Abhängigkeit vom männlichen Blick. Die Tschadoris bemühten sich um Abgrenzung, die anderen wollten gefallen, aber beide gingen Beziehungen ein, die von männlichen Bedürfnissen bestimmt seien – bis hin zum häufig praktizierten Analverkehr, damit die Jungfräulichkeit erhalten blieb, die ein Großteil der Gesellschaft von den Mädchen immer noch erwartete.

Die jungen Frauen in Iran säßen in der Falle zwischen der Tradition auf der einen Seite und einer patriarchalisch bestimmten Modernität auf der anderen Seite, schrieb Fatemeh in einer ihrer Studien.

Durch ihre Herkunft kannte sie die religiösen Milieus aus eigener Anschauung. In Gestalt ihrer Eltern hatten sich zwei Strömungen von Geistlichen der Schah-Ära getroffen: die wohlhabenden Unpolitischen und die politisierten Armen.

Ihre Mutter entstammt einer gut situierten Klerikerfamilie in der klassisch-quietistischen Tradition von Schiiten: Man steht zu dem, der gerade herrscht, und hält sich heraus. Die Mutter, 1938 geboren, darf keine Schule besuchen, aber sie lernt heimlich, stiehlt die Stifte der Brüder, schreibt deren Lektionen ab, wenn sie außer Haus sind.

Bei Fatemehs Vater ganz andere Verhältnisse: arm und weltoffen. Khalkhal ist ein Dorf in Aserbaidschan; dort wird Mohammad Sadegh Sadeghi Givi 1926 geboren, ein Bauernsohn. Die Familie hört ausländische Radiosender, Mädchen gehen zur Schule. Aserbaidschan war das Zentrum der Konstitutionellen Revolution, das prägt anderthalb Jahrzehnte später noch das Klima. Mohammad Sadegh wird nicht Bauer wie seine Brüder, sondern Geistlicher. Er ist politisch interessiert und rebellisch, begeistert sich früh für Khomeini, geht nach Qom, gehört schon Mitte der 1950er-Jahre zu Khomeinis engstem Zirkel.

In Qom treffen die beiden Seiten aufeinander, eine Heirat über Klassenschranken hinweg. Sie ist dreizehn, er fünfundzwanzig. Ein Jahr später bekommt sie, mit vierzehn, das erste Kind. Es werden sechs, Fatemeh ist die zweitjüngste, 1971 geboren. Die Mutter bringt Kinder über einen Zeitraum von mehr als zwanzig Jahren zur Welt.

Bei manchen Gelegenheiten trägt Fatemeh schon mit sechs ein Kopftuch, mit neun wird es Pflicht, und als sie zehn ist, wird der erste Tschador gekauft. In dem Essay, der ihr Berufsverbot einbringt, wird sie später schreiben: »Ich erinnere mich an den Tag, als ich zum ersten Mal vor den Jungen der Familie, die meine Spielkameraden waren und oft meine Konkurrenten, ein Tuch trug. Ich fühlte mich gedemütigt. Ich fühlte mich gelähmt und in ihren Augen besiegt.«

Der Schleier, vor allem der Tschador, ist in der Zeichenwelt der Religiösen keinesfalls nur eine Bedeckung. »Er erlaubte auf tausend verschiedene Weisen Distanz herzustellen, symbolische Gesten, sich selbst abzusetzen, Vorteile zu erhalten oder zu gewähren. (...) Wenn ein hochrangiger Geistlicher unser Haus besuchte oder wir zu einem hohen Kleriker gingen, hielten die Frauen ihren Tschador enger. Je höher der Rang (eines Mannes), desto mehr musste das Gesicht der Frau bedeckt sein. Der Hijab war untrennbar mit Macht verbunden.« Als sie zum ersten Mal ohne Tschador ausging, nur mit Mantel und Kopftuch, fühlte sie sich nackt, aber es war keine physische Nacktheit. »Es fehlte die Symbolik, das Sich-Absetzen, Sich-Herausheben, die Aristokratie.«

Bei unserer zweiten Begegnung sprechen wir über den Vater. Fatemeh hatte mir signalisiert, sie sei dazu bereit.

Eine Kindheit während des Countdowns zur Revolution. Wann

begann der Vater, ein Problem für sie zu sein? »Von Anfang an.« Die Antwort ist überraschend – und ein Schlüssel. Denn der Vater ist in diesen Jahren vor der Revolution stets ein abwesender Vater, vom Schah-Regime verbannt in weit entfernte Regionen des Landes. Die Familie reist jeweils hinterher. Die kleine Fatemeh erlebt dauernde Ortswechsel, verliert immer wieder die Spielkameraden. »Das war schlimm, und niemand versteht das.« Weil die Tochter dieses Vaters kein Recht hat, über eigenes Unglück zu klagen. Über das Unglück, von einem Vater getrennt gewesen zu sein, den andere hassen und verabscheuen.

»Darf ich dir ein Bild zeigen? Es sagt so viel.«

Sie geht ins Nebenzimmer, holt die Reproduktion eines alten Schwarzweißfotos. »Das ist im Winter 1975.« Der Vater ist diesmal in eine Kleinstadt am Kaspischen Meer verbannt; die Familie ist für einen Moment mit ihm vereint. Er raucht Wasserpfeife; Mutter, sechs Kinder. Die vierjährige Fatemeh, in einem Streifenpulli mit Ponyfrisur, kuschelt sich zwischen seine Knie. Fatemeh weist mich darauf hin, dass auf dem Bild keines der anderen fünf Kinder so die Nähe des Vaters sucht wie sie. Er trägt eine Weste und eine Hornbrille mit runden Gläsern. Er sieht nicht aus wie jemand, der später Unzählige in den Tod schicken wird.

»Ich hielt mich an seiner Hose fest, wenn wir ihn wieder verlassen mussten. Ich klammerte mich an ihn, weinte und bettelte: ›Komm mit uns.‹ Ich klammerte mich so sehr an ihn, dass andere über mich lachten. Ich erinnere alle diese Trennungen. Ich liebte meinen Vater viel mehr als meine Mutter. Das macht es so schlimm.«

1979, nach dem Sieg der Revolution, wird der Vater zum Chef der neuen Revolutionsgerichte, von Khomeini persönlich berufen. In einer Teheraner Schule, wo Khomeini sein erstes Hauptquartier aufschlägt, urteilt Khalkhali die Elite der Schah-Herrschaft ab; in einer Nacht sollen es 64 Todesurteile gewesen sein. Er wird mit den Worten zitiert: »Menschenrechte bedeuten, dass ungeeignete

Elemente ausgemerzt werden müssen, damit andere in Freiheit leben können.« Im Juni 1979 wird er zu den Aufständen in Kurdistan entsandt. Er führt Gruppenprozesse durch, die nur wenige Minute dauern; Todesstrafen werden sofort exekutiert, meist durch Erschießungskommandos. Wenn Khalkhali in der Stadt ist, zittern Eltern um ihre inhaftierten Söhne.

Fatemeh geht zur Schule.

Schon in der Grundschule sagen Klassenkameraden zu ihr: Ich hasse deinen Vater. »Weil sie das zu Hause von den Eltern gehört hatten.« Andere Mitschüler geben ihr Briefe von der Familie, geschrieben in der Hoffnung, sie könne etwas bewirken beim Vater. »Ich bekam andauernd diese Briefe. Ich konnte nicht sagen: Bitte, ich bin doch nur ein Kind, bitte tut das nicht. Ich hasste diese Situationen, lange bevor ich verstand, was mein Vater tat. Ich versuchte, mich zu verstecken, aber das war natürlich Unsinn. Irgendwann wusste immer jeder, dass ich die Tochter dieses Vaters bin.«

Wenn sie in eine neue Klasse kommt oder an eine andere Schule, gibt es den kurzen, glücklichen Moment, in dem die anderen noch nichts wissen. Ihr Vater ist unter dem Namen Khalkhali bekannt, das ist nicht der Familienname, den Fatemeh trägt, sondern ein Herkunftsname, »der aus Khalkhal«, wie sie an den Klerikerseminaren vergeben wurden.

Es gibt also diese sorglosen, schnell vergehenden Tage, während derer sie einfach ein kleines Mädchen sein darf. Und dann, sagt sie, wiederholte sich jedes Mal »die Tragödie«. Die einen hassen sie; die anderen meinen, dass sie zu einem bestimmten Zirkel der Politreligiösen gehören müsse. »Und ich konnte nicht sagen: Ich mag euren Zirkel nicht.«

An der Oberschule hat sie zum ersten Mal Freunde, die sie verstehen. »Es waren fünf oder sechs. Sie waren nicht politisch, wir tauschten Gedichte und Romane aus. Ich hatte Beziehungen, in die mein Vater nicht eintrat.« Es ist die Zeit von 1983 bis 1987, die schlimmsten Kriegsjahre in Iran; für Fatemeh sind es die schönsten Jahre.

Später hat sie nie wieder solche Freunde, auch nicht an der Universität. »Ich lernte, nicht über meinen Vater zu reden und immer eine Maske zu tragen. Bis dann wieder jemand sagte: Bist du wirklich die Tochter von ...?!«

Andere Kinder von Regimegrößen »spielten ihre Rollen gut, zum eigenen Vorteil«. Machten andere Kinder zu ihren Dienern, setzten Lehrer unter Druck. »Ich hasste es, wenn ein Lehrer mir eine bessere Note geben wollte wegen meines Vaters. Das beleidigte mich. Ich wollte gut sein aus eigener Kraft.«

Als Heranwachsende, mit fünfzehn, sechzehn, ist sie diskussionsfreudig bis zur Provokation. Verlangt im Religionsunterricht, die Behauptung, Gott sei gerecht, müsse so gut begründet werden, dass sie auch einen Kommunisten überzeuge. Die Lehrerin nimmt sie nach der Stunde beiseite: Sie verderbe ihre Mitschülerinnen.

Der Vater steht zeitweise an der Spitze der Ultras, die Persepolis zerstören wollen. »Darüber gab es viel Streit zu Hause. Meine Brüder und andere Verwandte kritisierten ihn. Und er beschuldigte die Familie, nicht zu ihm zu stehen. Ich hörte diese Diskussion, bevor ich alt genug war, etwas dazu sagen zu können.« Später befasst sie sich in ihrer Doktorarbeit mit dem vorislamischen Iran.

Am Übergang von der Schule zur Universität wird sie ins Bildungsministerium bestellt: Sie soll über die politischen Ansichten von Mitschülern, die vor der Aufnahme an die Universität überprüft werden, Auskunft geben, soll denunzieren. »Man nahm an, dass so etwas für die Tochter von Khalkhali selbstverständlich ist.« Sie wendet sich verzweifelt an die Mutter; die Mutter ruft das Ministerium an, schreit ins Telefon, man solle ihre Tochter in Ruhe lassen. »Sie haben mich dann nie wieder kontaktiert.«

Khalkhali, der die Revolution durch Ausmerzen aller potenziellen Gegner schützen wollte, fällt schließlich selbst in Ungnade. Er erleidet einen Herzinfarkt, bekommt Parkinson, redet kaum mehr, liest nichts mehr. Um ihn herum nur lastendes Schweigen. Zwischendurch gibt es Momente, wo Fatemeh Zugang zu ihm hat. »Ich konnte mit ihm reden, so gut wie früher.« Ayatollah Khalkhali stirbt an einem Novembertag 2003.

Fatemeh ist später eine Weile im Ausland, an der niederländischen Universität Leiden. Jeder Iraner im Exil spricht sie auf ihren Vater an, erwartet, dass sie sich als Erstes von ihm distanziert. Im Netz findet sich auf einer exiliranischen Website ein Foto, auf dem ein lächelnder Khalkhali seine kleine Tochter zärtlich im Arm hält, unter der Überschrift: Der Blutrichter – ein guter Vater?

Das dynastische Denken ist stark in Iran, und es gibt zahlreiche sogenannte »große Familien«, deren Namen durch die Revolution ins nationale Gedächtnis gehoben wurden und die sich heute in gegensätzliche Lager aufgespalten haben. Etwa Vater und Sohn Jannati: der Alte ein Ultrakonservativer, lange Vorsitzender des mächtigen Wächterrats, der Sohn ein Reformer, zeitweise Kulturminister. Oder die Familie Khomeini: zahlreiche ihrer Mitglieder stehen im Lager der Reformer, zwei Enkelinnen sind Frauenrechtlerinnen. Der Enkel Hassan Khomeini, formell verantwortlich für die Hinterlassenschaft und das Mausoleum des Staatsgründers, durfte nicht für den Expertenrat kandidieren, das oberste staatliche Gremium der Geistlichen. Den Granden der Macht scheint ein neuer Khomeini zu gefährlich.

Bei Fatemeh und ihrem Vater ist die Spanne besonders weit: Er im Herzen der moralischen Tragödie der Islamischen Republik; sie draußen, im Abseits des Systems.

Fünf Jahre nach dem Tod des Vaters, im Jahr 2008, in einer Zeit heftiger Repression unter Präsident Ahmadinedschad, schreibt sie den Essay, der ihr Leben verändert. »Alle hatten damals solche Angst.« Zeitungen werden geschlossen, ständig ist Polizei auf der Straße, ständig gibt es Kampagnen gegen »bad hijab«, nachlässige Verschleierung. »Viele waren wie gelähmt. Wir suchten nach einem Ausweg, wir mussten gegen die Angst ankämpfen und ein

Signal setzen.« In der Frauenbewegung warnen einige: Bloß nicht mit dem hochsensiblen Thema Hijab provozieren. Sie hält dagegen: »Du musst sprechen, wenn du am meisten Angst hast. Es gibt auch im Islam eine Tradition der furchtlosen Rede.« Sie hat religiöse Freundinnen, die den Zwangs-Hijab ebenfalls ablehnen, aber das niemals öffentlich sagen würden.

»Ich wollte keine anderen gefährden, ich wollte etwas Persönliches tun.« Der Gedanke, dass sie nicht die richtige Person dafür sein könnte, kam ihr nicht. »Im Gegenteil. Gerade ich sollte es tun. Wegen meines Hintergrunds, wegen meines Vaters.«

Der Essay ›Warum Hijab?‹ erscheint am 14. Mai 2008 auf der feministischen Website *meydan-e zan*, »Feld der Frau«.

»Jeder weiß sehr wohl, dass es für die Frage des Hijab nur eine Lösung gibt: Die Verschleierung muss der individuellen Entscheidung der Frauen überlassen werden. Wenn die Institution der Familie, der Gesellschaft und der islamischen Regierung vom Hijab abhängt, dann ist das Problem in dieser Institution zu finden, in dieser Gesellschaft, dieser Regierung ...«

Der Staat reagiert verzögert, erst nach einigen Tagen. Erst nachdem der exiliranische Radiosender »Zamaneh« in Amsterdam gesendet hat: Diese Kampfschrift gegen den Hijab stammt von der Tochter Khalkhalis. Eine E-Mail der Fakultät erklärt Fatemeh für suspendiert, auf Anweisung des Geheimdienstministeriums. Fatemeh kann darauf nicht mehr antworten, ihr E-Mail-Account als Dozentin ist bereits gesperrt.

»Ich hatte etwas Derartiges erwartet.« Durch den Vater, sagt sie, ist sie gefährdeter als andere, wenngleich auch letzten Endes beschützt. »Dass ich die Tochter dieses Vaters bin, machte meine Kritik besonders schlimm. Andererseits würde ich im Fall einer Verhaftung eher aus dem Gefängnis freikommen als eine normale Person.«

Später, nach den Massenprotesten der Grünen Demokratiebewegung, werden zahlreiche weitere Lehrkräfte der Universitäten verwiesen; viele lehren mittlerweile wieder. Fatemehs Berufsverbot bleibt bestehen, auch nach neun Jahren noch. »Sie vergeben mir nicht. Mein Vater war ein Mitbegründer der Islamischen Republik.«

Hat sie ihre Intervention je bereut? »Nein.« Kein Zögern in ihrer Stimme.

»Ich möchte ich selbst sein, in meiner eigenen Weise. Ich bin nicht verantwortlich für das, was mein Vater getan hat. Aber es ist ein Erbe, eine Identität, die mir mitgegeben wurde. Ich muss damit zurechtkommen, ihr ins Gesicht sehen. Ich kann nicht passiv bleiben.« Unter ihren Geschwistern ist sie die Einzige, die sich so exponiert. »Wir beschuldigen uns gegenseitig nicht. Es gibt verschiedene Weisen, das Gleiche zu leben.«

Sie zündet sich eine Zigarette an. Wir schweigen eine Weile.

»Manchmal halte ich innere Monologe mit ihm. Wir standen uns so nahe. Warum ist all das passiert?«

Diese Frage, denke ich, ist eine nationale Frage, und Fatemeh trägt sie als eine persönliche mit sich aus, quasi stellvertretend. Denn Iran ist noch weit davon entfernt, sich dem Dunkelsten in seiner jüngsten Vergangenheit zu stellen. Jene, die heute als Reformer in Erscheinung treten, waren im ersten Jahrzehnt nach der Revolution oft die Eifrigsten; viele haben Blut an den Händen. Dass sie sich verändert haben, mag jedem Einzelnen abzunehmen sein, aber gemeinschaftlich verhindern sie die Aufarbeitung dessen, was geschehen ist.

Die Last des Unausgesprochenen: nur die Sensibelsten bürden sie sich auf.

»Für mich selbst«, sagt Fatemeh, »für das, was mit meinem Leben durch ihn passiert ist, habe ich ihm vergeben. Aber was er anderen angetan hat, kann nicht vergeben werden.«

Vielleicht könne sie mit mir, einer Deutschen, leichter über all das sprechen, sagt sie, weil wir Erfahrung mit so viel Vergangenheit haben. Ich hatte ihr erzählt, wie angespannt ich als junger

Mensch bei Interviews mit Auschwitz-Überlebenden war. Weil es die Last von Schuld gibt, ohne individuell schuldig zu sein. Fatemeh hörte mir aufmerksam zu. Sie hatte viel zu Auschwitz gelesen.

Als sie von inneren Monologen sprach, dachte ich: wie bei einer gescheiterten Liebesbeziehung. Und so ist es ja auch: Ihre Geschichte handelt von einer Liebe, die sie als verboten empfindet. Ich würde ihr gerne sagen, dass sie das Recht hat, ihren Vater zu lieben. Weil jedes Kind dieses Recht hat. Ich würde ihr gerne sagen, dass sie genug getan hat, um zu beweisen, dass sie anders ist als ihr Vater.

Aber vielleicht wäre das zu viel Einmischung. Sie bestellt mir ein Taxi.

Vater II: Die Kinder von Schariati

In jeder größeren Stadt Irans gibt es eine Doktor-Schariati-Straße. In Teheran ist sie besonders lang; vom Zentrum zieht sie sich weit hinauf nach Norden, an einer Schariati-Metrostation vorbei bis in die Nähe der Berge. Die Annahme läge nahe, dass ein Mann, dessen Name so allgegenwärtig ist, besondere offizielle Wertschätzung genießt. Doch wie so oft ist das, was sich dem ersten Blick offenbart, in Iran eine Täuschung. Der Soziologe Ali Schariati (1933–1977), der die jungen Gebildeten für die Revolution begeisterte, ist heute ein Randständiger, sein Denken zu unbequem für das Herrschaftssystem der Islamischen Republik.

Ich fuhr die Schariati-Straße entlang zu einer Verabredung mit seinen Kindern. Wir trafen uns in einem privaten Apartment, es war eine erste Begegnung, um Vertrauen aufzubauen, und ich nahm mein Notizbuch während dieser Stunden nicht aus der Tasche. Die Kinder von Schariati waren vorsichtig im Umgang mit Öffentlichkeit; alle hatten längere Zeiten ihres Lebens im Exil verbracht, meist in Frankreich.

Sie als Kinder zu bezeichnen, mag irreführen: Mona, Sara, Susan und Ehsan waren zwischen Mitte 40 und Ende 50. Aber sie behalten den Status der Kinder, weil der Vater die dominante Figur ihres Lebens ist, wenngleich auf ganz andere Weise als für Fatemeh, die Tochter des Richters. Schariati ist ein Vater, den seine Kinder achten und lieben dürfen. Aber auch er ist für sie Schicksal, ein Vater, dem man nicht entkommt, ein Name, der Verpflichtung bedeutet. Ich gewann mit der Zeit den Eindruck, dass seine Kinder Schariati zu beschützen suchten.

Alle vier waren politisch wache Menschen, das konnte bei dieser Herkunft kaum verwundern. Bereits der Großvater hatte in seinem religiösen Zentrum in der Stadt Maschhad eine Generation von Antimonarchisten in einem politisch bewussten Islam herangezogen. Er war Anhänger von Mossadegh, gehörte einer Gruppe an, die sich »Gottverehrende Sozialisten« nannten. Ali Schariati trat ihnen gleichfalls bei. Linkes Denken und Islam zusammenzubringen, das war ein Familienerbe, und die dritte Generation nahm es an.

Ehsan, der Älteste, hatte die Revolution vor Ort erlebt; politisch bedroht verließ er Iran wenig später, studierte in Frankreich, promovierte über Heidegger und lehrte nun Philosophie in Teheran, mit einem Schwerpunkt auf Existenzialismus, der bereits seinen Vater inspiriert hatte. Zeitweise war er der Universität verwiesen worden. Seine Schwester Susan, Historikerin und Journalistin, gab in der familieneigenen Schariati-Stiftung die Schriften des Vaters heraus. Mona, die Jüngste, hatte in Deutschland Medizin studiert.

Sara, 1964 geboren, stach heraus; sie wirkte wie die Sprecherin der Kinder, schien dem Vater am nächsten und interpretierte ihn eloquent. Schariati hatte seine Inspiration aus dem schiitischen Glauben bezogen, seine analytischen Werkzeuge hingegen aus den westlichen Sozialwissenschaften, auch aus dem Marxismus. Sara, Religionssoziologin, schien ihm darin nahezustehen. Nur gelegentlich sagte sie »unser Vater«, meistens sagte sie: Schariati. Er war Institution und Forschungsobjekt. Sie hatte ihre Doktorarbeit in Paris über Schariati und den »religiösen Protestantismus« geschrieben. Bei den Studenten galt sie als Star; ihre Vorlesungen waren überlaufen. Sie machte Exkursionen in Armutsviertel, das trauten sich nicht viele Dozenten. Sara lächelte und sagte, das sei die »tradition gauchiste«, die linke Tradition der Familie. Wir führten unsere Gespräche auf Französisch.

Obwohl sie seit zwölf Jahren an der Universität lehrte, bekam

Sara keinen festen Vertrag; sie führte das auf ihren Namen zurück. Religionssoziologie zu lehren sei wegen der antiklerikalen Haltung ihres Vaters ein heißes Eisen; um sich abzusichern, nahm sie Kunstsoziologie hinzu. Geistliche in Qom hatten sie mehrfach zu Gesprächen geladen. »Dann wurde mir signalisiert, dass ich besser nicht mehr kommen sollte. Der Name Schariati ist in Qom immer noch ein rotes Tuch.« Ist Schariati heute zum Dissidenten geworden? Bei einem Vortrag in Frankreich hatte sie ihn so genannt. Fünf seiner Bücher waren zeitweise in Iran verboten, darunter die Schrift ›Religion gegen die Religion‹.

In der Teheraner Naderstraße steht ein Haus, das man als Schariati-Museum bezeichnen könnte, wenn es denn ein Schild hätte. Nur die Büste im Vorgarten weist den Weg, das vertraute Gesicht mit einer hochgezogenen Augenbraue, wie im Amüsement, und den früh kahl gewordenen Schläfen. Die Familie wohnte hier in den 1970er-Jahren, zeitweise ohne Schariati, der sich in einem Versteck aufhielt und danach im Gefängnis saß.

Das Haus hat kaum Besucher, und es soll, wie mir die Kinder später sagten, möglichst wenig von sich reden machen. An diesem Vormittag war ich die Einzige. Der Mann, der das Haus im Auftrag der Stadtverwaltung betreute, schien über mein Erscheinen überrascht und servierte mir einen Tee, während ich im ersten Stock Schariatis Arbeitszimmer inspizierte. Auf dem Schreibtisch stand seine alte Schreibmaschine. Die Bibliothek war nur kleiner Teil dessen, was einst vom Geheimdienst Savak beschlagnahmt worden war, doch die Titel vermittelten eine Ahnung von Schariatis weitem Horizont: Platon, Lenin, Bakunin, Mao; die Geschichte der britischen Arbeiterbewegung; Wissenschaftsgeschichte, Psychologie, Psychiatrie, die französischen Moralisten des 17. Jahrhunderts. Als abgegriffene Hefte Pariser Intellektuellenmagazine, ›Les Temps modernes‹, von Sartre gegründet.

Eine Musiktruhe, eine Schallplattensammlung. Im Flur Schariati auf allen Fotos mit Zigarette. »Er qualmte wie ein Schornstein«, sagte der Betreuer des Hauses jovial.

Schariati war als Kind schweigsam und in sich gekehrt, oft in Gedanken versunken, in Tagträume; im Klassenzimmer sah er aus dem Fenster, lebte in seinem eigenen Kokon. Schwänzte die Schule, verschlang lieber Bücher eigener Wahl, nächtelang. Später ein melancholischer junger Mann, der von sich sagte, er fühle sich schon seit Kindertagen eingesperrt. Eine seiner Schriften handelt dann von den »vier Gefängnissen des Menschen«: Natur, Gesellschaft, Klasse und Ego.

Von Schariatis Gedankenwelt ist im Westen wenig bekannt, weil wir generell fortschrittliche muslimische Denker kaum rezipieren. Und weil der Mann in gewisser Weise von den Folgen seines Denkens posthum erschlagen wurde. Die Politisierung der Religion in Iran geht mehr auf Schariati als auf Khomeini zurück. Schariati erreichte die Jugend, die Intellektuellen und den gebildeten Mittelstand, Khomeini die Geistlichen, die Bauern und die Verarmten. Man kann Schariati vorwerfen, er habe die Brücke dafür gebaut, dass die weltliche Intelligenzija Irans, Nationalisten wie Linke, für eine entscheidende historische Sekunde an einen gemeinsamen Kampf mit der Khomeini-Fraktion der Geistlichkeit glaubte. Und er war der Erste, der den Ausdruck »Imam« auf die Führungsrolle in einem revolutionären System bezog.

Schariatis früher Tod im Jahr 1977 macht die Frage unbeantwortbar, wie er sich zu den Gewalttaten der Revolution gestellt hätte, zu den Taten eines Khalkhali. Dass er sie gutgeheißen hätte, dafür liefern seine Schriften keinen Anhaltspunkt.

Liest man Schariati heutzutage, mit dem Wissen, was der politische Islam in den vergangenen vier Jahrzehnten weltweit hervorgebracht hat, dann überrascht, wie empfindsam und subjektiv seine Weltsicht ist. Die Islamwissenschaftlerin Silvia Kaweh fasst das in folgende Worte: Bei Schariati stehe stets »der Mensch und seine Verlorenheit in der heutigen Zeit« im Mittelpunkt. »Sein

Ideal ist der aufgeklärte, sich seiner selbst bewusste Mensch, den sich Schariati aber ohne religiösen Rückbezug auf Gott nicht vorstellen kann.«

Zu seinen Vorbildern gehörte der indische Philosoph Muhammad Iqbal, der die Muslime bereits in den 1930er-Jahren aufgerufen hatte, die Rolle der Persönlichkeit neu zu entdecken. Der Islam wolle jedem Einzelnen die Macht geben, »frei zu handeln«. In dem allseitig gebildeten Iqbal, später ein geistiger Begründer Pakistans, sah Schariati den Prototypen eines modernen Muslims, der sich europäische wie asiatische Kultur zunutze mache. Und wie für Albert Camus war für Schariati die Auflehnung der Inbegriff der Wahlfreiheit des Menschen. Ich rebelliere, also bin ich.

Dieser radikale islamische Humanismus ist in vielem das genaue Gegenteil dessen, was wir heute vor allem aus dem arabischen Raum als politischen Islam kennen. Anstatt das zivile und gesellschaftliche Leben in einen buchstabengläubigen religiösen Formalismus zu zwingen, sagte Schariati: »Man kann die Form zerbrechen, um den Inhalt zu bewahren.« Die Religion aus der »Traditionsanbetung« befreien, und nicht aufs Jenseits vertrösten, sondern Unterdrückung und Ungleichheit im Hier und Jetzt bekämpfen.

Vieles von dem, was Schariati vor nahezu einem halben Jahrhundert in seinen Vorlesungen vertrat, ist heute noch von brennender Bedeutung, zuvorderst als Inspiration für die muslimische Welt, aber vielleicht auch als Spiegel für den westlichen Menschen, dessen Entfremdung von sich selbst Schariati in Konsumismus und Materialismus begründet sah.

Mein zweites Treffen mit Schariatis Kindern fand bei der familieneigenen Schariati-Stiftung statt: Es waren nur zwei, drei Räume, nicht einmal eine ganze Etage. Im Flur hingen Aufnahmen von Schariati aus dem Schah-Gefängnis: Er war unrasiert, ganz gegen die Gewohnheit eines Mannes, der sogar eine Bergwanderung mit seinen Kindern in Anzug und Krawatte unternahm. Die Stiftung hatte das Copyright auf Schariatis Werke, publizierte Schriften und DVDs.

»Schariati gehört nicht seiner Familie«, betonte Sara. »Jeder kann ihn interpretieren, wie er will. Wir monopolisieren seine Deutung nicht.« Aber es gibt die »Neo-Schariatis«, eine intellektuelle Strömung, zu der sich die Kinder zählen. Ein prominenter Vertreter der Neo-Schariatis ist 2011 während eines Hungerstreiks im Gefängnis gestorben.

Ich sah mir mit Sara einen Fotoband an, den die Kinder vor einigen Jahren herausgegeben hatten. Wie bei Fatemeh, der Tochter des Richters, hatten sich bei ihren Eltern zwei unterschiedliche Milieus der Schah-Ära getroffen, in diesem Fall das religiöse und das säkulare. Puran, Schariatis Frau, kam aus einer im weltlichen Sinne modernen Familie in Maschhad. Sie lernte Ali kennen, als beide Literatur studierten; später promovierten beide in Paris. Sie trug nie ein Kopftuch, bis es Pflicht wurde nach der Revolution. Das machte die Bildauswahl schwer für ein Buch, das in Iran gedruckt wurde. Auf dem Hochzeitsfoto mit Schariati wurde ihr weißer Schleier nachträglich so vergrößert, dass er entfernt einem Hijab ähnelte.

Auf einem Bild, das in diesem Band nicht auftauchen durfte, saßen die beiden mit einem gemeinsamen Freund auf einem Mäuerchen irgendwo an der französischen Küste, ein modernes Paar, sie in einer kurzen Wolljacke, eine Hand lässig auf der Schulter des Freundes, nicht auf der des Ehemanns. Auf dem bekanntesten Foto von Schariati, das ihn mit Zigarette in Studierhaltung zeigt, hatte Puran ihm gegenüber gesessen, gleichfalls in Lektüre vertieft. Sie wurde abgeschnitten, auch in diesem Buch der Kinder, weil sie kein Tuch trug. Wenn man genau hinsieht, erkennt man auf Schariatis Porträt noch ihren Ellbogen. Puran schrieb in zwei eigenen Büchern über das Leben mit Schariati, musste aber über manches schweigen, das für die Islamische Republik heikel war.

Sara wies mich noch auf eine Aufnahme hin, die ihr besonders gefiel: Schariati während der Hadsch in Mekka; ins weiße Tuch der Pilger gehüllt, qualmte er eine Zigarette und unterhielt sich mit einer Frau. »Während der Hadsch!«, sagte Sara begeistert.

Schariati war ein Anwalt für die Gleichberechtigung, und was er über die Iranerinnen sagte, hat heute noch eine gewisse Aktualität. Es gebe zwei Gruppen, die keine Identitätskrise kennen würden: die traditionellen Frauen, die kein Bedürfnis verspürten, sich den Herausforderungen der Moderne zu stellen, und die Verwestlichten, die alles aus dem Westen kritiklos übernähmen. Mit ihrer Identität ringen würden jene, die dazwischen stehen, die sich als religiös und modern verstünden. Auch Sara schien mir eine Frau, die in diesem unbequemen Zwischenreich lebte. Ich sah sie nur in Schwarz, wie es für die Universität vorgeschrieben ist; sie trug die Farbe und das Tuch ohne merklichen Widerwillen.

»Schariati sagte, es sei die Tragik des heutigen Menschen im Westen, dass er Freiheit gewonnen und Spiritualität verloren habe«, fuhr sie fort. »Das ist seine universelle Seite. Er hat die Spiritualität gegen Kapitalismus und Sozialismus verteidigt.«

Der Gerechtigkeits-Revolutionär des 20. Jahrhunderts schätzte Rumi, den Mystiker des 13. Jahrhunderts, vor allem dessen Hauptwerk ›Masnavi‹, sechs Bände Dichtung, Weisheitslehre, religiöse Interpretation. Das ›Masnavi‹ beginnt mit dem »Lied der Rohrflöte«, das zum Modell für viele Verse in der persischen, türkischen und indisch-muslimischen Dichtung wurde. Die Rohrflöte klagt, weil sie von ihrem heimischen Röhricht abgeschnitten ist, und ihre Klage erinnert daran, dass es einen anderen Zustand gibt als das Getrenntsein von Gott. In der Lektüre des ›Masnavi‹ fand Schariati Trost in einsamen Stunden, nach seiner Ankunft in Paris 1959, denn Rumi stärkte sein Selbstvertrauen in der Auseinandersetzung mit der westlichen Lebensweise. Hatte Europa nicht aufgrund seiner technischen Überlegenheit der Dritten Welt vorgetäuscht, sie sei auch zivilisatorisch rückständig? Als wären Modernismus und Zivilisation gleichbedeutend.

Seine eigenen mystischen Schriften trugen später den Titel ›Kavir‹, die Wüste. Sie war für ihn der Ort, wo Gott leichter zu finden ist, ein Refugium. Gnostizismus war Teil von Schariatis Kampf gegen eine veräußerlichte Religion, gegen die Traditionsanbetung, und er wollte die weltabgewandte Suche nach Gotteserkenntnis versöhnen mit politischem Aktivismus.

»Schariati kommt wieder in Mode«, sagte Sara, »weil es im heutigen Iran ein neues Bedürfnis nach Mystik gibt. Seine Schriften der Wüste werden gelesen, weil sie so persönlich sind. Schariati schrieb: ›Ich muss wählen zwischen mir selbst und dem Volk. Das Volk braucht Revolution und Aufklärung. Kavir, die Wüste, ist für mich selbst.‹«

Doktor Schariati, so wurde er in der Schah-Ära stets genannt, mit dem Respekt für einen im Ausland erworbenen Titel. Nach seinem Tod sagten junge Revolutionäre liebevoll »Mo'allem-e Shahid« Schariati, Lehrer und Märtyrer, denn sie glaubten, der Savak habe ihn im Exil ermordet. Das Regime der Islamischen Republik gab sich kühler und ersetzte den Märtyrer bei der Straßenbenennung wieder durch den Doktor. In einem Land, in dem Tausende von Straßen nach Märtyrern heißen, auch wenn sie womöglich nur eine verirrte Kugel getroffen hat, wollte man dem Antikleriker diesen Gefallen nicht tun. Obwohl die Umstände seines Todes bis heute mysteriös sind.

Im Mai 1977 hatte Schariati Iran mit einem falschen Pass verlassen, via Brüssel nach Großbritannien. Seine Frau und die Mädchen sollten einige Wochen später nachkommen. Ehsan war zu seinem Schutz in die USA geschickt worden. »Am Flughafen wurde unsere Mutter verhaftet«, erinnerte sich Sara. »Wir mussten so tun, als würden wir sie nicht kennen. Sie steckte uns im letzten Moment etwas Geld zu und sagte dann: ›Ich weiß nicht, wer diese Mädchen sind.‹ Ich war dreizehn; es war sehr hart.«

Schariati starb in der Nacht nach der Ankunft der Töchter, in einer Wohnung in Southampton; angeblich an Herzversagen. »Morgens um sieben bin ich aufgewacht vom Lärm, die Ambulanz stand in der Straße. Unser Vater wurde in einem Rollstuhl aus dem Haus gebracht, das hat mich damals schon gewundert.« Sara schwieg einen Moment.

»Vor einigen Jahren bin ich mit meinem Sohn nach Southampton gefahren. Ich wollte endlich wissen, was passiert ist; ich wollte die Wohnung und das Krankenhaus sehen. Im Krankenhaus habe ich Einsicht in die Krankenakte verlangt; nach einigem Hin und Her hieß es: Es gibt keine Akte. Es gab auch keine Autopsie; er war angeblich auf dem Weg ins Krankenhaus gestorben. Aber warum hat man meinen Vater in einem Rollstuhl statt auf einer Krankentrage aus dem Haus geholt? Angeblich um die Nachbarn nicht zu erschrecken. Für mich ist das alles sehr verdächtig.«

Und dann fügte sie bündig hinzu, als spreche sie auf einer Konferenz: »Schariatis Tod bleibt zweifelhaft.«

Die Schah-Regierung wollte den Mann, den sie verfolgt hatte, als »großen Schriftsteller« in Iran beerdigen. Die Familie befürchtete einen Missbrauch des Toten; deshalb wurde er in Damaskus beerdigt, provisorisch. Hafis al-Assad, der damalige syrische Präsident, stellte zwölf Quadratmeter auf einem Friedhof zur Verfügung, in der Nähe des Mausoleums von Zeinab, der Schwester Husseins, die in Schariatis Reden eine wichtige Rolle gespielt hatte. »Er wurde nur vorläufig bestattet. Wir dachten: Sobald es in Iran eine Revolution gibt, werden wir ihn umbetten. Aber dieses Problem ist bis heute ungelöst.«

Auf dem Grab steht nur: Ali Schariati. Ein Strauß künstlicher roter Rosen, Fotos des Revolutionärs mit Krawatte. 40 Jahre nach seinem Tod hat der Mann, der Millionen inspirierte, keinen Platz in seiner Heimat gefunden.

»Schariati lebt weiter, denn seine Kritik lebt«, sagte Sara. »Es gibt an jeder Universität einen Zirkel, der seine Ideen diskutiert.«

Ich fragte sie, was das Wichtigste in seinem Erbe sei. »Das Dreieck«, antwortete sie. Schariati hatte gesagt, der moderne Muslim atme im Dreieck Sozialismus, Existenzialismus, Islam. Sara formulierte es so: »Spiritualität, Gleichheit, Freiheit.« Ein Dreieck, in dem es keines der Elemente ohne die anderen gebe.

Welche Moderne? Über Technologie, Fortschritt und Teilhabe

Sarman & Co. gilt als das feinste Uhrengeschäft im Mittleren Osten; Fassade und Interieur in Schwarz und dunklem Gold. Die Kunden sind Zwanzig-, Fünfundzwanzigjährige, und sie reißen sich um Uhren, die hunderttausend Euro kosten. Für Schweizer Luxusmarken wie Audemars Piguet und Richard Mille gibt es Wartelisten; die jungen Iraner begehren mehr als die Hersteller liefern können.

Der Inhaber betrieb sein Gewerbe bereits vor der Revolution. Es gab Reiche damals, sagte er mir, aber nicht die heutige Sorte junger Neureicher. Das edle Uhrenhandwerk interessiere sie nicht; es gehe um Preis und Marke. Sie fragen: Welches ist das teuerste Modell? Bestellen Sie es mir! Und sie wollen die gleichen Uhren wie die Superreichen anderswo auf der Welt. Später bestellen sie nach: eine Uhr für den Geschäftsfreund, eine zur Hochzeit, zur Geburt eines Kindes ...

Ich suchte Sarman & Co. auf, weil mich seine Adresse faszinierte: Doktor-Schariati-Straße, Höhe Rumi-Brücke. Der Revolutionär und der Mystiker, Gleichheit und Innerlichkeit. Welch ein Rendezvous an einem Ort, der von Klassenverhältnissen und Geltungssucht erzählte.

Die Inspektion, um welche Moderne es sich in diesem zweifelsohne modernen Land handelt, muss bei den Reichen beginnen. Ihrer Gier, wenn man sie als ein Lebensmodell verstehen will, haben die Armen nichts Vergleichbares entgegenzusetzen.

Es gibt in Teheran Apartments von achthundert Quadratmeter Größe, von denen viele leer stehen, weil sie ausschließlich zu Spekulationszwecken gebaut wurden. Und wo die Apartmentanlagen bewohnt sind, reichen die Tiefgaragen beziehungsweise das für Autos reservierte Erdgeschoss oft nicht, um die Anzahl an Fahrzeugen unterzubringen. Viele Familien haben zusätzlich zu ihren ein bis zwei teuren ausländischen Fabrikaten einen Wagen einheimischer Produktion, den sie nur benutzen, wenn sie ins Stadtzentrum fahren müssen, wegen der Unfallgefahr. Der Drittwagen zum Verbeulen.

Einen Privatjet zu chartern, um für ein paar Stunden auf die Insel Kisch im Persischen Golf zu fliegen oder für einen Tagesausflug nach Dubai, kostet so viel wie ein iranischer Arbeiter in mehreren Jahren verdient.

Ob die Kluft zwischen Reich und Arm in der Islamischen Republik größer ist als während der Schah-Zeit, vermag niemand genau zu sagen. Sicher ist: Die damals winzige Schicht der Superreichen ist heute wesentlich größer. Manche schätzen die Allerärmsten und die Allerreichsten auf jeweils zehn Prozent der Bevölkerung.

Es kennzeichnet die Neureichen, dass sie ihren Reichtum gern ausstellen, sagte mir ein junger Unternehmensberater, der im Milieu der Upperclass zu Hause war, aber als Diplomatensohn eine gewisse Distanz zu ihrer Dekadenz hielt. Die Religiösen unter den Neureichen bevorzugten auch bei der Wohltätigkeit an schiitischen Feiertagen das Sichtbare, den Nasri-Stand in bester Lage, weshalb die meisten Iraner ihre Frömmigkeit in Zweifel zögen.

Die *Aghazadeh*, Abkömmlinge der Oberschicht, die sich im Büro meines Informanten trafen, sprachen mit resignierter Offenheit über ihre Klasse. Achtzig Prozent der Aghazadeh seien verdorben; sie zählten sich zu den zwanzig Prozent anderen – gebildete, weit gereiste Leute, die etwas für ihr Land tun wollten. Die Achtziger und die Zwanziger hätten wenig Verbindung untereinander. Und es fehle den Zwanzigern an Netzwerken, politischen Parteien oder Think Tanks. Vor der Revolution hätten Religiöse und Nicht-Religiöse noch bestimmte Werte der iranisch-islamischen Kultur geteilt. Diese Werteallianz sei zerbrochen. »Benefitism« habe in Iran Priorität. »Jeder fragt: Was nützt mir das?«

Im Januar 2015 waren in Iran vierhundert Shoppingmalls im Bau oder in Planung, allein fünfundsechzig in Teheran. Konsum ist Lebensstil. Die Mittelklasse hat sich seit den Tagen der Revolution stark vergrößert, aber je nach Statistik haben nur fünfzehn bis dreißig Prozent tatsächlich eine Beschäftigung in Mittelklasseberufen. Viele konsumieren über ihren Möglichkeiten, um äußerlich dieser Schicht anzugehören. Und wer genug Geld hat, übertreibt den Konsum: Iraner leben ungesund, sie essen zu viel und zu fett, zu viel gebutterten Reis, zu viel Fast Food. Diabetes ist Volkskrankheit, seine Rate höher als in Deutschland, obwohl die Bevölkerung viel jünger ist.

Die Läden in der Luxusmall »Palladium« führen fast ausschließlich Westmarken. Die Iraner mögen nationalistisch sein, aber »buy local« ist nicht ihre Sache. *Khareji*, ausländisch, gilt als Qualitätsmerkmal und wird auf Werbetafeln an den Stadtautobahnen groß herausgestellt.

Ein vergoldeter Füller in Samtschatulle nannte sich »Euro-Pen«.

In dem erstaunlichen Englisch, das in Iran häufig anzutreffen ist, stand an einem Geschäft: »Shopping is mind kind for us.« Konsum besänftigt, Konsum entschädigt für vieles andere. Manche erkennen, welchen Preis der Materialismus verlangt. Die kritische Tageszeitung ›Shargh‹ richtete an die Staatsführung mahnende Worte über den Charakter jener Jugendlichen, die in den 2000er-Jahren geboren wurden. »Überlegt euch, was da auf euch zukommt, mit diesen verwöhnten Kindern voller Erwartungen.«

Man kann Iran auch ganz anders betrachten.

Wenn wir unsere romantischen Vorstellungen, wie der Orient aussehen sollte, beiseitelassen und kühl die Fortschritte eines Landes bilanzieren, das manche vor vier Jahrzehnten noch zur Dritten Welt zählten – dann sehen wir eine gebildete und stark städtische Gesellschaft, in der die Eltern viel Wert auf die Ausbildung ihrer Kinder legen und darum heute so wenig Nachwuchs bekommen wie nie zuvor.

Nach Sozialdaten auf dem Stand von 2015, die von den Vereinten Nationen und der Weltbank für seriös gehalten werden, ergibt sich folgendes Bild: Die Bevölkerung hat sich seit der Revolution mehr als verdoppelt; da jedoch die Geburtenrate viel niedriger ist als in der Schah-Zeit, ist die Zahl der Kinder unter vierzehn heute nur halb so groß wie damals. Das widerspricht allen Vorurteilen über verordnete Fruchtbarkeit in einer islamischen Republik.

Dreiundsiebzig Prozent der Iraner leben in Städten, das sind doppelt so viele wie 1979. Der Anteil der Analphabeten ist von seinerzeit gut sechzig Prozent auf verschwindende zwei Prozent gefallen. Die Lebenserwartung ist wiederum drastisch gestiegen, auf sechsundsiebzig Jahre bei Männern und einundachtzig bei Frauen. Immer mehr junge Iraner studieren; in der Altersklasse der Achtzehn- bis Vierundzwanzigjährigen sind es mehr als die Hälfte, und über sechzig Prozent der Studierenden sind weiblich. Nicht anders als unter dem Schah träumen junge Akademiker davon, ihren Doktor im Ausland zu machen. Am liebsten in den USA, gefolgt von Deutschland, Kanada, Großbritannien.

Auch dies gehört ins Bild: Es gibt etwa fünfundsechzigtausend Arbeitslose mit Doktortitel.

Selbst Kleinigkeiten wie ein paar Kopfschmerztabletten in der Apotheke können bargeldlos bezahlt werden, mit einer Bankkarte. Sitze in Flugzeug, Bahn und Fernbus werden selbstverständlich online reserviert. Über die Qualität der Universitäten gibt ein nationales Ranking Aufschluss, und die Abiturienten konkurrieren um die gefragtesten Studienorte in einer landesweiten Aufnahmeprüfung, die mit dem französischen Wort »concours« bezeichnet wird.

Der iranische Alltag hat sich auf eine Weise modernisiert, von der sich Westler meist keine Vorstellung machen. Und viele Iraner der älteren Generation scheinen sich Neuerungen mit leichterer Hand anzueignen als ihre Altersgenossen in Deutschland. Etwa beim Bezahlsystem »ezPay« (Kürzel für »easy pay«): Am Eingang zu Bushaltestellen und Metrostationen streicht man mit einer Karte über ein Sensorfeld; die Karte wird an EzPay-Kiosken aufgeladen. In manchen Städten werden damit auch Parktickets gelöst.

Nahezu jeder erwachsene Iraner benutzt ein Smartphone. Von den jungen Leuten unter dreißig seien zweiundsiebzig Prozent in sozialen Medien aktiv, sagt die Regierung mit verdächtiger Präzision. Und natürlich ist im Land der zensierten und gefilterten Webseiten ein beachtlicher Teil der Bevölkerung geübt in der Nutzung von Datentunneln.

Iran hat sich in einem politisch-religiösen System, das wir mit den Attributen archaisch und rückwärtsgewandt versehen haben, rasant entwickelt. Fotos aus den 1960er- und 1970er-Jahren, die den damals erreichten Fortschritt vorführten, wirken heute fast komisch. An der Baustelle des spektakulären Teheraner Azadi-Turms zogen noch Kamele vorbei. Eine Vorzeigehausfrau benutzte mit seligem Lächeln den ersten Importstaubsauger.

Iraner sind technophil, fasziniert von jedweder Technologie, vor allem der neuesten. So ist es nicht etwa nur bei säkular oder westlich Orientierten. Auch die jüngere Generation der Geistlichen ist technikbegeistert, die Revolutionsgardisten sind es ohnehin.

Dementsprechend ist das Bildungswesen fokussiert auf Ingenieurwesen, Naturwissenschaft und Mathematik. Iran brüstet sich, die weltweit fünftgrößte Zahl an Ingenieuren auszubilden, und es gibt angeblich mehr Iranerinnen als Amerikanerinnen mit Ingenieurdiplom.

Innerhalb des Regimes, das über Fragen der Wirtschaftspolitik häufig zerstritten ist, besteht Einvernehmen, dass Investitionen in Forschung und Technologie Priorität haben, unter anderem in sechsunddreißig Technologieparks, wo die ansässigen Firmen besondere Förderung genießen.

Bis zum Jahr 2025 will Iran wirtschaftlich, wissenschaftlich und technologisch die unangefochtene Nummer eins im Mittleren Osten und Zentralasien sein; so wurde es vor geraumer Zeit in einer »Nationalen Zwanzig-Jahre-Vision« festgeschrieben, und alle Kräfte des politischen Spektrums halten daran fest. Der Aufstieg zu einer »knowledge-based economy«, einer Wissensgesellschaft, würde bedeuten, endlich das Trauma der Rückständigkeit zu überwinden, das in den vergangenen hundert Jahren Ursache so vieler Verwerfungen war.

Jalal Al-e Ahmad (1923–1969), einer der einflussreichsten politischen Schriftsteller vor der Revolution, hatte für das iranische Dilemma den Ausdruck *gharbzadegi* erfunden, was sich als Westbefallenheit oder Westvergiftung übersetzen lässt. Es war für ihn tatsächlich eine Krankheit, wie die Iraner westliche Ideen übernahmen und Verhaltensweisen kopierten, ohne die Machtmittel und Techniken des Westens zu begreifen und zu beherrschen. »Wir waren nicht in der Lage, unsere kulturelle und historische Persönlichkeit in der Begegnung mit den Maschinen aufrechtzuerhalten«, schrieb er in seinem Essay ›Gharbzadegi‹. »Der eine ist Produzent, der andere Konsument. (...) Solange wir Maschinen nur benutzen und sie nicht herstellen, sind wir West-Geschlagene.« Al-e Ahmads Text prägte die intellektuelle Sozialkritik bis zur Revolution, und der Umstand, dass nach ihm der höchstdotierte iranische Literaturpreis benannt ist, verweist auf sein Ansehen in der Gegenwart.

Dem Westen ist auch heutzutage nicht wirklich daran gelegen, dass sich ein Land wie Iran erfolgreich aus technologischer Abhängigkeit befreit: Diese Schlussfolgerung lässt sich jedenfalls aus dem zermürbenden Nuklearstreit ziehen, in dessen Verlauf iranische Kompromissangebote über Jahre ignoriert wurden. Viele Iraner gewannen den Eindruck, ihnen werde schlechthin das Recht auf diese Technologie verwehrt – und weil dieser Konflikt als eine Frage des Rechts (und nicht der militärischen Kapazität) betrachtet wurde, stand bei diesem Thema wie bei keinem anderen nahezu jeder Iraner hinter der Führung.

Im Jahr 2025 sollen sechzig Prozent der jungen Generation über universitäre Bildung verfügen; diese Zielmarke ist heute bereits fast erreicht. Zur Vision gehört gleichfalls, sich vom Öl unabhängiger zu machen. Iran besitzt eine der weltgrößten Reserven an Erdgas und entwickelt ihre Erschließung mit hohem Tempo für den Export. Für die heimische Stromversorgung sollen bis 2025 neun Atomkraftwerke gebaut werden. Dagegen erheben sich nur vereinzelt kritische Stimmen. Iran ist ungebrochen fortschrittsgläubig, in der Staatsführung wie in der Bevölkerung. Genforschung wird auf Hochtouren betrieben.

Technologischer Fortschritt, nationale Unabhängigkeit und militärische Potenz, das ist für die Islamische Republik ein angestrebter Dreiklang. So denken auch die jüngeren Technokraten in der Regierung, etwa Sorena Sattari, ein Vizestaatspräsident für Technologie und Wissenschaft, zugleich leitet er ein Zentrum für Hochtalentierte. Der Sohn eines Luftwaffenkommandanten sagte im Gespräch mit dem US-Journal ›Science‹: »Vor der Revolution hatte Iran eine der modernsten Luftwaffen der Welt. Als die US-amerikanischen Militärberater das Land verließen, merkten wir, dass wir die Technologie nicht verstanden. (....) Aber wir lernten, auf eigenen Beinen zu stehen, wir lernten, neue Waffen zu entwickeln.« Durch die Sanktionen sei zusätzlich der Zwang entstanden, in Wissensökonomie und Innovation zu investieren. Iran wolle die technologische »Supermacht« der Region werden.

Als die Revolutionsgarden eine Spionagedrohne der USA abfingen, die von Afghanistan aus eingedrungen war, bauten sie das Gerät innerhalb von zwei Jahren nach und ließen eine eigene Aufklärungsdrohne in Serie gehen. Angeblich wurde den Amerikanern eine Kopie des Verlorenen geschickt, um den Spott zu genießen.

Trotz aller Kooperation mit Russland und China will Iran für seine ehrgeizigen nationalen Projekte First-Class-Technologie aus dem Westen. Das war ein wesentlicher Grund, warum sich die Staatsführung auf das Herunterschrauben des Nuklearprogramms eingelassen hat. Und nach dem Ende der Sanktionen will Iran nicht wie früher ein bloßer Absatzmarkt sein, sondern selbst produzieren.

Technischer Fortschritt soll die Unabhängigkeit sichern, aber zugleich besteht stets die Gefahr, um des Fortschritts willen an Unabhängigkeit einzubüßen, etwa durch ausländische Investoren im Land. Um diesen neuralgischen Punkt drehen sich viele Auseinandersetzungen zwischen den Fraktionen des Systems. Die hiesige Berichterstattung verflacht solche Debatten gern zum stereotypen Pro-und-contra-Hardliner-Pingpong. Tatsächlich geht es um eine Kurssteuerung, die für jede Nation schwierig ist, die nicht zu den großen Mächten zählt. Das Verhältnis zu Russland einerseits und dem Westen andererseits auszubalancieren, ist für Iran auch deshalb von besonderer Bedeutung, weil es sich ohne festen Alliierten in der Region sieht, in einer »strategischen Einsamkeit«, wie seine Außenpolitiker sagen.

Regimekritische Iraner spotten über Potemkin'sche Fassaden von Fortschritt im Land, etwa wenn sich einzelne Ministerien mit einem Institut für Angewandte Wissenschaften hervortun wollen. Und Auslandsiraner, die im Westen eine wissenschaftliche Auszeichnung erringen, werden in den Teheraner Staatsmedien gewürdigt, als handele es sich um Stipendiaten der Islamischen Republik. Das gefühlte Universum von Heimat, das alle Iranischstämmigen zu verbinden scheint, wird gern bemüht, wenn es ins politische Programm passt.

Auf dem Feld der Medizin ist Iran hingegen in Forschung und

Praxis unbestreitbar führend im Mittleren Osten. Patienten aus arabischen Ländern, die sich Europa nicht leisten können, reisen zur Behandlung nach Iran, auch für hoch spezialisierte Eingriffe wie Herzoperationen oder Lebertransplantationen. Eine herausragende Stellung hat Iran ebenfalls für künstliche Befruchtung: Mehr als siebzig Kliniken versprechen kinderlosen Paaren Hilfe; die renommierteste in Teheran ist nach Avicenna benannt. Hilfreich bei dieser Entwicklung war die Flexibilität schiitischer Rechtsauslegung. Sie erlaubt in Iran Stammzellenforschung und Geschlechtsumwandlungen.

In der Stadt Hamedan symbolisiert ein hoch aufschießendes schlankes Bauwerk jene Pionierleistungen, an denen die Mediziner des 21. Jahrhunderts gern anknüpfen möchten. Das Mausoleum für den Arzt und Gelehrten Ibn Sina/Avicenna wurde Ende der 1940er-Jahre im Stil der iranischen Architekturmoderne errichtet. Aus der einstigen Vorrangstellung war zu diesem Zeitpunkt allerdings längst eine beschämende Abhängigkeit geworden. Wie sehr Iran im 19. und 20. Jahrhundert auch in der Medizin »westgeschlagen« war, ein bloßer Kunde Europas, illustriert das Medizinhistorische Museum auf einem Teheraner Campus. In einer originalgetreu wiederaufgebauten Apotheke sind sogar die Porzellandosen mit heilenden Substanzen französisch beschriftet. Während der Qadscharen-Zeit kam medizinisches Wissen und Gerät aus Frankreich, unter Reza Schah aus Deutschland und nach 1945 aus Großbritannien. Weil auf diesem Gebiet die Überwindung der traumatischen Kluft zum Westen tatsächlich gelungen ist, spielen Erfolge in der Medizin für die Außendarstellung der Islamischen Republik eine so große Rolle. Es vergeht kaum ein Tag, ohne dass auf neu Erreichtes hingewiesen würde, sei es die Forschung in Nanotechnologien bei der Bekämpfung von Krebs oder eine Operation am ungeborenen Baby.

Nur bei einem Thema sind die Behörden überaus vorsichtig: Iran ist das einzige Land der Welt mit einem staatlich regulierten

Organhandel. Das ist progressiv, aber auch doppelgesichtig. Alljährlich werden zweitausendfünfhundert Transplantationen von Nieren vorgenommen, die Iraner legal an den Staat verkauft haben (offiziell heißt es: gespendet). Daneben existiert ein Schwarzmarkt von Anbietern, die ihre Niere teurer verkaufen wollen als zum Staatstarif, und auch sie finden Abnehmer. Wenn Iraner so arm sind, dass sie ihre Telefonnummer auf eine Klinikmauer kritzeln, um eine Niere feilzubieten, handelt es sich aus Sicht der Führung um eine nationale Schande, die vor den Augen der Welt verborgen werden muss.

Das Ringen um das Gemeinwohl

Kann es eine fortschrittliche Wissensgesellschaft geben ohne Ausbau politischer Teilhabe? Dies ist der Grundkonflikt der Islamischen Republik. Ihre Führung ist in eine Hardware-Moderne verliebt und fürchtet die intelligente moderne Software, die Ansprüche der Bürger.

In der iranischen Geschichte kam Modernisierung stets autoritär daher. Der frühe Pahlavi-Staat unter Reza Schah wollte jeden Lebensaspekt kontrollieren und die Menschen mit Gewalt in eine vermeintliche Fortschrittlichkeit hineinerziehen. Ein betagter Iraner erzählte mir von seiner Schuluniform in den 1930er-Jahren: Jungen mussten bis zur siebten Klasse kurze Hosen tragen, weil das in Europa so üblich war. Mein Gesprächspartner sagte, er habe nach der Schule zu Hause als Erstes immer in peinlicher Eile die Hose gewechselt. »Ich konnte es nicht wagen, meinem Vater mit nackten Beinen unter die Augen zu treten. Das wäre äußerst respektlos gewesen.«

Ein zweites Beispiel aus derselben Epoche betrifft einen Mann namens Mohammad Ali Foroughi. Als Politiker und Wissenschaftler unterstützte er den Kurs von Reza Schah, er glaubte an diese Art von Fortschritt und schrieb eine berühmte dreibändige ›Geschichte der Philosophie in Europa‹, die noch heute in Gebrauch ist. Aber Foroughi konnte nicht verhindern, dass sein Schwiegersohn 1935 im Namen des Fortschritts hingerichtet wurde: Er galt als Verantwortlicher gewalttätiger Proteste gegen das Tschador-Verbot. Die Konfrontation spielte sich im Schrein von Maschhad ab, Regierungstruppen marschierten in den heiligen Bezirk ein und feuerten auf Demonstranten.

Iran ist nicht das einzige Land, wo sich im 20. Jahrhundert eine autoritäre Modernisierung vollzog, die Bevölkerungsschichten gegeneinander aufbrachte und dauerhafte Spaltungen in der kollektiven Erinnerung hinterließ. Aber in Iran war vieles besonders exaltiert.

Die Modernisierungsprogramme der Schah-Ära seien »ein schrecklicher Fehler« gewesen, schreibt der New Yorker Politikwissenschaftler Ali Mirsepassi in seinem Buch ›Democracy in Modern Iran‹, weil man die Moderne als ein Objekt oder einen Plan angesehen habe, der schon komplett ist und den man kaufen oder zumindest leihen kann. Den heutigen Intellektuellen sei bewusst, dass es entscheidend ist, »den richtigen Weg« in eine iranische Moderne zu finden, und dies sei nur auf der Basis von Dialog und Übereinkunft möglich. Das Hauptthema in der Frage einer iranischen Moderne sei heute die Rolle des Bürgers gegenüber dem Staat und die Suche nach einer »guten Gesellschaft«.

Kämpfe um Teilhabe, es gibt sie in Iran.

Unsere westliche Sichtweise überschätzt gern die Rolle von Menschenrechten im individuellen Sinn, den Kampf um das freie Wort. Für den Weg in eine iranische Moderne sind die sozialen Rechte von mindestens ebenso großer Bedeutung: das Eintreten für Gemeinwohl gegen mächtige Interessen.

Ein derartiger Kampf hatte sich ausgerechnet in einem Teheraner Stadtteil entwickelt, der für die alte Moderne der späten Schah-

Ära stand. Ekbatan war die größte Wohnanlage des Mittleren Ostens, gebaut im trunkenen Optimismus der letzten Tage der Monarchie, als Teil eines sogenannten Masterplans für Teheran, den amerikanische Architekten entworfen hatten. An ihrer Spitze stand der österreich-jüdische Emigrant Victor Gruen, der in den USA die Shoppingmall erfunden hatte.

Vierzig graue Betonblöcke im Architekturstil des Brutalismus, achtzigtausend Bewohner.

Dass es hier eine besondere Qualität sozialen Lebens gab, war wieder einmal etwas, das sich dem ersten Blick nicht erschloss. Ekbatan war ein eigener Kosmos mit Schulen, Sportanlagen, einem Kulturhaus – und mit Grünflächen und Fußgängerzonen, die sich erst zeigten, wenn man die Betonwelt betreten hatte.

Ich hatte einen kundigen Führer: Hossein Imani war Soziologieprofessor an der Universität Teheran und leitete im iranischen Soziologenverband das Komitee für Stadtplanung. Für seine Studenten machte er gerade in Entwicklungstheorie ein Seminar mit dem Titel: Was bedeutet Modernität?

Imani gehörte dem Gemeinderat von Ekbatan an. Solche örtlichen Räte waren 1999 unter dem Reformpräsidenten Khatami eingeführt worden, um Mitsprache auf kommunaler Ebene zu ermöglichen. Imani arbeitete damals im Innenministerium und hatte das Gesetz für die Räte entworfen. Nun erlebte er in der Praxis deren Machtlosigkeit gegenüber mächtigen kommerziellen Interessen.

Deren Symbol war eine »Megamall« mit imperialen silbernen Säulen. Gegen den Bau war eine Protestbewegung entstanden, denn das Land, auf dem die Mall errichtet wurde, war eine Grünfläche im kollektiven Besitz der Einwohner von Ekbatan. »Entgegen dem Gesetz wurde sie einfach verkauft«, sagte Imani.

Seine Liste im Rat war in Konkurrenz zu einer politisch konservativen Gruppierung gewählt worden. Die Bürgerbewegung, die Imani vertrat, nannte sich »Beschützer der Umwelt in Ekbatan«.

Alles Leute mittleren Alters, keine Jugendbewegung. Sie wollten den Charakter des Stadtteils erhalten, und ihre Linie war: Wir fordern konstant die Rechte ein, die uns laut Gesetz zustehen. So zogen sie mit ihrer Klage gegen die illegale Landnutzung bis vor das oberste Verwaltungsgericht – und bekamen recht. Aber mächtigere Instanzen ignorierten das höchstrichterliche Urteil: Hinter der Megamall standen Firmen, die mit den Revolutionsgarden verbunden waren.

Imani zeigte mir weitere Neubauten und sagte jedes Mal: »Gegen das Gesetz!« Der Rat werde nicht einmal angehört. In einem Land, wo so viel Illegales geschieht, pochten Menschen hier auf ihr Recht, ohne zu resignieren; das war erstaunlich.

Vielleicht lag es daran, dass Ekbatan gut organisiert war. Die Bewohner von jedem der vierzig Blöcke wählten auf einer Versammlung einen fünfköpfigen Rat, der wiederum einen Blockverantwortlichen bestimmte. Die meisten Apartments waren in Privatbesitz, einige gehörten der Universität. Imani wohnte im sogenannten Professorenblock, der allein vierhundert Wohnungen umfasste. Blockrat, das mag nach totalitärer Überwachung klingen; tatsächlich sicherte die Organisationsform von Ekbatan das Gegenteil: Schutz vor dem Auge des Staates.

Als der Stadtteil geplant wurde, hatte man bei der Namensgebung eine historische Anleihe gemacht: *Ekbatana* bedeutet Zusammenkunft oder Versammlungsstätte und war im ersten Jahrtausend vor Christus der Name der heutigen Stadt Hamedan. Dort hatten sich auf einem freien Feld Stämme zur Beratung getroffen; daher rührte der Name, der nun in neuer Weise mit Leben gefüllt wurde.

»Es gibt hier mehr Freiräume als in anderen Teilen Teherans«, erklärte Professor Imani. Jungen und Mädchen könnten sich ohne argwöhnische Beobachtung treffen, alleinstehende Frauen würden nicht behelligt. Einige Offizielle hielten sich in den Betonblöcken eine heimliche Zweitwohnung. Imani bezeichnete Ekbatan als Stadtteil mit einer gewachsenen demokratischen Gesinnung. Die Grüne Bewegung von 2009 fand hier besonders viele Unterstützer, tagelang wurde in den Fußgängerzonen demonstriert.

Yekshahr ist eine Nichtregierungsorganisation, ihr Name bedeutet »eine Stadt«, im Sinne von: eine Stadt für alle. Die Aktivisten, meist angehende Architekten und Stadtplaner, machten gerade eine Studie über die Bewegung in Ekbatan. Sie sei etwas Neues, sagten sie, »der Beginn eines Wegs«: dass sich die Bürger die Stadt aneignen, gegen die Macht des Geldes und des schnellen Profits.

Wenn ich ein Beispiel für Profit und schlechte Stadtplanung sehen wolle, solle ich nach Chitgar fahren. Chitgar ist der jüngste von Teherans zweiundzwanzig Bezirken, eine viel beworbene Trabantensiedlung, die einen futuristischen Anblick bot: eine Skyline neuer Hochbauten entlang eines künstlichen Sees, der sich über viele Hektar erstreckt. Auf der Promenade am Wasser iranisches Freizeitleben: joggende Männer, Frauen auf Leihfahrrädern. Auf den ersten Blick herrschte hier die Leichtigkeit des Seins.

Aber der künstliche See produzierte im Sommer eine Insektenplage, und dem stehenden Wasser entströmte ein fauliger Geruch. Die schicken Container auf der Promenade zur Mülltrennung wirkten wie Hohn, angesichts der Wasserverschwendung durch einen künstlichen See in einem von dramatischer Trockenheit geplagten Land.

In den vergangenen Jahrzehnten sind Irans Grundwasserreserven um ein Drittel gesunken. Bodenerosion nimmt zu, und die Großstädte werden von zuvor unbekannten Sandstürmen heimgesucht. Dies sind Irans große Herausforderungen der Zukunft, und bisher erkennt nur eine Minderheit der Verantwortlichen, dass sie mit dem favorisierten Fortschrittsmodell nicht zu bewältigen sein werden.

Auch in Chitgar gehörten die Shoppingmalls, die entlang des Seeufers im Bau waren, Unternehmen der Revolutionsgarden. Vor einigen Jahren boomten die Quadratmeterpreise – wer über Insiderwissen verfügt, macht in Iran mit Baugebieten, die gewöhnliche Bürger noch für eine Einöde halten, fabelhafte Gewinne.

Für das Gemeinwesen sei Chitgar hingegen ein Albtraum, meinten die Aktivisten von Yekshahr. Auch weil der Bau Hunderter weiterer Apartmentriegel in diesem Areal den Wind blockiere und sich die Luftqualität der Hauptstadt weiter verschlechtere. Teheran habe genug ungenutzte Flächen, die fortgesetzte Ausdehnung der Stadt sei nicht von Demografie diktiert, sondern vom Profitstreben. Das schöne Chitgar stand für eine falsche Moderne.

Der Kampf um Teilhabe kann die Lebensbedingungen von Gemeinschaften betreffen, aber auch die soziale Existenz jedes Einzelnen.

Es vergeht kaum ein Tag, an dem nicht irgendwo in Iran Arbeiter protestieren oder streiken: weil ihre Löhne über Monate nicht gezahlt wurden, weil die Fabrikleitungen ihren Anteil an der Krankenversicherung nicht abführen oder weil willkürliche Entlassungen drohen, sobald Betriebe privatisiert werden. Es handelt sich um Kämpfe im Schatten, ohne die Aufmerksamkeit internationaler Medien, ohne Lobby im eigenen Land und oftmals abgedrängt in die Illegalität.

»Unser Präsident, höre unsere Hilferufe«, skandierten Arbeiter an einem 1. Mai, als unter Hassan Rohani wenigstens das Verbot solcher Kundgebungen einmal aufgehoben wurde. Auf den »Tag der Arbeit« folgt in Iran ein »Tag des Lehrers«, an dem oftmals Vertreter der rührigen Lehrervereinigung verhaftet werden. Obwohl das Establishment der Islamischen Republik so viel Wert auf Bildung legt, können die meisten Lehrer von ihrem Gehalt keine Familie ernähren.

In den vergangenen zwei Jahrzehnten haben die Beschäftigten in zahlreichen Sektoren der Arbeitswelt versucht, unabhängige Interessenvertretungen und Gewerkschaften zu gründen, nicht nur in der Großindustrie, sondern auch unter Anstreichern und Krankenschwestern, Bäckern und Busfahrern. Die Antwort des Staates sind Repressionen, die in keinerlei Verhältnis zu den eigentlich bescheidenen Anliegen stehen. Mahmoud Salehi, der Vorsitzende einer Bäckergewerkschaft in Kurdistan, wird immer wieder inhaftiert, ungeachtet einer schweren Nierenerkrankung. Mansour Osanloo, lange Präsident der Teheraner Busfahrergewerkschaft, wurde durch zermürbende Gefängnisstrafen und mutmaßliche Folter ins Exil getrieben. Wer am Morgen in einer Schuhfabrik eine Arbeitnehmervertretung ins Leben ruft, muss am Abend mit seiner Verhaftung rechnen.

In Ermangelung legaler Mittel erreichen die Arbeiterkämpfe oft eine Militanz, die von anderen Bewegungen in Iran nicht bekannt ist: Sitzblockaden, Angriffe auf betriebliche oder staatliche Büros, Beschädigung von Maschinen. Es gibt ein unruhiges Hinterland der Islamischen Republik fern der intellektuellen Teegespräche in Teheraner Salons.

Eine halbe Million Beschäftigte in staatlichen Betrieben bangen wöchentlich um den Arbeitsplatz, weil ihre Verträge kurzfristige Kündigungen möglich machen. Diese Zahl stammt nicht aus dem Untergrund, sondern von einem Mann, der seit Jahren eine staatliche Institution verkörpert. Alireza Mahjoubi leitet das »Haus der Arbeiter«, zu dem zweihundertvierzig sogenannte »Islamische Arbeitsräte« gehören. Anderswo würde man sie gelbe Gewerkschaften nennen: pseudo-unabhängig, am langen Arm des Staates. Trotz seiner Systemnähe malte der Funktionär Mahjoubi die Lage in dramatischen Farben.

»Seit fast hundert Jahren gibt es in Iran Kämpfe zur Abschaffung des Klassensystems«, sagte er mir in seinem Teheraner Büro. »Zu manchen Zeiten sind dessen Strukturen verblasst, in jüngerer Zeit nehmen sie wieder schärfere Konturen an. Durch Privatisierung und Globalisierung werden die Klassenverhältnisse restauriert, und die Macht konzentriert sich erneut.« Mahjoubi formulierte aus naheliegenden Gründen ins Ungefähre, doch er verhehlte nicht, dass es in der Islamischen Republik einen verborgenen Klassenkampf gab.

Weil sie mit dem Stigma völliger Illegalität behaftet ist, konnte der Staat die neue Arbeiterbewegung bisher von den mittelständischen Organisationen der Zivilgesellschaft isolieren. In Irans Geschichte gibt es indes eine offensichtliche Parallele von sozialen und demokratischen Kämpfen: Die ersten Gewerkschaften wurden 1905 und 1906 gegründet, während der Konstitutionellen Revolution. Die Beschäftigten der Druckindustrie streikten in der Kaiserzeit nicht nur für eine Verkürzung ihrer Arbeitszeit, sondern widersetzten sich auch dem politischen Verbot von Druckerzeugnissen. Bis 1928 entstanden ein Dutzend weitere Gewerkschaften. Anfang der 1930er-Jahre erschien in Deutschland ein Blatt von Exiliranern, ›Peykār‹, Kampf, mit Nachrichten aus dieser keimenden östlichen Arbeiterbewegung. Nach einer Intervention seitens der Teheraner Regierung verboten die Schah-freundlichen deutschen Behörden das Organ.

Die »göttliche klassenlose Gesellschaft«, das war in der Frühzeit der Revolution eine Wortschöpfung, in der noch der Einfluss der kommunistischen Tudeh-Partei aufschien. Sie war in den letzten Jahrzehnten der Monarchie zeitweise die einflussreichste säkulare Kraft. Die göttliche Klassenlosigkeit ist schon lange aus dem Repertoire an Parolen verschwunden, und auch sonst erinnert in Irans Geistesleben wenig an die einstige Stärke marxistischen Denkens.

Jene Kräfte, die sich in den nachrevolutionären Machtkämpfen als »islamische Linke« verstanden, wandelten sich über die Jahre zu sogenannten Reformern, die in Wirtschaftsfragen eher neoliberal denken. Keine Fraktion des politischen Lagers hat Konzepte von Sozialpolitik entwickelt, um die Kluft zwischen Reich und Arm zu mildern. Stattdessen gab und gibt es Belohnungen für Benachteiligte, sofern sie sich in ideologisch erwünschter Weise verhalten: etwa Studienplätze für Angehörige der Basij-Miliz.

Die Armen hatten bereits in der Wiederaufbauzeit nach dem Iran-Irak-Krieg das Nachsehen. Als dann der Populist Mahmud Ahmadinedschad mit seiner simplen Sprache und Kleidung um ihre Stimmen warb, glaubten sie, das Gerechtigkeitsversprechen der Revolution sei zurückgekehrt. Sollten die *mostaz'afin*, die Geknechteten und Besitzlosen, nicht die neuen Herren sein? Ahmadinedschad etablierte auf dem Rücken ihrer Hoffnungen einen hochkorrupten Crony-Kapitalismus, eine Cliquenwirtschaft zum Wohle jener Neureichen, die sich bei Sarman & Co. ihre Uhren kaufen.

Die Sozialforscherin Fatemeh Sadeghi schreibt, es gebe heute »eine Mauer«, welche die Besitzlosen trenne vom Mainstream einer auf Konsum, Statussymbole und Mittelklasse-Attribute orientierten Gesellschaft. »Die ›Barfüßigen‹, die einst die Flaggenträger der Revolution und ihre Nutznießer sein sollten, sind in den Augen der verschiedenen Fraktionen des Staates zu Feinden geworden, das gilt für Reformer wie für Hardliner.« Und da die Unterprivilegierten aus Enttäuschung oft nicht mehr wählen gingen, mangele es den Wahlergebnissen zunehmend an sozialer Repräsentativität.

Ausländische Beobachter nehmen oft dieselbe Perspektive ein wie die iranische Reformerfraktion: Soziale Verwerfungen werden ignoriert und als Frage von Lebensstil oder kultureller Identität behandelt. Die Armen stehen dabei irgendwie auf der falschen Seite. Sie scheinen wie aus der Zeit gefallen, sie passen nicht in die Ideologie einer Moderne, die Kämpfe um Teilhabe als altmodisch erachtet.

Jeder, der weiß, dass für Schiiten seit Imam Ali die Gerechtigkeit das entscheidende Merkmal einer legitimen Regierung ist, muss sich fragen, ob die Islamische Republik in dieser Hinsicht ihren Namen verdient.

Die Religion

Gibt es auch in der Religion eine Hardware-Moderne und eine Software-Moderne? Zwei Inspektionen, in Maschhad und in Qom.

Beim Anflug auf Maschhad bei Nacht sticht der heilige Bezirk von Imam Reza wie ein hell leuchtendes Quadrat aus der Dunkelheit hervor. An dieser Stelle im nordöstlichen Iran war ein Dorf unbekannten Namens, wo im Jahr 818 der achte Imam der Schiiten, Ali Ibn Musa ar-Ridha, im Persischen Reza genannt, verstarb. Gemäß dem klassischen Schicksal schiitischer Imame erlag er einem heimtückischen Anschlag, der Legende nach durch vergiftete Trauben. Das Dorf hieß fortan »Ort des Märtyrers«, verkürzt Maschhad, und ist heute eine Metropole mit drei Millionen Einwohnern.

Der Schrein, wo Reza begraben liegt, wurde zu einem der größten religiösen Komplexe der Welt, ein Heiligtum mit Höfen größer als Fußballfelder, rund um die Uhr geöffnet, bei Nacht in weißlich-graues Flutlicht getaucht.

Seine Baugeschichte verknüpfte sich mit Herrschaftsgeschichte, seit die Safawiden das Schiitentum im 16. Jahrhundert zur Staatsreligion machten. Jede Dynastie prägte die Pilgerstätte auf ihre Weise – und sei es wie Reza Schah mit Truppen, die auf Tschador-Befürworter schossen.

Der allerletzte Schah ließ die Bazare und Wohnviertel niederreißen, die den Schrein wie ein Ring umschlossen. Früher war das Heiligtum ein Teil der Stadt; durch die Sanierungen wurde es zu einem isolierten Monument, so wie auch die Religion eingehegt und isoliert werden sollte. Nach der Revolution wurden die Brachen einer entgegengesetzten Symbolik folgend dem Heiligen Bezirk einverleibt, das Areal des Schreins um das Fünffache erweitert. Mit erstaunlich wenig Respekt für die Totenruhe des verehrten Imams wurde eine Verkehrsachse in den Untergrund des Schreins verlegt.

Der größte Hof fasst heute hunderttausend Menschen, der ganze Komplex kann angeblich zwei Millionen Pilger aufnehmen.

Tagsüber fegen Männer in türkisfarbenen Arbeitsanzügen mit langstieligen Kehrblechen jeden Krümel vom Marmorboden der Höfe. Im heiligen Bezirk herrscht perfekte Sauberkeit. Wenn man der offiziellen Darlegung folgt, die womöglich selbst ein Opfer von Größenwahn ist, dann arbeiten mehr als achttausend Menschen in der Anlage, davon tausend Ehrenamtliche, die zu den Gebetszeiten zehntausend Teppiche ausrollen und sich um die verwirrend zahlreichen Schuhabgabestellen kümmern.

Der Schrein hat ein Krankenhaus und einen Geheimdienst.

Ein Beerdigungszug durchquerte den Hof. Nach alter Sitte trug eine Familie aus Maschhad ihren Verstorbenen zum Schrein, damit er Imam Reza grüßen konnte. Reiche und Berühmte können im Untergeschoss des Schreins bestattet werden, unter beschrifteten weißen Marmorplatten, die heute so eng gestaffelt sind, als handele es sich um bloßes Fußbodendekor. Ein Grab im Schrein war einst das Privileg herausragender Gelehrter; mittlerweile gibt es zigtausend Gräber, und jedes kostet dem Vernehmen nach so viel wie ein Einfamilienhaus.

Welche wirtschaftliche Macht hinter dem Heiligtum steht, ist für das bloße Auge nicht sichtbar.

Die Verwaltung des Schreins profitierte über Jahrhunderte von Spenden der Pilger, von Schenkungen und Erbschaften. Die Stiftung *Astan-e qods-e Razavi*, was etwa »Heilige Schwelle von (Imam) Reza« bedeutet, unterstand seit dem 16. Jahrhundert direkt dem Herrscherhaus. In der Endphase der Monarchie war daraus bereits der größte Landbesitz Irans geworden, allerdings schrumpfte dieser dann durch Verstaatlichungen. Nach der Revolution wurde das Verlorene zurückerstattet und das Eigentum der Stiftung durch professionelle kapitalistische Bewirtschaftung beständig erweitert, zu einer Art Reza Inc., einem steuerbefreiten Großkonzern. Seine mehr als achtzig Unternehmen sind in Industrie und Bergbau tätig, im Handel und Transport, in Informationstechnologie, Lebensmittelproduktion und Straßenbau. Dem staatsnahen profitablen Multi gehören obendrein Banken, Zeitungen, Bibliotheken; ein Staat im Staat unter der goldenen Kuppel des Religiösen.

Es lässt sich denken, dass es von allerhöchster Bedeutung ist, wer einer solchen Einrichtung vorsteht. Über fast die gesamte Dauer der Islamischen Republik war dies ein bekannter Ayatollah. Nach seinem Tod im Frühjahr 2016 wurde der Nachfolger direkt vom Revolutionsführer bestimmt. Ebrahim Raisi erfüllt zwar das traditionelle Kriterium, einer Klerikerfamilie aus Maschhad zu entstammen, doch er hat seine religiösen Studien nicht weit genug getrieben, um ein Ayatollah zu sein. Stattdessen machte er Karriere in der Staatsanwaltschaft, erwarb sich einen Namen im Kampf gegen innere Feinde, wurde Sonderstaatsanwalt für die Vergehen von Geistlichen. Ein Mann aus der Tiefe des dunkelsten Raums: Er gehörte zu jener unrühmlichen Runde von Justizoberen, gegenüber denen Montazeri 1988 vergebens die Massenexekutionen in den Gefängnissen anklagte.

Die Berufung eines solchen Staatsklerikers an die Spitze von Irans bedeutendstem Heiligtum illustriert, wie viel die Geistlichkeit in der Islamischen Republik von ihrer vormaligen Autonomie verloren hat.

Vor der Revolution pilgerten jährlich eine Million Gläubige nach Maschhad; die heutigen Pilgerzahlen sind auf ein Vielfaches gestiegen, zumal aus dem Ausland, womöglich sind es dreißig Millionen, offiziell noch viel mehr. Die gewachsene Bedeutung von Maschhad symbolisiert den politischen Aufstieg Irans in der Region.

Die Dimensionen des Schreins zeigen nun einen Hang zum Imperialen, der mit Religion so wenig zu tun hat wie der pompöse Ausbau der Grabhalle für Khomeini im Süden von Teheran.

Qom, die Stadt der Kleriker.

Die »University of Religions and Denominations«, von der mir der jüdische Aktivist Arash Abaie erzählt hatte, unterhält einen Campus von bescheidener Größe. In der Anmutung sachlich, am Eingang eine dezente Sicherheitsschleuse. Gut tausend Studenten, knapp die Hälfte weiblich, befassen sich in Master- und Doktorandenkursen mit Judentum und Christentum, mit Buddhismus und Hinduismus. Ferner gibt es einen Schwerpunkt zu Sufismus und Mystizismus und eine Fakultät für religiöse Women's Studies. Ich sah Männer in Zivil und in Robe, Frauen meist im Tschador.

Neben Arash Abaie als einer einheimischen jüdischen Lehrkraft hat die Universität christliche Gastdozenten aus dem Ausland, und sie kooperiert mit nicht-muslimischen Universitäten, darunter der Uni Potsdam. Es handelt sich um eine für Iran einzigartige Einrichtung, davon zeugt die Bibliothek, in deren hinterster Ecke sogar Schrifttum der Baha'i zu finden ist.

Gewiss, gemessen an den hunderttausend Theologiestudenten von Qom ist dies bloß eine Nische, entstanden aus einem interreligiösen Institut Mitte der 1990er-Jahre. Die ersten Bücher der Bibliothek kamen aus den privaten Beständen der enthusiastischen Gründer. Damals nahm reformislamisches Denken einen Aufschwung, Intellektuelle und Geistliche diskutierten mit relativ viel Freiheit über das Verhältnis des Islam zu Staat, Demokratie und Menschenrechten. Später wurden einige der wichtigsten Köpfe ins Exil gedrängt.

Neuerdings, da sich die Islamische Republik in Kontrast zu sunnitischem Extremismus und zum Rivalen Saudi-Arabien gern als Land der Stabilität und Mäßigung präsentiert, passt das Motto der interreligiösen Universität (»Dialog mit ausgestreckter Hand und offenem Herzen«) vielleicht sogar in die offizielle Reklame. Doch es bleibt eine Liberalität auf schmalem Grat.

Mohammad Taghi Ansaripour war ein Geistlicher mittleren

Alters, ein schlanker bebrillter Mensch mit einer so bescheidenen Körperhaltung, dass sein blütenweißer Turban hinter dem Blumenbukett des Rednertischs zu verschwinden schien. Ansaripour hatte über das Gott-Mensch-Verhältnis im Vergleich von Koran und Bibel promoviert und lehrte nun eine Art vergleichende Religionswissenschaft. In einer Gesprächsrunde für ausländische Gäste beobachteten die Besucher fasziniert, wie sich der Geistliche von einer eloquenten iranischen Doktorandin, wesentlich jünger als er, mehrfach unterbrechen ließ. Wäre der Ort des Gesprächs nicht Qom gewesen, hätte man eine vorbereitete Show vermutet. Für die konservative Stadt an der Salzwüste war es ein Kulturbruch.

Es gehört zu den Eigenarten des Schiitentums, dass jeder Gläubige sich zur religiösen Orientierung einen hochrangigen Geistlichen aussucht, eine sogenannte »Quelle der Nachahmung« (*marja'-e taqlid*); sobald dieser Mann (und es kann bisher nur ein Mann sein) verstirbt, erlischt seine Vorbildfunktion. Religiöse Streitfragen der Gegenwart können nicht durch Zitate von Toten entschieden werden. Dies sei eine Einladung zur ständigen Modernisierung religiösen Denkens, hob Herr Ansaripour hervor. Tatsächlich werden in Iran zu manchen Fragen, wie im Fall der Biotechnologien, Standpunkte vertreten, die in sunnitischem Kontext eher Ketzerei wären.

Und während in Ländern, die mit dem Westen über Jahrzehnte verbündet waren oder es weiterhin sind, ein buchstabengläubiger und ideologisch radikaler Islam lauter geworden ist, haben sich die Iraner religiös entradikalisiert. Manche haben durch die Islamische Republik den Glauben ganz verloren; andere (und das sind mehr) leiden darunter, wie dieser Staat ihn diskreditiert hat.

Die iranischen Geistlichen stehen heute vor der Aufgabe, sich inmitten einer imperialen religiösen Hardware wieder Ansehen als Experten für die religiöse Software zu verschaffen. Und das heißt:

Unabhängigkeit vom Staat. So wie die Staatsdoktrin des *velayat-e faqih*, der »Herrschaft des Rechtsgelehrten« offiziell ausgelegt wird, hat der Revolutionsführer, ein Kleriker, das letzte Wort in der Politik. Diese Verschmelzung hat ein Teil der Geistlichen nie akzeptiert, doch die Kritiker wurden mundtot gemacht, mit Lehrverboten, dem Aberkennen von Titeln und mit Schlägertrupps vor der Tür. Bedeutende Reformgeistliche gingen nach 2009 ins Exil und hielten eine Rückkehr noch nicht für angebracht.

Zu den verbliebenen fortschrittlichen Klerikern in Qom zählt Mohammed-Taqi Fazl-Meybodi; ich traf ihn vor einigen Jahren an seiner Hochschule, mittlerweile hat er den Rang eines Ayatollah. Fazl-Meybodi war ein selbstsicherer, leutseliger Mann, der offene Worte nicht scheute. »Die religiösen Posten müssen von den staatlichen getrennt werden«, sagte er mir. »Der Staat darf weder ein Interpret noch ein Aufpasser über religiöse Dinge sein. Und Religion darf nicht als Damm gegen Freiheitsbestrebungen missbraucht werden.«

Religion war für Fazl-Meybodi vor allem ein Gerüst von Werten. Dennoch war er kein Säkularist im westlichen Sinn: Der Islam beschränke sich nicht auf das private Leben, sagte er. »Islam ist politisch, aber er soll nicht herrschen.«

Ähnlich äußert sich ein anderer Standhafter, Asadollah Bayat-Zandschani. Er ist schon Mitte siebzig, war noch ein Schüler Khomeinis und gehört als Großayatollah und *Marja* heute zu Irans ranghöchsten Geistlichen. Was er fordert, klingt wie die Blaupause für einen besseren Iran. »Um das Vertrauen der Öffentlichkeit zu gewinnen, müssen die Regierenden Kontrolle akzeptieren und eine im Wortsinn unabhängige Regierung, eine ehrliche, unparteiische und unabhängige Justiz und ein starkes und freies Parlament zulassen.«

Seine Website war schon einmal blockiert. So etwas kann in Iran auch einem Großayatollah widerfahren, und es ist womöglich ein Moment, in dem sich der ganze Zustand der Islamischen Republik kristallisiert, mit ihren bizarren Zügen, ihrer Modernität, ihrer Willkür.

Der Geistliche nahm seine Worte nicht zurück. Er richtete eine neue Website ein.

Ausblick

Wie es in Iran weitergeht, lässt sich auf kurze Sicht kaum prognostizieren. Das gilt vor allem für die internen Konstellationen im System der Islamischen Republik. Die Machtkämpfe sind vorerst nicht geringer geworden, obwohl doch in jüngster Zeit moderate Kräfte mehr Einfluss genießen; so widersprüchlich bleibt die Politik in diesem Land. Und rationalen, nachvollziehbaren Entscheidungen geht oft ein Prozess voraus, der auf Außenstehende irrational und eben nicht nachvollziehbar wirkt – zumal wenn wir davon nur durch bruchstückhafte Nachrichten erfahren, in denen gewohnheitsmäßig das Abstruse akzentuiert wird.

Nach dem Zurückschrauben der Sanktionen wird sich Iran in einer längeren Übergangsphase befinden. Konflikte, die vordergründig ideologisch wirken, drehen sich nun oft ganz handfest um Besitz und wirtschaftlichen Einfluss. Die Sanktionen hatten die Konzentration ökonomischer Macht in Staatsnähe verstärkt, samt Korruption und Schwarzmarkt. Nun werden Pfründe und Zugänge neu geordnet, mit Siegern und potenziell gefährlichen Verlierern.

Jenseits von allem, was kurzfristig Schlagzeilen machen kann, lassen sich vorsichtig einige Entwicklungslinien skizzieren. Nachhaltige Veränderungen werden in Iran wie bisher langsam und von innen her wachsen: Mehr Freiheit, mehr Bürgerrechte können nur die Iraner selbst erkämpfen; sie kommen nicht als Begleitpaket zu Marktanteilen westlicher Unternehmen. Die demokratischen Elemente im Hybridsystem der Islamischen Republik werden trotz ihrer restriktiven Handhabung in den Augen vieler Iraner wichtiger. Bei den letzten Parlamentswahlen bewarben sich so viele Kandidaten wie nie zuvor, es waren mehr als zwölftausend. Frauen verlangen auch auf diesem Feld mehr Beteiligung.

Wird das System der Islamischen Republik bleiben? Es sieht vorerst ganz danach aus. Denn es gibt im Land keine Kraft mit einem alternativen Entwurf. Obwohl sich die Gesellschaft so sehr gewandelt hat, mit ihrem heute hohen Bildungsniveau, der niedrigen Geburtenrate, und obwohl die Iraner dank des Internets besser informiert und vernetzt sind als in früheren Jahrzehnten. Das Regime hat diese enorme Modernisierung der Gesellschaft überstanden, teils ja auch selbst hervorgebracht. In einem so stürmischen Tempo werden sich die sozialen Gegebenheiten in den nächsten Jahren nicht mehr verändern.

So groß die alltägliche Wut auf einen Willkürapparat sein mag: Iran genießt heute mehr Unabhängigkeit und Eigenständigkeit als in den vergangenen zweihundert Jahren, und alle Iraner wollen diese Position wahren. Ein alternativer Systementwurf müsste die errungene äußere Freiheit verteidigen und sie mit mehr inneren Freiheiten und Teilhabe verknüpfen. Niemand hat dafür ein kohärentes Konzept.

Vielmehr ist die Islamische Republik selbst einem Prozess der ungeordneten Säkularisierung unterworfen. Ihr inneres Gerüst, ihre Funktionsweise sind immer weniger religiös. Islamisch ist oft nur noch die Hülle, die Erscheinungsweise – und weil es auf das Aussehen ankommt, auf Symbole, wird so vehement am Stückchen Stoff auf den Köpfen der Frauen festgehalten. Wie künftig die Nachfolge im Amt des Revolutionsführers geregelt wird (möglicherweise durch mehrere Personen statt einer), das wird gleichfalls ein Resultat politischer Erwägungen und Verhandlungen sein

Iran lässt sich nicht erfassen, wenn wir nur seine argwöhnische Beziehung zum Westen oder seine Rivalität mit Saudi-Arabien zum Maßstab nehmen. In den kommenden Jahrzehnten wird Iran seine Rolle als Mittelmacht verstärkt auch in den Koordinaten zwischen Russland und China, Türkei und Kaukasus finden.

Die Islamische Republik wird uns weiter überraschen, zeitweilige Rückschläge ins vermehrt Autoritäre sind dabei keineswegs ausgeschlossen. Doch der Schritt aus dem Schatten war ein endgültiger. Die Iranerinnen und Iraner werden in die Dunkelheit, in der sie unser Blick über Jahrzehnte gehalten hat, nie wieder zurückkehren.

Anhang

Zeittafel

558–530 v. Chr. Herrschaft von Kyros d. Gr.: Beginn des Persischen Reichs
330 v. Chr. Alexander d. Gr. erobert Persepolis. Ende der Achämeniden-Dynastie
224–651 n. Chr. Dynastie der Sassaniden
632 Tod des Propheten Mohammed
642 Sieg arabischer Muslime bei Nehawand entscheidet islamische Eroberung Irans
680 Schlacht von Kerbela: Märtyrertod von Imam Hussein
1501–1736 Dynastie der Safawiden. Zwölfer-Schiitentum wird Staatsreligion
1779–1925 Dynastie der Qadscharen
1801–1828 zwei russisch-iranische Kriege. Iran verliert seine Gebiete im Kaukasus
1891/92 Revolte gegen britisches Tabakmonopol
1906 Sieg der Konstitutionellen Revolution. Erstes Parlament
1908 Briten stoßen in Khuzestan auf Öl
1921 Staatsstreich von Offizier Reza Khan
1925–1979 Dynastie der Pahlavi: Reza Schah regiert bis 1941, sein Sohn Mohammed Reza Schah bis 1979
1951–1953 Verstaatlichung der Anglo-Iranian Oil Company. Sturz von Premierminister Mossadegh
1959 Beginn des Nuklearprogramms: US-Regierung schenkt Iran Forschungsreaktor
1979 Sturz des Schahs. Sieg der Revolution. Rückkehr Khomeinis aus Exil
1980–1988 Iran-Irak-Krieg, auch Erster Golfkrieg genannt
1989 Tod von Khomeini. Expertenrat wählt Ali Khamenei zum Revolutionsführer
1989–1997 Präsidentschaft von Ali Akbar Haschemi Rafsandschani

1997–2005 Präsidentschaft von Mohammad Khatami
2005–2013 Präsidentschaft von Mahmud Ahmadinedschad
2009 Massenproteste der Grünen Bewegung gegen vermutete Wahlfälschung zugunsten Ahmadinedschads
2013 – Präsidentschaft von Hassan Rohani
2015 Einigung im Nuklearstreit zwischen Iran und der 5+1-Gruppe (USA, China, Russland, Großbritannien, Frankreich plus Deutschland): Für die Einschränkung des Atomprogramms werden die nuklearbezogenen westlichen Sanktionen schrittweise aufgehoben
2016 Inkrafttreten des Nuklearvertrags
2016 Parlamentswahlen stärken moderate Kräfte

Das System der Islamischen Republik Iran

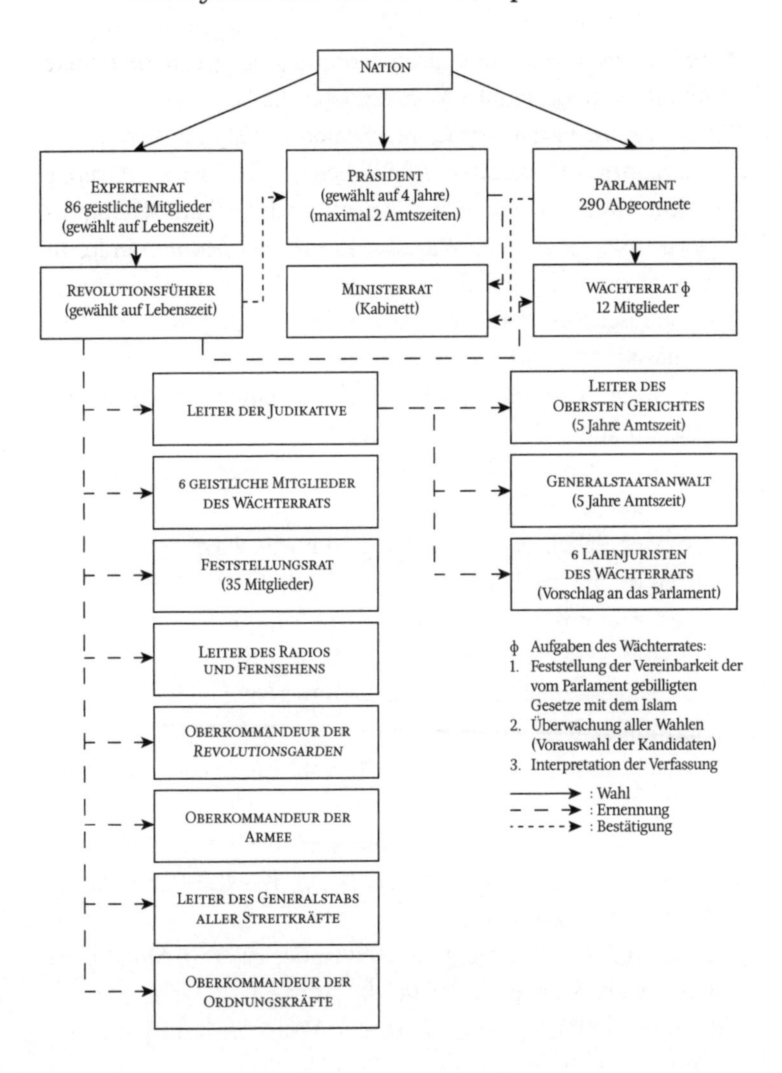

Literatur

Aghaie, Kamran Scot: The Martyrs of Karbala. Shi'i Symbols and Rituals in Modern Iran. Washington 2004

Alpher, Yossi: Periphery. Israel's Search for Middle East Allies. Lanham/Maryland 2015

Amirpur, Katajun: Die Entpolitisierung des Islam. Adolkarim Sorushs Denken und Wirkung in der Islamischen Republik Iran. Würzburg 2003

Amirpur, Katajun: Juden in Iran. in: Iran-Reader, Konrad-Adenauer-Stiftung, St. Augustin 2012

Aslan, Reza (Hg): Tablet & Pen. Literary Landscapes from the Modern Middle East. New York 2011

Axworthy, Michael: Iran – Weltreich des Geistes. Von Zoroaster bis heute. Berlin 2012

Bayat, Asef: Leben als Politik. Wie ganz normale Leute den Nahen Osten verändern. Berlin/Hamburg 2012

Dabashi, Hamid. Iran without Borders. Towards a Critique of the Postcolonial Nation. London/New York 2016

Ebadi, Shirin: Mein Iran. Ein Leben zwischen Revolution und Hoffnung. München 2007

Ebtekar, Massoumeh: Takeover in Tehran. The Inside Story of the 1979 U. S. Embassy Capture. Vancouver 2000

Fragner, Bert G.: Die Persophonie. Regionalität, Identität und Sprachkontakt in der Geschichte Asiens. 1999. Nachdruck Frankfurt/M. 2015

Gronke, Monika: Geschichte Irans. Von der Islamisierung bis zur Gegenwart. München 2014 (4. akt. Auflage)

Honarbin-Holliday, Mehri: Becoming Visible in Iran. Women in Contemporary Iranian Society. London 2013

Hoseyni, Zahra: One Woman's War. Costa Mesa/California 2014

Kaweh, Silvia: Ali Schariati interkulturell gelesen. Nordhausen 2005

Kurzman, Charles: The Unthinkable Revolution in Iran. Harvard 2004

Mirsepassi, Ali: Democracy in Modern Iran. Islam, Culture and Political Change. New York 2010

Naef, Silvia: Bilder und Bilderverbot im Islam. München 2007

Rahnema, Ali: An Islamic Utopian. A Political Biography of Ali Shariati. New York 2000

Scharf, Kurt (Hg): Der Wind wird uns entführen. Moderne persische Dichtung. Ausgewählt, übersetzt und eingeleitet von Kurt Scharf. Mit einem Nachwort von SAID. C.H.Beck, München 2005 (Diesem Band ist das Gedicht auf Seite 65 entnommen.)

Schwerin, Ulrich von: The Dissident Mullah. Ayatollah Montazeri and the Struggle for Reform in Revolutionary Iran. London 2015

Taheri, Amir: Chomeini und die Islamische Revolution. Hamburg 1985

Vogel, Jutta: Die Odyssee der Kinder. Auf der Flucht aus dem Dritten Reich ins Gelobte Land. Frankfurt/M. 2008

War Victims 2. Iran-Iraq War. Photographs by Mehdi Monem. Teheran 2015

Wiesehöfer, Josef: Das frühe Persien. Geschichte eines antiken Weltreichs. München 2006 (3. akt. Aufl.)

Zia-Ebrahimi, Reza: Self-Orientalization and Dislocation. The Uses and Abuses of the »Aryan« Discourse in Iran. Oxford 2011

Dank

Es wäre mir eine große Freude, alle Iranerinnen und Iraner namentlich nennen zu können, die mich an ihrem Leben und ihren Gedanken teilhaben ließen. Leider ist die Zeit dafür noch nicht reif.

Während meiner offiziellen Reisen als Journalistin half mir die Dolmetscherin Naghmeh Hosseini, ein Gespür für die Nuancen der Gesellschaft zu entwickeln. In Deutschland beriet mich Ulrich von Schwerin zum Thema Geistlichkeit; Ali Mahdjoubi half mir, die Komplexität des iranischen Vielvölkerstaats zu verstehen; Zosia Nowak trug Anmerkungen zum Kapitel über jüdisches Leben bei, und Anne-Felicitas Görtz warf mehr als einen Blick auf meinen schreiberischen Stil. Elham Ebrahimpoor unterstützte mich bei der Verwendung persischsprachiger Begriffe. Shahram Najafi bin ich für sein kritisches und kompetentes Feedback zu allen meinen Iran-Berichten verpflichtet.

Die Redaktion von ›Geo‹ gab mir die Möglichkeit, die Teheraner Theaterwelt zu erforschen. Barbara Wenner brachte mich mit dtv in Kontakt, und dort stand mir Katharina Festner mit ihrer Sorgfalt bei der Entstehung des Buchs zur Seite.

Ihnen allen gilt mein Dank. Erwähnt sei noch die freundliche Belegschaft der Berliner »Espresso-Ambulanz«, auf deren Holzhockern viele Seiten dieses Buchs geschrieben wurden.